Gleiche Bilder, gleiche Worte
Deutsche, Österreicher und Tschechen in der Karikatur (1848–1948)

Stejné obrazy, stejná slova
Němci, Rakušané a Češi v karikatuře (1848–1948)

Ausstellungskatalog • Katalog výstavy

Adalbert Stifter Verein, München 1997
Spolek Adalberta Stiftera, Mnichov 1997

Impressum – Tiráž

Herausgeber / Vydavatelé: Peter Becher, Jozo Džambo
Adalbert Stifter Verein e.V.
D – 81669 München, Hochstraße 8

Ausstellungskonzeption, Katalogredaktion / Výstava a redakce:
Jozo Džambo

Übersetzungen / Překlady:
Alena Gomoll, Miloš Herold, Jan Jiroušek, Eduard Mikušek, Ivo Polacek

Umschlag und Plakat / Obálka a plakát:
Florian Raff, München
unter Verwendung der Motive aus den Zeitschriften / za použití motivů z časopisů: *Humoristické Listy*, 48 (Praha 1905), č. 40; *Kladderadatsch*, 42 (Berlin 1898), Nr. 59/60; *Die Muskete*, 11 (Wien 1911), Nr. 275.

Dank für Rat und Hilfe / Osoby, jimž jsme za jejich radu a pomoc zavázáni vřelým díkem: Franz Adam, Peter Brod, Alois Harasko, Tomislav Helebrant, Roland J. Hoffmann, Ante M. Ivandić, Jan Jiroušek, Anto Križan, Petr Lozoviuk, Robert Luft, Václav Maidl, Georg R. Schroubek, Jiří Veselý

Die Vorlagen für die Reproduktionen stammen, falls nicht anders vermerkt, aus den Beständen der Bayerischen Staatsbibliothek, München, der Österreichischen Nationalbibliothek, Wien, und aus der Sammlung des Adalbert Stifter Vereins, München. / Předlohy reprodukcí pocházejí, pokud není uvedeno jinak, z fondu Bavorské státní knihovny, Mnichov, Rakouské národní knihovny, Vídeň a ze sbírek Spolku Adalberta Stiftera, Mnichov.

© Adalbert Stifter Verein / Spolek Adalberta Stiftera 1997

Gesamtherstellung / Výroba, tisk:
FIBO Druck- und Verlags GmbH, München

ISBN-Nr.: 3-9805378-2-X

Gedruckt mit Unterstützung des Bundesministers des Innern
Vytištěno za podpory Spolkového ministerstva vnitra

INHALT

Vorwort (*Peter Becher/Jozo Džambo*) (5)

Jiří Rak
Das „Bild des anderen" in der tschechischen Karikatur 1848–1948 (11)

Carsten Lenk
Wenzel und Michel – Die Lesbarkeit nationaler Stereotypen am Beispiel deutscher und tschechischer Karikaturen (14)

Jozo Džambo
Die Slawen – deutsche und österreichische Zerrbilder (29)

Tobias Weger
Der Fremde im Bild des Juden – Antisemitische Karikaturen im deutsch-tschechischen Diskurs (60)

Peter Becher
Das Bild der Tschechen in der deutschsprachigen Literatur – Schlaglichter auf ein literarisches Phänomen (71)

Jan Jiroušek
Dichtung und Halbwahrheit – Zum Bild der Deutschen in der tschechischen Literatur (88)

Eduard Mikušek
Der „Bänkelsang" über die Badenikrise nach den Obstruktionskarten aus der Leitmeritzer Sammlung (111)

Monika Glettler
„Böhmische Schwalben": Von Ammen und Ziegelschupfern in Wien (115)

Literatur zum Thema (Auswahl) (126)

Deutsche und österreichische Karikaturen (129)

Tschechische Karikaturen (199)

OBSAH

Předmluva (*Peter Becher/Jozo Džambo*) (7)

Jiří Rak
„Obraz druhého" v české karikatuře 1848–1948 (9)

Carsten Lenk
Václav a Michl – Čitelnost národních stereotypů na příkladu německých a českých karikatur (22)

Jozo Džambo
Slované – německé a rakouské zkreslené obrazy (45)

Tobias Weger
Cizinec v obraze Žida – Antisemitická karikatura v německo-českém diskurzu (66)

Peter Becher
Obraz Čechů v německé literatuře – Literární fenomén pod lupou (76)

Jan Jiroušek
Báseň a polopravda. Ke komickému obrazu Němce v české literatuře (81)

Eduard Mikušek
„Kramářská píseň" o Badeniho krizi podle obstrukčních pohlednic ze sbírky litoměřického muzea (96)

Monika Glettler
„České vlaštovky": O kojných a cihlářích ve Vídni (121)

Literatura k tématu (výbor) (126)

Německé a rakouské karikatury (129)

České karikatury (199)

Lieber Leser,

Hand aufs Herz, einen wahren Kern – oder sagen wir ein wahres Körnchen – könnten die Karikaturen schon haben. Der andere, der Deutsche, der Österreicher, der Tschech', irgendwie unberechenbar kommt er uns schon vor, womöglich sogar listig, gefährlich, wortbrüchig, natürlich nicht jeder, Gott bewahre, aber doch ein bißchen tölpelhaft, häßlich, dumm, nicht daß wir etwas gegen ihn hätten, aber doch, ein Körnchen, wir verstehen uns schon. Geben wir uns doch auch zu verstehen, daß wir ganz anders sind: klug, berechenbar, aufrichtig, nett, nicht wahr, so ist es doch. Der Mechanismus funktioniert heute nicht weniger als vor 100 Jahren, als die Badeni-Krise den tschechischen und deutschböhmischen Abgeordneten im Wiener Reichsrat die Möglichkeit eröffnete, Tintenfässer zu werfen und Blasinstrumente zu verwenden. Natürlich war und ist jede Äußerung getragen vom heiligen Zorn der Betroffenheit, von einer Entrüstung, die allein es gestattet, die Fassung zu verlieren und jenes Zerrbild der anderen zu zeichnen, welches den eigenen Zorn überhaupt erst bestätigt. So schließt sich der Kreis: Der heilige Zorn verursacht und legitimiert die eigene Entgleisung, welche wiederum die Entrüstung der anderen provoziert und so fort.

Selbstverständlich bist Du, lieber Leser, sind wir, sind alle klugen Köpfe über solche Verfehlungen erhaben, insbesondere Schriftsteller, Journalisten, Politiker und Lehrer. Vielleicht sind es ja auch nur versteckte Gefühlsschichten, schwache Stunden der Selbstbehauptung, welche den Zerrbildern die von keinem Amt ausgestellte und mit keinem Stempel beglaubigte Erlaubnis erteilen, für kurze Zeit von Kopf und Magen Besitz zu ergreifen. Wie auch immer, sie sind da und entfalten ihre ganz eigene Wirkung, sei es, daß sie durch das offene Tor lautstarken Gelächters Einzug halten, sei es, daß sie sich durch den Spalt der Ironie eines nur leicht geöffneten Fensters hereinschwindeln.

Die Badeni-Krise, die vor hundert Jahren Gemüter und Vorurteile in Wien, Prag, Brünn und anderen Städten bewegte, war für uns der Anlaß, einmal zu zeigen, welche Bilder Deutsche und Tschechen voneinander zeichnen, wenn Entrüstung und Vorurteil den Zeichenstift und die Schreibfeder führen. Dies ist allerdings schon beinahe selbst eine karikaturhafte Verkürzung unseres Themas. Denn genaugenommen handelt es sich um Deutsche, Österreicher und Tschechen, ja um Reichsdeutsche, Deutschböhmen, Sudetendeutsche, Österreicher und Tschechen, je nachdem, zu welcher Zeit die Karikaturen entstanden sind und von wem sie betrachtet wurden. Denn das Königreich Böhmen, die Markgrafschaft Mähren und das Herzogtum Schlesien gehörten als sogenannte Kronländer bis 1918 zur zisleithanischen Reichshälfte der Donaumonarchie, welche auch als Habsburgermonarchie oder als k.u.k. Monarchie bezeichnet wurde, und in jedem dieser Kronländer wohnten Tschechen, Deutsche und andere Nationalitäten in haßliebender Umarmung und eifersüchtiger Bewunderung nebeneinander. Und natürlich dürfen wir das deutsche Kaiserreich nicht übergehen, das sich im Laufe des 19. Jahrhunderts herausbildete und nach dem deutsch-französischen Krieg 1871 emphatisch ausgerufen wurde.

Mit einem gewissen Recht also können wir eine in Berlin oder in München oder in Reichenberg oder in Prag in einer deutschsprachigen Zeitschrift erschienene Karikatur als deutsche Karikatur bezeichnen. Aber man kann natürlich auch etwas ganz anderes behaupten. Denn mit nicht weniger Recht könnte man eine in einer deutschsprachigen Zeitung in Wien oder in Prag oder in Brünn oder in Karlsbad erschienene Karikatur auch als österreichische Karikatur bezeichnen. Das hängt vom Zeitpunkt, vom Ort, vom Selbstverständnis, von der Ideologie und nicht zuletzt von der Toleranz des Betrachters ab, weshalb wir Dir, lieber Leser, Deinen historischen Kenntnissen und Deinem Selbstbewußtsein voll und ganz vertrauen.

Da ist es mit der tschechischen Karikatur viel einfacher, denn in Prag, Wien oder wo auch immer publiziert, handelt es sich eindeutig und unzweifelhaft um eine tschechische Karikatur. Weniger eindeutig wird dann allerdings, wer in ihr eigentlich gemeint ist, wenn Pickelhaube und germanische Keule die Wiener Politik kennzeichnen, die nachweislich weder erstere noch letztere zu ihren Attributen zählt, oder wenn der geliebte Deutsche so unübersehbar jüdische Nasen aufgesetzt bekommt, daß sogar die Pferdemähnen sich zu Peies winden. Was ist dann eigentlich deutsch, was österreichisch, was jüdisch, und wie verwirrt werden wir erst, wenn wir auch in deutschen Karikaturen jüdische Merkmalszüge finden, welche für das Prager Leben zu gewissen Zeiten geradezu erschreckend typisch gewesen sein müssen? Doch auch hier rechnen wir vertrauensvoll mit Deinem Differenzierungsvermögen und Deiner Urteilskraft, verehrter Leser.

Die Badeni-Krise also war der Anlaß, sie ist aber nicht das Thema unserer Ausstellung. Thema ist auch nicht die Karikatur des Jahres 1848 oder der Jahre 1866/67 oder der Jahre 1918/19. Die systematische, alle Quellen sorgfältig prüfende Verarbeitung überlassen wir, wie es sich gehört, den Spezialisten der kultur- und geisteswissenschaftlichen Disziplinen. Unser Anliegen ist es statt dessen, anhand ausgewählter Beispiele zu zeigen, wie sich die Karikatur über einen Zeitraum von 100 Jahren hinweg entwickelt hat, welche Motive, Topoi und Attribute der Zuordnung und der Distanzierung im deutsch-österreichisch-tschechischen Bereich eine besondere Rolle spielen. Nicht die Ausleuchtung des jeweils speziellen historischen Hintergrunds stand für uns dabei im Vordergrund – obwohl wir uns bemüht haben, „erste Hilfen" der Deutung zu geben – sondern die Betonung typischer Züge der Karikatur als selbständiges Genre.

Wie sehr tschechische, österreichische und deutsche Karikaturisten „gleiche Bilder und gleiche Worte" verwenden, war für uns zunächst selbst überraschend. Dennoch müssen wir vor falschen Vorstellungen warnen: Die Gleichung geht nicht eins zu eins auf. Mögen sich weitaufgerissene Mäuler, faßartige Bäuche und martialische Gebärden auch unübersehbar ähneln, nicht jedes Motiv findet eine spiegelbildliche Entsprechung. Nicht jedesmal haben sich die Karikaturisten tschechischer und deutschsprachiger Blätter vor Redaktionsschluß in einem versteckten Café getroffen, um ihre Zeichnungen aufeinander abzustimmen. Der Blick der Sammler und Ausstellungsgestalter ist der didaktische Täter, der die Ähnlichkeit betont. Um unter der Last dieser Verantwortung nicht zusammenzubrechen, haben wir Freunde und Kenner der österreichischen und böhmischen Geschichte gebeten, uns bei der Auswahl zu helfen. Namentlich Peter Brod, Roland J. Hoffmann und Jan Jiroušek gilt unser besonderer Dank.

In anderer Hinsicht allerdings geht die Gleichung durchaus auf, erfolgt doch die Verkürzung zur Karikatur immer dann, wenn die Entrüstung besonders groß ist, wenn man sich besonders angegriffen fühlt. Diesen Zusammenhang halten wir für hochaktuell. Vielleicht kann die Ausstellung ein wenig von der Einsicht vermitteln, wie ähnlich die Mechanismen der Empörung funktionieren. Dann könnte die Gegenüberstellung tatsächlich jenes befreiende Gelächter auslösen, dem schon in der Antike eine kathartische Wirkung zugesprochen wurde, jenes homerische Gelächter, das in den tolpatschigen Bewegungen, dümmlichen Gebärden und Monstrositäten der anderen den Spiegel der eigenen Ängste und Unzulänglichkeiten entdeckt und so die Souveränität gewinnt, sie zu verstehen und zu überwinden.

Peter Becher/Jozo Džambo

Milý čtenáři,

ruku na srdce, pravdivé jádro – nebo řekněme alespoň malé zrníčko pravdy – by uvedené karikatury přece jen mohly obsahovat. „Ten druhý", ať Němec, Rakušan nebo Čech, tak trochu nevypočitatelný by přece jen mohl být, možná je dokonce úskočný, nebezpečný, věrolomný, přirozeně že ne každý, probůh, to ne, ale tak trochu neohrabaný, ošklivý, hloupý, ne že bychom něco proti němu měli, ale přece jen, zrníčko pravdy, však si rozumíme. Přiznejme si také, že my jsme zcela jiní – inteligentní, upřímní, milí, každý ví, na čem s námi je, není-liž pravda, tak to přece je. Tento mechanismus nefunguje dnes o nic hůře nežli před 100 lety, kdy krize okolo Badeniho jazykových nařízení umožnila českým a německým poslancům házet ve vídeňské Říšské radě kalamáře a troubit na trumpety. Přirozeně byl a je každý takovýto výrok nesen svatým hněvem postižených, rozhořčením, které dovoluje vyvést člověka z rovnováhy a vykreslit jakkoliv zdeformovaný obraz „těch druhých", který je vlastním hněvem teprve vůbec potvrzen. A tak se kruh uzavírá: svatý hněv zapříčiňuje a legitimuje vlastní pochybení, které na druhé straně vyprovokuje rozhořčení „těch druhých" atd., atd.

Samozřejmě se nedopouštíš ty, milý čtenáři, stejně jako se nedopouštíme my, všichni chytré hlavy, takovýchto chyb, a zvláště ne spisovatelé, novináři, politikové a učitelé. Jsou to možná jen skryté emoce, slabé momenty touhy po sebeuplatnění, které dovolují těmto zkresleným obrazům ovládnout krátce bez úředních razítek a ověřených povolení hlavu a bránici. Ať už je tomu jakkoliv, jsou zde a působí veškerou svou silou, ať se k nám dostávají dokořán otevřenou branou halasného smíchu či se opatrně vplíží štěrbinou ironie pootevřeného okna.

Badeniho krize, která před sto lety rozrušila veřejnost a přispěla k zesílení předsudků ve Vídni, Praze a jiných městech, nás inspirovala k tomu, abychom ukázali, jak na sebe vzájemně nahlížejí Němci a Češi, když je ostrá tužka v ruce karikaturisty vedena rozhořčením a předsudky. To je však již téměř karikaturistická redukce našeho tématu. Neboť se přesně vzato jedná o Němce, Rakušany a Čechy, ba dokonce o říšské, české a sudetské Němce, Rakušany a Čechy, podle toho, v které době karikatury vznikly a kdo se na ně díval. Neboť království české, markrabství moravské a vévodství slezské patřily jako tzv. korunní země až do roku 1918 k cislajtánské říšské polovině podunajské monarchie, označované též za habsburskou monarchii nebo c.k. monarchii, a v každé z těchto korunních zemí žili vedle sebe Češi, Němci a jiné národnosti v láskyplně nenávistném objetí a žárlivém obdivu. A samozřejmě nesmíme opomenout ani německou císařskou říši, k jejímuž vzniku došlo v průběhu 19. století a která byla emfaticky proklamována po německo-francouzské válce v roce 1871.

Máme tedy určité právo na to, abychom označili karikaturu publikovanou v německých časopisech v Berlíně, Mnichově, Liberci či Praze za německou. Avšak přirozeně lze tvrdit i něco zcela jiného. Neboť nemenším právem by bylo možno označit karikaturu publikovanou v německých novinách ve Vídni, Praze, Brně či Karlových Varech za rakouskou. To závisí na době, místě, sebeúsudku, ideologii a v neposlední řadě na toleranci pozorovatele, přičemž Ti, milý čtenáři, Tvým historickým znalostem a Tvému sebevědomí bez výhrady důvěřujeme.

S českou karikaturou je to v tomto případě mnohem jednodušší. Je lhostejno, zda byla publikována v Praze, Vídni či kterémkoli jiném městě – vždycky se jedná jednoznačně a bezpochybně o karikaturu českou. Méně jednoznačné však je, koho si vlastně bere na mušku, když pikelhaubna a germánský kyj charakterizují vídeňskou politiku, ke které prokazatelně nepatří ani jeden z těchto atributů nebo když má „milovaný" Němec tak nápadně židovský nos, že se dokonce koňské hřívy kroutí do pejzů. Co je tedy potom vlastně německé, co rakouské, co židovské, a jak zmateni jsme teprve, když nalezneme i v německé karikatuře židovské charakteristické znaky, které musely být v určité době až děsivě typické pro pražský život? Avšak i zde sázíme s plnou důvěrou na Tvou schopnost diferencovat a na Tvůj zdravý úsudek, ctěný čtenáři.

Badeniho krize byla tedy příčinou, není však tématem naší výstavy. Jejím tématem není ani karikatura roku 1848 nebo let 1866/67 či let 1918/19. Systematické zpracování, zkoumající pečlivě všechny prameny, přenecháme, jak se patří, specialistům kulturních a humanitních disciplin. Naším záměrem je místo toho ukázat na vybraných příkladech, jak se karikatura po dobu 100 let vyvíjela, jaké motivy, topoi a atributy přiřazování a distance hrály v německo-rakousko-českých vztazích zvláštní roli. V popředí našich snah nestálo osvětlení příslušného speciálního historického pozadí – ačkoliv jsme se samozřejmě snažili poskytnout „první pomoc" při interpretaci – nýbrž zdůraznění typických znaků karikatury jako samostatného žánru.

Jak často čeští, rakouští a němečtí karikaturisté používají „stejné obrazy a stejná slova", bylo zpočátku i pro nás překvapením. Přesto Vás musíme varovat před falešnými představami. Tato rovnice nevyjde jedna ku jedné. I když nelze přehlédnout, jak jsou si navzájem podobné rozšklebené huby, tlustá břicha a marciální gesta, nenajde každý motiv na „druhé straně" svůj přesný odraz. Ne vždy se setkali karikaturisté českých a německých listů před redakční uzávěrkou v zapadlé kavárně, aby si navzájem přizpůsobili své kresby. Didaktickým pachatelem, zdůrazňujícím podobnost těchto obrazů, je pohled sběratelů a pořadatelů výstavy. Abychom se nezhroutili pod tíží této zopovědnosti, požádali jsme přátele a znalce rakouské a české historie o pomoc při jejich výběru. Jmenovitě bychom na tomto místě rádi poděkovali zvláště Petru Brodovi, Rolandu J. Hoffmannovi a Janu Jirouškovi.

V jiném směru tato rovnice ovšem veskrze vyjde, neboť k redukci na karikaturu dochází vždy tehdy, když je rozhořčení zvláště veliké, když se cítíme být zvláště napadeni. Tuto souvislost považujeme stále za vysoce aktuální. Snad se naší výstavě podaří zprostředkovat alespoň trochu poznání a pochopení toho, jak podobně fungují mechanismy nevole a rozhořčení. A potom by mohla tato konfrontace vyvolat skutečně onen osvobozující smích, kterému připisovala již antika katarzní účinek, onen homérský smích, který objeví v nemotorných pohybech, přepjatých gestech a monstróznitách odraz vlastních strachů a nedostatků a získá tím suverenitu k jejich pochopení a překonání.

Peter Becher/Jozo Džambo

Jiří Rak

„Obraz druhého" v české karikatuře 1848–1948

Studium nacionálních, sociálních a politických stereotypů nemá v české historiografii takřka žádnou tradici. Dané téma není ovšem výjimkou – stejně tak se teprve v poslední době vynořují práce věnované dějinám mentality, projevům politické kultury a jejích rituálů, každodennosti apod. Z velkých projektů, jež se věnují právě výzkumu politické karikatury v minulém a našem století, stojí na tomto místě za zmínku vznikající mezinárodní komparace, vedená vídeňským Institutem pro východo- a jihoevropské dějiny.

Výzkum českých stereotypních představ o Rakouském státu, jeho představitelích, o Německu a Němcích je nutné začít již v polovině minulého věku. V devadesátých letech byly tyto představy již pevně zafixované a v podstatě se neměnily. Klíčovým momentem je zde rok 1848, kdy bylo české etnikum konfrontováno s německými sjednocovacími snahami. Češi se tehdy jednoznačně postavili proti možnosti zapojení Rakouského císařství do rámce velkého Německa (Palackého dopis do Frankfurtu), čímž si vysloužili nenávist německé demokratické levice a získali pověst konzervativců. Čeští Němci, kteří naopak myšlenku německého národního státu přijali za svou, byli od té doby českou veřejností považováni za domácího spojence vnějšího nepřítele (ve Smetanově opeře Braniboři v Čechách je pak poprvé jasně formulován názor, že tento domácí nepřítel představuje nebezpečí větší než zahraniční agresor). Symbolem Němce je v této době jednak ospalý německý Michl s noční čepičkou (oproti ráznému Čechovi), případně židovský podnikatel. Ideální federalizované a konstituční Rakousko je představováno symbolem supraetnické Austrie (vybavené atributy jednotlivých rakouských zemí a národů, především samozřejmě svatováclavskou korunou) jako vznosné impozantní ženy, staré Rakousko předbřeznové symbolizuje Metternich a jeho úředníci, cop a další rokokové oděvní součásti.

Dalším zlomovým momentem ve vývoji „obrazu druhého" je rok 1866. Pruský nepřítel je v té době zobrazován nejprve jako směšná figurka, jejíž chatrné válečnické atributy působí nemohoucně proti rakouskému vojákovi (výrazně slovanský typ, příp. skupina vojáků jako symbol jednoty národů monarchie), po bleskovém a pro Čechy naprosto překvapivém průběhu války se obraz Prusa mění v typ hrabivého dobyvatele. Zvláště pak po roce 1871 se Prusko stává symbolem celého Německa a jeho (v českých očích) agresivních snah. V karikovaných stereotypech – obrazně řečeno – německý Michl definitivně odkládá noční čepičku a nasazuje „piklhaubu".

Po rakousko-uherském vyrovnání a zmaru nadějí na obdobný státoprávní akt český (krach fundamentálních článků a nesplněný slib české korunovace Františka Josefa I.) se mění i původně pozitivní poměr k rakouskému státu. Ženská postava Austrie postupně nabývá odpudivých rysů. Dalšími symboly monarchie se stávají: tupý byrokrat, směšná postava zupáckého, ale profesionálně neschopného vysokého důstojníka a tlustého maďarského prasečkáře. S těmito obrázky se potom můžeme setkávat v českých humoristických časopisech bez rozdílu jejich politické orientace – v sociálně demokratickém tisku k nim navíc přistupuje otylý prelát. Společným znakem jsou také židovské rysy domácího německého podnikatele. Jasně patrné jsou tyto stereotypy v době obstrukčních krizí a ve vzrušených chvílích při jednáních o jazyková nařízení (především punktace a Badeniho rok 1897). Protivník zde vždy vystupuje v podobě agresora, využívajícího lstivé a nečestné prostředky.

Emigrantská propaganda v době první světové války navazuje na stereotypy vytvořené v druhé polovině století, jež na jedné straně zesiluje (např. obrazy agresivního německého militarismu) a jednak karikuje i představitele mocnářství (postava císaře jako senilního krvežíznivého starce) a jeho symboly (opelichaný císařský orel). Společným tématem celého spektra českého tisku se tyto obrazy stávají v euforických chvílích po 28. říjnu 1918: neschopný rakouský důstojník, nemohoucí stařecký byrokrat (s rysy Františka Josefa I.), sexuálně nevázaný císař Karel. Určujícím prvkem pro další formulování již historického stereotypu staré monarchie je potom Haškův Švejk. Historiografie, školní učebnice i populární spisy dvacátých let intenzivně pěstují představu nesmiřitelnosti českého vlastenectví a loajality vůči rakouskému státu a vznik samostatné republiky interpretují jako logický výsledek českého politického snažení od počátků národního obrození (symbolem českého martyria pod „černožlutou hydrou", příp. „habsburskou knutou" se stává již od poloviny minulého století obraz „brixenského mučedníka" Karla Havlíčka Borovského, ilustrace básně Svatopluka Čecha Lešetínský kovář o srážce českého řemeslníka s rakouskou vojenskou mocí a další. Krátce po vyprchání nadšení ze vzniku samostatného státu se ale začíná objevovat využívání rakouských tradic jako kladného příkladu (typická je např. karikatura propuštěného prvního ministerského předsedy Československé republiky Karla Kramáře s textem „navzdory všem svým chybám byl František Josef I. přece jenom gentleman"). Pozitivní rysy do českého stereotypu rakouského císařství přináší definitivně již zážitek velké hospodářské krize na přelomu dvacátých a třicátých let, kdy se monarchie stává do jisté míry symbolem hospodářské prosperity, politické stability a obecně klidu a pořádku. Zatímco v třicátých letech se na jedné straně zintenzivňuje působení stereotypních obrazů německé útočnosti (kromě tradičních motivů je hojně karikována nacistická symbolika a typy NS-pohlavárů), množí se na straně druhé doklady pozitivního vztahu k tradici rakouské (včetně tradic vojenských – viz např. znovuosazení císařského orla na památníku bitvy u Kolína, znovuzavedení oficiálního názvu „dragouni" pro československé jezdecké pluky atd.).

Zážitek nacistické okupace pak nadlouho určuje symbol německé agresivity a krutosti („piklhaube" je vystřídána moderní důstojnickou čepicí s hákovým křížem, stereotypním atributem jsou menzury na tvářích) a zesiluje pozitivní rysy na historickém stereotypu Rakouska.

Komunistická propaganda po roce 1948 bohatě využívala zděděného stereotypu německé agresivity a revanšismu (zvláštní typ tvoří ještě obraz „sudeťka" v tyrolském kloboučku, krátkých kožených kalhotech a bílých podkolenkách), zatímco Rakousko se v karikatuře a propagandě takřka neobjevuje. Oficiální historiografie i publicistika sice nadále pěstuje představu monarchie jako „žaláře národů", ve společenském vědomí se ale ustaluje idylický obraz klidné a spořádané konstituční monarchie, jejíž atributy nesou i určitý sentimentální a laskavě ironický náboj. (Je např. charakteristické, že jedním z projevů krátké tiskové svobody roku 1968 bylo m. j. vydání pamětí komorníka Františka Josefa I.).

Politická karikatura je ve své podstatě ilustrací národních historických „mýtů". Český případ není výjimkou, je jedním z dokladů naší souvislosti s evropskou civilizací.

JIŘÍ RAK

Das „Bild des anderen" in der tschechischen Karikatur 1848–1948

Das Studium der nationalen, sozialen und politischen Stereotypen hat in der tschechischen Historiographie kaum Tradition. Das vorliegende Thema bildet hier keine Ausnahme – auch tauchen erst in jüngster Zeit Arbeiten auf, die sich mit der Geschichte der Mentalität, den Ausdrucksformen der politischen Kultur und deren Ritualen, dem Alltag u.ä. befassen. Von den großen Projekten, die sich speziell mit der Erforschung der politischen Karikatur im vorigen und unserem Jahrhundert beschäftigen, sind hier die soeben entstehenden internationalen, vom Wiener Institut für ost- und südosteuropäische Geschichte geleiteten, vergleichenden Studien erwähnenswert.

Die Erforschung der tschechischen stereotypen Vorstellungen vom österreichischen Staat, seinen Repräsentanten und von Deutschland und den Deutschen muß bereits in der Mitte des letzten Jahrhunderts beginnen. In den 90er Jahren waren diese Vorstellungen bereits fest fixiert und haben sich im wesentlichen nicht mehr verändert. Das Schlüsselmoment bildet hier das Jahr 1848, als die tschechische Bevölkerung mit den deutschen Vereinigungsbestrebungen konfrontiert wurde. Die Tschechen stellten sich damals eindeutig gegen die Möglichkeit einer Eingliederung der österreichischen Monarchie in ein großdeutsches Reich (Palackýs Schreiben nach Frankfurt), wodurch sie sich den Haß der deutschen demokratischen Linken zuzogen und den Ruf als Konservative erwarben. Die Deutschen in Böhmen, die sich im Gegensatz dazu den Gedanken eines deutschen Nationalstaates zu eigen machten, wurden von da an von der tschechischen Öffentlichkeit für Verbündete eines äußeren Feindes im eigenen Land gehalten. (In Smetanas Oper „Die Brandenburger in Böhmen" wurde zum ersten Mal klar die Ansicht formuliert, daß dieser innere Feind eine größere Gefahr darstellt als ein fremder Aggressor). Symbol des Deutschen ist in dieser Zeit der verschlafene deutsche Michel mit der Zipfelmütze, dem der tatkräftige Tscheche gegenübersteht, oder ggf. auch der jüdische Unternehmer. Das ideale, föderalisierte und konstitutionelle Österreich wird durch das Symbol der supraethnischen Austria als majestätische, imposante Frau dargestellt (ausgestattet mit den Attributen der einzelnen österreichischen Länder und Völker, vor allem selbstverständlich mit der Wenzelskrone). Das alte Österreich des Vormärz wird von Metternich und dessen Beamten, dem Zopf und sonstigen Charakteristika der Kleidung des Rokoko symbolisiert.

Ein weiteres entscheidendes Datum in der Entwicklung des „Bildes des anderen" ist das Jahr 1866. Der preußische Feind wird in dieser Zeit zunächst als lächerliche Figur dargestellt, deren schäbige kriegerische Attribute – verglichen mit dem österreichischen Soldaten (ausgesprochen slawischer Typ oder Gruppe von Soldaten als Symbol der Einheit der Völker der Monarchie) – ausgesprochen armselig wirken. Nach dem blitzartigen und für die Tschechen absolut überraschenden Verlauf des Krieges wandelt sich das Bild des Preußen zum Typ des habgierigen Eroberers. Besonders nach dem Jahre 1871 wird Preußen zum Symbol für ganz Deutschland und dessen (in tschechischen Augen) aggressive Bestrebungen. In den karikierten Stereotypen legt – bildlich gesprochen – der deutsche Michel seine Zipfelmütze endgültig ab und setzt statt dessen eine Pickelhaube auf.

Nach dem österreichisch-ungarischen Ausgleich und der Zerstörung der Hoffnungen auf einen ähnlichen staatsrechtlichen Akt in bezug auf Böhmen (Versagung der Fundamentalartikel und das nicht erfüllte Versprechen der Krönung Franz Josephs I. zum böhmischen König) wandelt sich auch das ursprünglich positive Verhältnis zum österreichischen Staat. Die Frauenfigur der Austria erhält allmählich abstoßende Züge. Zu weiteren Symbolen der Monarchie werden der stumpfsinnige Bürokrat, die lächerliche Figur des schikanösen, professionell jedoch unfähigen hohen Offiziers und des fetten ungarischen Schweinehändlers. Diese Bilder begegnen uns dann in den tschechischen humoristischen Zeitschriften, ungeachtet deren jeweiliger politischer Orientierung. In der sozialdemokratischen Presse kommt noch der dicke Prälat hinzu. Gemeinsames Kennzeichen sind auch jüdische Züge des einheimischen deutschen Unternehmers. Besonders deutlich sind diese Stereotype in Krisenzeiten, hervorgerufen durch Obstruktionspolitik, und in erregten Momenten bei Verhandlungen über Sprachverordnungen (vor allem die „Punktation" und das „Badeni-Jahr" 1897). Der Gegner tritt hier immer in der Gestalt eines hinterhältige und unehrliche Mittel nutzenden Aggressors auf.

Die von den Emigranten während des Ersten Weltkrieges verbreitete Propaganda knüpft an die nach 1850 entstandenen Stereotype an, die sie einerseits intensiviert – z.B. durch Bilder des aggressiven deutschen Militarismus –, andererseits werden die Repräsentanten der Monarchie (die Darstellung des Kaisers als seniler blutrünstiger Greis) und deren Symbole (zerrupfter Doppeladler) durch sie auch karikiert. Zum gemeinsamen Thema im ganzen Spektrum der tschechischen Presse werden diese Bilder in den Zeiten der Hochstimmung nach dem 28. Oktober 1918: der unfähige österreichische Offizier, der willensschwache greisenhafte Bürokrat (mit den Zügen Franz Josephs I.), der sexuell ausschweifende Kaiser Karl. Das für die weitere Gestaltung des bereits historischen Stereotyps der alten Monarchie bestimmende Element ist dann Hašeks Švejk. Geschichtsschreibung, Lehrbücher und auch populäre Schriften der 20er Jahre pflegen intensiv die Vorstellung von der Unversöhnlichkeit des tschechischen Patriotismus mit der Loyalität gegenüber dem österreichischen Staat, und die Entstehung der selbständigen Republik wird als logische Folge der tschechischen politischen Bestrebungen seit Beginn der nationalen Wiedergeburt betrachtet. Zu Symbolen des tschechischen Martyriums unter der „schwarz-gelben Hydra" bzw. der „habsburgischen Knute" werden bereits seit der Mitte des 19. Jahrhunderts das Bild des „Märtyrers von Brixen", von Karel Havlíček Borovský, die Illustration zu Svatopluk Čechs Gedicht „*Lešetínský kovář*" („Der Schmied von Lešetín") über den Konflikt eines tschechischen Handwerkers mit der österreichischen Militärmacht, u.a. Kurz nachdem sich die Begeisterung über die Gründung des selbständigen Staates gelegt hatte, beginnt man jedoch österreichische Traditionen als positive Beispiele zu nutzen. (Typisch ist z.B. die Karikatur des entlassenen ersten Ministerpräsidenten der Tschechoslowakischen Republik, Karel Kramář, mit dem Text „Trotz all seiner Fehler war Franz Joseph I. doch ein Gentleman".) Positive Züge bringt in das tschechische Stereotyp der österreichischen Monarchie definitiv bereits die Erfahrung der großen Weltwirtschaftskrise an der Wende der 20er und 30er Jahre, als die Monarchie in einem gewissen Grad zum Symbol der wirtschaftlichen Prosperität, der politischen Stabilität und ganz allgemein der Ruhe und der Ordnung wird. Während in den 30er Jahren die Wirkung der stereotypen Bilder von der deutschen Angriffslust einerseits intensiviert wird (außer traditionellen Motiven werden häufig die nazistische Symbolik und die Typen der NS-Machthaber karikiert), mehren sich auf der anderen Seite Beweise einer positiven Beziehung zu den österreichischen Traditionen – einschließlich der militärischen. So wurde z.B. der Doppeladler erneut auf dem Denkmal der Schlacht bei Kolín angebracht und die offizielle Bezeichnung „Dragoner" für die berittenen Truppen der Tschechoslowakei wieder eingeführt.

Die Erfahrung der Naziokkupation bestimmt dann für lange Zeit das Symbol der deutschen Aggressivität und Brutalität; die Pickelhaube wird durch die moderne Offiziersmütze mit Hakenkreuz ersetzt, und stereotypes Attribut sind Mensurnarben im Gesicht und verstärkt positive Züge des historischen Stereotyps Österreich.

Die kommunistische Propaganda nach 1948 machte sich das geerbte Stereotyp der deutschen Aggressivität und des deutschen Revanchismus zunutze (zum eigenen Typ wird außerdem der „böse" Sudetendeutsche mit Tirolerhut, kurzer Lederhose und weißen Kniestrümpfen), während Österreich in der Karikatur und

Propaganda so gut wie nicht erscheint. Sowohl die offizielle Geschichtsschreibung als auch die Publizistik pflegen zwar nach wie vor die Vorstellung von der Monarchie als „Kerker der Völker", im Bewußtsein der Gesellschaft festigt sich jedoch das idyllische Bild einer ruhigen und geordneten konstitutionellen Monarchie, deren Attribute sogar gewisse sentimentale und nachsichtig ironische Züge tragen. So ist z.B. bezeichnend, daß ein Ausdruck der kurzen Pressefreiheit im Jahre 1968 unter anderem die Veröffentlichung der Memoiren des Kammerherrn von Franz Joseph I. war.

Die politische Karikatur ist in ihrem Wesen die Illustration nationaler historischer „Mythen". Das tschechische Beispiel ist keine Ausnahme, es ist einer der Beweise unserer Zugehörigkeit zur europäischen Zivilisation.

(Übersetzung: *Alena Gomoll*)

CARSTEN LENK

Wenzel und Michel
Die Lesbarkeit nationaler Stereotypen am Beispiel deutscher und tschechischer Karikaturen

„In den Illustrierten sieht das Publikum die Welt, an deren Wahrnehmung es die Illustrierten hindern",[1] notierte Siegfried Kracauer, gleichermaßen scharfzüngiger wie scharfsichtiger Zeitbeobachter der deutschen Zwischenkriegszeit im Jahre 1927. Kracauers Kulturkritik steht in einem mediengeschichtlichen Zusammenhang, der auch den Gegenstand der Karikatur nicht unberührt läßt. Während der zwanziger Jahre begann in Deutschland wie in anderen europäischen Ländern der Siegeszug der Fotografie in den illustrierten Blättern. Die Illustrierte als intensiv bebildertes Presseerzeugnis in Massenauflage entstand zwar schon am Ende des vergangenen Jahrhunderts, gleichwohl brachte die suggestive Authentizität der Fotografie eine neue Qualität ins Spiel, die das Verhältnis von Wirklichkeit und Abbild neu definieren sollte und bis heute prägt.

Würde man eine Skala eröffnen, auf der visualisierende Verfahren bezüglich ihres Anspruches Realität abzubilden geordnet werden, stünde zweifelsohne die dokumentarische Fotografie der Presse am einen Ende der Skala, die Karikatur am anderen. Wo das Foto vorgibt, Authentizität zu produzieren, indem es als Ablichtung der sichtbaren Dinge gilt, bekennt sich die Karikatur zum ganz und gar ‚künstlichen' Verfahren der Abbildung. Sie übertreibt, verzeichnet, polemisiert, nimmt Stellung und leugnet nicht, daß ihr Verhältnis zur Wirklichkeit von Beginn an ein interpretierendes und kommentierendes ist. Niemand käme bei der Karikatur, allein durch die Wahl der zeichnerischen Verfahren, die verzerren, übertreiben oder Dinge so kombinieren, wie sie die Realität nicht zuläßt, auf die Idee, daß ihr Verhältnis zur Wirklichkeit ein bloß abbildendes sei. Gleichwohl ist das Verhältnis der Karikatur zur Wirklichkeit der Gesellschaft, der sozialen Wirklichkeit im engeren Sinne, kein beliebiges.

Als Interpretationsmodell, das diesem Beitrag zugrunde liegt, sei davon ausgegangen, daß die Karikatur im gleichen Sinne vorschreibt wie nachzeichnet. Es ist ihr subtiler Kern, ihre Verbindung zur Erfahrung des Betrachters, welche erst in der Lage ist, jenes Schmunzeln oder Gelächter auszulösen, das uns eine Karikatur als ‚gelungen', im Sinne von treffend, erscheinen läßt.

I.

In diesem Sinne ist die Karikatur Gebrauchskunst und wie jedes Gebrauchsgut von begrenzter Lebens- und Funktionsdauer. Dem politischen Tagesgeschehen verpflichtet, ist sie eine ähnlich verderbliche Ware wie die Zeitung selbst. Aus medienhistorischer Perspektive betrachtet, ist die Karikatur eng an eine spezifische Form von Öffentlichkeit gebunden. Ihr materielles Trägermedium war am Anfang das Flugblatt (der Titel ‚Fliegenden Blätter' ist eine späte Reminiszenz an diese Tatsache), das als Propagandamittel nach größtmöglicher Verbreitung strebte. Die Entfaltung frühneuzeitlicher Öffentlichkeit des 15. und 16. Jahrhunderts, als vor allem religiöse und soziale Auseinandersetzung Thema der Karikatur wurden, ist nicht denkbar ohne die Erfindung des Drucks mit beweglichen Lettern, ohne die Weiterentwicklung des Holzschnitts, also an technische Verfahren, die die Karikatur als Propaganda- und Kampfmittel überhaupt erst ermöglichten.

Aber erst die allmähliche Konstitution einer bürgerlichen Öffentlichkeit im engeren Sinne, die einherging mit der Ablösung des alten, feudalen Systems in Europa, ihr Selbstbehauptungskampf gegen die politische Reaktion des frühen 19. Jahrhunderts und ihr Versuch, die Gesellschaft zu liberalisieren, bildete den Nährboden für die Herausentwicklung der Karikatur im heutigen Sinne. Neben dem politischen Flugblatt entstanden in ganz Europa satirische oder humoristische Zeitschriften, die sich an ein wenngleich anfangs noch zahlenmäßig begrenztes Publikum wandten. Damit ist die Karikatur eine im Kern bürgerliche Kunstform, die sich an ein bürgerliches Abonnenten- und Lesepublikum wandte. Es ist bekannt, wie diese Artikulation politischer Gesinnung von den Zensurbehörden beargwöhnt und verfolgt wurde: von den Karlsbader Beschlüssen über die Verschärfung der politischen Überwachung durch die deutschen Behörden im Vormärz bis zum Niedergang der liberalen Publizistik in Böhmen während der Ära Bach ist die Geschichte der Karikatur eine Geschichte der Verbote, aber auch deren Umgehung gewesen.

Dennoch ist dies nur die eine Seite – genauso konnte die Karikatur zum Medium staatstragender Propaganda werden, zum Mittel nationaler Selbstvergewisserung und damit zur Dämonisierung oder Herabsetzung des Anderen mißbraucht werden. Im folgenden wird dieser Aspekt der Karikatur im Zentrum der Betrachtung stehen, der aufflammende Nationalitätenkonflikt in den böhmischen Ländern manifestierte sich neben anderem in der Karikatur. Dabei wird vor allem ab den 1880er Jahren eine deutlich Verschärfung der Positionen spürbar, die mit der Radikalisierung von politischen Positionen in beiden Lagern zu tun hat – den Jungtschechen auf der einen, wie den Alldeutschen auf der anderen Seite.

II.
Dennoch soll im folgenden eine Annäherung gewählt werden, die weniger vom politischen Ereignis und seiner Kommentierung als vielmehr von zugrunde liegenden Grundstrukturen ausgeht, jener Verdichtung von Stereotypen, Ansichten, Ängsten und Hoffnungen, ohne die keine Karikatur funktioniert. Die Ebene des Ereignisses

„ist für den Historiker [...] nur wenig ertragreich, denn wir verstehen die Karikatur nur, wenn wir das betreffende Ereignis bereits aus anderen Quellen kennen. Man erfährt eine tendenziöse Interpretation eines ohnehin bekannten Ereignisses. Die Tendenz ist es aber auch, die auf eine bestimmte mentale Struktur der Rezipienten verweist, denn die Funktion der Karikatur besteht darin, einem unterdrückten Wunsch (...) einen Weg zu öffnen, der sich im Lachen oder Lächeln, jedenfalls in einer emotiven Reaktion, zur Entladung bringt. Diese Eigenschaft kommt der Forderung nach einer Geschichte der Mentalitäten [...] entgegen."[2]

Rudolf Jaworski hat auf die ‚langen Zeitspannen' verwiesen, die für die kontinuierliche Tradierung von Bildern über die anderen gilt,[3] diese *longue dureé* im Sinne der Mentalitätsgeschichte läßt sich sowohl für die stereotype Darstellungsweise der Tschechen in den deutschen Karikaturen wie umgekehrt bestätigen. Solche Verdichtungen auf einen spezifischen Typus, der eine spezielle Physiognomie bis hin zu wiederkehrenden Kleidungsattributen und Kopfbedeckungen erhält, bildet sich in der europäischen Karikatur verstärkt ab den 1830er Jahren heraus. Stehende Figuren wie der ‚Trödeljude', der ‚communistische Revolutionär' oder der als Personifizierung des Deutschen verstandene Michel etwa haben tragende Rollen in der deutschen Karikatur des Vormärz.[4] Die Inkarnation typischer Eigenschaften und Wesenszüge einer Nation in einer prototypischen Gestalt, wie es die Figuren Michel und Wenzel werden sollten, verarbeiten romantische Vorstellungen vom Nationalcharakter oder Nationalgeist im Sinne Herders ebenso wie ältere allegorische Traditionen, die in der Ikonographie des 19. Jahrhunderts als Austria, Germania usw. zu nationalen Verkörperungen der Staatsidee wurden.

Diese allegorisch verstandenen ‚Staatsmatronen', wie man Germania und ihre Schwestern vielleicht etwas despektierlich bezeichnen könnte, agieren zuweilen auch in der Karikatur – häufig in der Funktion als Mutter einer Völkerfamilie, ein Gedanke, der sich bei Austria als Oberhaupt der österreich-ungarischen Monarchie geradezu aufdrängt. Ikonographisch ist dieser Topos immer wieder umgesetzt worden, es sei schon vorweggenommen, daß der tschechischen Nation in der deutschen Karikatur dabei in der Regel die Rolle des ungezogenen Rotzbengels zukommt. Als Verkörperung des tschechischen, respektive deutschen ‚Durchschnittstypus' dagegen agieren Wenzel und Michel in einer Vielzahl von Karikaturen deutscher und tschechischer Provenienz. Es sind vor allem die Tracht und in besonderem Maße die Kopfbedeckung, die zu prototypischen Erkennungszeichen der beiden Figuren wurden: Was dem Michel die unvermeidliche Zipfelmütze wurde, war für Wenzel der halbkugelförmige Bauernhut mit schmaler Krempe. Daneben spielen militärische Requisiten eine Rolle: die preußisch-deutsche Pickelhaube findet ihre Entsprechung in der Mütze mit aufgesteckter Feder, Uniformrequisit der tschechischen Sokol-Verbände.

Analog wurden auch andere Völker Osteuropas über ihre Tracht zu identifizierbaren Ikonen gestaltet. Polen, Ungarn, Slowaken, Ruthenen sind gute Beispiele dafür, wie der aufkommende Trachtenfolklorismus eine wichtige Rolle in der sogenannten nationalen Wiedergeburt jener Nationen spielten. Daß die Anfang des 19. Jahrhunderts in voluminösen Bänden erschienenen Trachtenkupfer nicht nur pittoreske Wirkungen zeitigten, zeigen die Bemühungen der tschechischen Nationalbewegung um die Entwicklung einer tschechischen Nationaltracht.[5] Bezeichnenderweise wurden bestimmte Elemente, wie die Fischotterfellmütze (*vydrovka*) gerade in der Karikatur aufgegriffen, wobei sie vom tschechischen Selbstbild zum Erkennungsmerkmal für den Betrachter von außen mutierten.

III.
Das Beispiel der Kopfbedeckung als repräsentierendes Erkennungsmerkmal zeigt in sehr deutlicher Weise eine typische Eigenheit der Karikatur: Sie ist in hohem Maße auf Verdichtung und dabei auf Reduktion angewiesen. Diese Elemente gewährleisten zum einen die Wiedererkennbarkeit von Stereotypen, garantieren aber auch die Fähigkeit der Karikatur, Dinge ‚auf den Punkt zu bringen'. Dabei ist die Karikatur ein Medium, das immer auf die Kombination von Text und Bild angewiesen ist, ohne die eine Übertragung von der metaphorischen Ebene des Bildes auf den Bezug der sozialen Wirklichkeit nicht geleistet werden kann. Dieser Aspekt wird gelegentlich übersehen – aber gerade die älteren Karikaturen des 18. und 19. Jahrhunderts zeigen die Bedingtheit von Text und Bild sehr deutlich. Da wird der Schulverein per Schriftzug zum Menschenfresser, die tschechische Minderheit zum Hasen, der tschechische Staat zu einer Schüssel voll dampfender Knödel – das Verfahren, Dinge oder Personen per Beschriftung zu erläutern, ist sozusagen ein enblematisches Verfahren, das auf die Verbindung der Karikatur zum allegorischen Bild verweist. Das Verstehen solcher Karikaturen, die ihre Sinnbezüge über Beschriftung herstellen, setzt Lesekundigkeit voraus – in diesem Zusammenhang sei hier an die Charakterisierung der Karikatur als bürgerliches Medium erinnert.

Auf diese Weise entstehen komplexe Bild-Text-Tableaus, die das Prinzip der Reduktion als Mittel der Karikatur in Frage stellen. Der Detailreichtum, die auffällige Häufigkeit von Wortelementen, die Jaworski an den von ihm untersuchten jung-tschechischen Karikaturen diagnostiziert, sind aber in diesem Sinne nicht „gestalterische Schwächen" gegenüber den Wiener oder Münchner Pendants[6], sondern stehen in einer anderen, eben enblematischen Bildtradition. Als modernere, weil weniger fabulös, sondern realistischer gestaltete Text-Bild-Praxis tritt freilich schon im 19. Jahrhundert die Zeichnung mit erläuternder Bildunterschrift. Als Erläuterungstext findet sich dann häufig auch ein Dialog der dargestellten Figuren. Dieses Verfahren rückt die Karikatur in die Nähe eines durch Visualisierung eindrücklich gestalteten Bildwitzes. Es ist auffällig, daß prominente tschechische Politiker erst spät auf der Bildfläche vor allem der deutschen Blätter erscheinen. Nach dem ersten Weltkrieg ist es dann Tomáš G. Masaryk, später auch Edvard Beneš, die als Protagonisten auftreten, bezeichnenderweise setzt hier die Illustrierte mit der Verbreitung von Portraitfotografien erst die Voraussetzung für Erkennen und Wiedererkennen von Prominenten. Ohne das gewußte Vorbild macht das verzerrende Verfahren der Karikatur (von prominenten Persönlichkeiten) kaum einen Sinn.

Es ist ein schwieriges Unterfangen, versucht man eine Karikatur in Worten zu erklären, ihren Witz zu beschreiben und die Heiterkeit, die sie auslöst, zu analysieren. „Die bildliche Totalität der Karikaturen sperrt sich von Natur aus einer eindimensionalen Übertragung in den sprachlichen Diskurs", heißt es bei Jaworski,[7] ihr Assoziationsgehalt zu Wertvorstellungen, Erfahrungswelten, Sinnbezügen, der heute aus der Retrospektive nur schwierig zu erschließen und zu verstehen ist, scheint kaum rekonstruierbar. Hinsichtlich der Mehrdeutigkeit ihrer Bilder drängt sich eine Analogie zwischen Karikatur und Traum auf:

„Der visionäre Charakter vieler Karikaturen, ihr verzerrendes Verfahren und die Mehrdeutigkeit der verwendeten Symbole legen die Annahme nahe, die Karikaturen seien gewissermaßen Träume der Öffentlichkeit."[8]

Einschränkend sei hinzugefügt: jener bürgerlichen Öffentlichkeit, die als Lesepublikum über das Presseerzeugnis an der öffentlichen Meinung partizipierte. Mit der Charakterisierung der Karikatur als Träume der Öffentlichkeit begibt man sich in die Nähe von Sigmund Freuds ‚Psychopathologie des Alltagslebens'. Das Unbewußte ist Bestandteil jeder menschlichen Kommunikation und „die Psychopathologie des Alltagslebens zeigt, daß wo gesprochen wird, auch *ver*sprochen wird, wo gezeichnet wird, auch *ver*zeichnet wird und wo gebildet, auch *ver*bildet wird."[9] Dies spricht deutlich gegen die Möglichkeit einer simplen Denotation, Karikaturen sind eben argumentativ kaum begründbar, vielmehr appellieren sie an die kollektive emotionale Grundhaltung einer Gruppe – diese wird zwar nicht direkt ausgesprochen, aber nichtsdestoweniger in den Dienst einer politischen Tendenz gestellt.

Die Ausbildung der Nationalstaaten war das Generalthema des 19. Jahrhunderts in Europa. Die Homogenisierung unterschiedlicher Standes- und Regionalkulturen unter eine Staatsidee, die Adaption an und unter nationalstaatliche Vorgaben war an einen langen Lernprozess geknüpft, der zum einen über die mächtigen Disziplinierungsinstanzen des 19. Jahrhunderts, nämlich Schule und Militär, vermittelt wurde, zum anderen in sehr deutlicher Weise mit Mechanismen kollektiver emotionaler Identifikation arbeitete. Die deutsche Sprache bringt die neue gewünschte emotionale Bindung an den Nationalstaat in sehr eindringlicher Weise zum Ausdruck, nämlich über die Begriffe ‚Vater-Land' und ‚Mutter-Sprache'.[10] Damit ist ein emotionales Potential angesprochen, das sich die Karikatur zu-

nutze macht, wenn es darum geht, Prozesse der Ausgrenzung zu rechtfertigen und in kollektive Phantasien zu überführen.

IV.

Begreift man die Karikatur als Medium bürgerlicher Öffentlichkeit, dann dient sie auf der eben entwickelten Grundlage der Bewältigung bürgerlicher Ängste: ihrer mehr oder weniger offenliegenden Neurosen, Allmachtsphantasien und Traumata. Es ist kein Zufall, daß nach der gescheiterten Revolution von 1848 die Niederlage des liberalen Bürgertums „vor allem in Form infantiler Bestrafungsphantasien Eingang in die Karikatur" der deutschen Blätter fand.[11] Der geprügelte oder bestrafte Michel wird zum stehenden Typus dieser Zeit und läßt wie das ungehorsame, aber gezüchtigte Kind im Struwelpeter Heinrich Hoffmanns oder in Wilhelm Buschs Zeichengeschichten tief blikken, was das Verhältnis des deutschen Bürgers zur Obrigkeit angeht. Es wundert von daher nicht, daß solche Bestrafungsphantasien auch im Hinblick auf das deutsch-tschechische Verhältnis eine Rolle spielen, etwa wenn Mutter Austria aus Berlin den Rat erhält, „dem dickfelligen Jungczechen gegenüber ganz andere Überredungskünste an[zu]wenden", auf gut deutsch: ihn schlicht über das Knie zu legen und mit der Rute zu züchtigen.[12]

Die Karikatur, so Severin Heinisch, „ensteht an den Bruchstellen gesellschaftlicher Schichtung. Als Teil des Abwehrmechanismus des Bürgertums ist sie Symptom einer sozialen Neurose."[13] Diese abstrakte Aussage läßt sich kaum besser illustrieren als anhand jener zahlreichen deutschsprachigen Karikaturen, die mit nichts anderem beschäftigt sind, als die deutsche Kulturüberlegenheit gegenüber der vorgeblichen Rückständigkeit der tschechischen Nation zu behaupten, eine Kontroverse, die seit den letzten Jahrzehnten des 19. Jahrhunderts ein verbissenes Wetteifern zwischen dem tschechischen und dem deutschen bürgerlichen Lager auf den Feldern der großen Kultur, will sagen: Literatur, Theater, Museen, Wissenschaft usw. freisetzte. Anknüpfungspunkt für die deutsche Seite bildete die deutsch, oder besser deutsch-österreichisch dominierte Oberschichtskultur, die sich im Laufe des 18. Jahrhunderts unter Maria Theresia und Josef II. in den meisten böhmischen Städten und Städtchen etablieren konnte. So sehr das deutsche bürgerliche Lager an dieser Kulturträgertheorie festhielt, so sehr war die tschechische Seite über ein Jahrundert lang damit beschäftigt, diese zu widerlegen und sich durch die Herabsetzung und Lächerlichmachung der anderen das Gegenteil zu beweisen. Anspielungen auf die Leistungen der tschechischen Gesellschaft in den Bereichen Technik und Gewerbe, etwa unter Verweis auf die Jubiläumsausstellung 1891 in Prag gehören in diesen Kontext.[14] Bekannterweise werden Selbstbilder aus der Fremdperspektive gerne zu Zerrbildern verkehrt: Betrunkene und abgrundtief häßliche deutsche Korpsstudenten, in der Hand den Knüppel der *německá kultura* (deutschen Kultur), durch die Straßen von Prag schwankend, aber im festen Bewußtsein, daß die Universität nur den deutschen *kulturträgry* gehöre.[15]

Umgekehrt bedeutet dies, die deutschsprachigen, insbesondere die Wiener Karikaturen mußten dort soziale Distanz konstruieren, wo sie real nicht mehr existierte. In diesem Sinne arbeitete das verfremdende Verfahren der Karikatur, das die Angehörigen der anderen Nationalität bewußt zur Fremdartigkeit (ver)zeichnete, gegen die Normalität und Vertrautheit eines gemeinsamen Alltags, der in vielen böhmischen Städten nicht nur in den unterbürgerlichen und kleinbürgerlichen Bevölkerungsschichten die Normalität bedeutete.

„Die drastische Betonung fremdartiger Züge am tschechischen Volk in den deutschen Karikaturen darf deshalb unter anderem als Versuch gewertet werden, mit der nationalen Abgrenzung zugleich soziale Distanz zu wahren, während die sozialen Abgrenzungen der tschechischen Karikaturen die Erhaltung der eigenen nationalen Integrität garantieren wollen."[16]

Die angebliche Unmündigkeit und Unterlegenheit der tschechischen Nation wurde in den deutschen Blättern mit verschiedenen Verfahren ins Bild gesetzt. Auf die Darstellung als Kind wurde bereits verwiesen – in der k.u.k. Zeit ist es der „nichtswürdige Drecklümmel" von Mutter Austria, der Nachbarin Germania auf unschöne Weise das weiße Kleid befleckt[17], in der Zeit der tschechoslowakischen Republik ist der tschechische Lausbub mal in Gesellschaft von ‚Papa Stalin', mal als ‚The Kid' in Gesellschaft von Clemenceau zu sehen, wie überhaupt die Marianne gelegentlich die Rolle der großen Schwester für den kleinen tschechischen Bruder spielen darf.

Ein weiterer, zahlenmäßig nicht unbedeutender Teil der Karikaturen setzt das Stereotyp des Wenzel (manchmal auch Powidl genannt) als dummdreisten, ungeschlachten, randalierenden und gelegentlich auch gewalttätigen Bauerntölpel ins Bild. „In seiner Physiognomie", so Jaworski, „mischen sich affen- und kretinartige Züge mit einem Ausdruck bauernschlauer Hinterlist."[18] Nicht ohne Selbstironie textete der Wiener *Figaro* 1889 unter einer Gegenüberstellung von Wenzel und Michel: „Du, Wenzel, beleidigt' Dich wirklich, daß Dich – wie der Fürscht Clary meint – d'Witzblattln wie ein' Affen aufmal'n?" – und um die Antwort nicht verlegen kontert Wenzel: „O Jekus! Dich stell'n s' ja a nit als Lineal von Schönheit auf! Da schaute an Off ondern gleich!"[19] Freilich findet sich dieser selbstkritische, fast versöhnliche Ton sehr selten. Häufiger überwiegt eine Schwarz-weiß-Malerei, die die Tschechen mit allen Attributen des gewalttätigen, randalierenden Pöbels ausstattet. Die Konstruktion der sozialen Distanz zwischen ‚tschechischer plebs' und dem deutschen Bürger ist auch hier unverkennbar.

Die Darstellung des nationalen Gegners als Masse, die auch graphisch verkleinert dem Vertreter der eigenen Nation entgegengestellt wird, ist ein gängiges Diskriminierungsprinzip beider Seiten. Rudolf Jaworski hat auf das Beispiel der „Wenzelsläuse" verwiesen, die sich im Gefieder des Doppeladlers niedergelassen haben und nun den deutschen Nachbarn malträtieren. Hinter solchen Phantasien steht wohl die deutsche Angst vor der „tschechischen Springflut"[20], eine Reaktion auf die Kehrtwende in der demographischen Entwicklung der böhmischen Länder, die gegen Ende des 19. Jahrhunderts eine deutliche Zunahme der tschechischsprachigen Bevölkerung zu verzeichnen hatten. Auf der anderen Seite steht das Pülverchen gegen die *všenemecké ‚švaby'*, die ‚alldeutschen Küchenschaben', an Aggressivität nichts nach.[21]

Zum dritten sind es die Attribute des Verlausten und Verlotterten, die die deutsche Karikatur dem nationalen Fremdbild unterstellt. Zeichnerische Beigaben wie ein Bündel von Mausefallen, die der Tscheche mit sich trägt, oder die gelegentliche Charakterisierung als Wandermusikant, zeigen deutlich die Zuweisung auf den unteren Sprossen der sozialen Stufenleiter, nämlich als Hausier- und Bettelvolk. Ein beliebter Topos ist die Verzeichnung des böhmischen Löwen, staatstragendes Wappentier der böhmischen Länder, als zerlumpte und räudige Großkatze. Gelegentlich trägt diese, sozusagen als Krone des Spotts, das dreibeinige Leimpfanderl auf dem Kopf, ein Attribut, das ebenfalls in wenig angesehene Bereiche der Gesellschaft verweist. In der tschechischen Staatsrechtsideologie des 19. Jahrhunderts galt die böhmische Krone als quasi unantastbares Heiligtum der nationalen Selbstvergewisserung.

V.
Analysiert man im Gegenzug, welche Bilder vom Deutschen die tschechischen Karikaturen aus den jungtschechischen *Šipy* oder den *Humoristické listy* dominieren, wird man auch hier eine Reihe von Typen finden, die je nach Ereignis und Aussage für bestimmte Neurosen des tschechisch-deutschen Verhältnisses stehen. Da ist zunächst der schon erwähnte Michel, ein häufig etwas verfettet dargestellter Gnom mit unverkennbar fiesen Zügen und der obligatorischen Zipfelmütze. Aufschlußreich ist die fingierte Begegnung des ‚hiesigen Michel' mit dem Kollegen *z rajchu*, aus dem deutschen Reich, an der österreich-deutschen Grenze. Sehnt sich der böhmische Fettwanst nach dem Reich, so kontert der hagere Kollege aus Deutschland mit dem Wunsch, doch endlich ins reiche Böhmen zu kommen.[22] Sonst wird der Reichsdeutsche, sprich wilhelminisch-preußische Untertan in der Regel, gerne durch Pickelhaube und andere militärische Attribute charakterisiert.

Militante Aggression ist ein weiteres dominantes Merkmal im Deutschenbild der tschechischen Karikatur. Auffällig häufig ist dies thematisiert über die Metaphern des Verschlingens, Einverleibens, Fressens: Der Menschenfresser namens Deutscher Schulverein, der sich armevoll tschechischer Schulkinder einverleibt, das kugelrunde Freßsäckchen mit Zipfelmütze, das nach der Teilung Böhmens in Form einer Schüssel voll Knödel lechzt, der häßliche Gnom, der sich mit gezücktem Messer am liebsten über den dampfenden Knödel ‚tschechische Nation' hermachen würde – all diese Bilder lassen sich unter dem Begriff Germanisierungsängste auf eine gemeinsame Wurzel zurückführen. Nicht von ungefähr schlug sich das Trauma des Einverleibtwerdens durch den mächtigen, übergroßen deutschen Nachbarn immer wieder auch in Skizzen oder Karten wieder, die die deutsche Umklammerung und die damit verbundene Gefahr für die tschechische Nation als ‚Insel' im *německé moře,* dem deutschen Meer belegen sollte.

Auf die Darstellung des gewalttätigen deutschen Burschenschaftlers wurde bereits verwiesen, die Überzeichnung des *buršak* tendiert meist ins Roh-dümmliche und Lächerliche. Schmisse, Narben und aufgeklebte Pflaster sowie militärisch knappe Kurzhaarschnitte vermitteln den Eindruck von Gewalttätigkeit und Brutalität. Daneben steht der deutsche Bourgeois in Frack und mit Zylinder. Bezeichnenderweise kommt gerade bei diesem Stereotyp die deutlich antisemitische Tendenz der jungtschechischen *Šipy* zum Tragen: Bei der ‚Zusammenkunft der deutschen Schriftstellerschaft in Prag' sieht der Zeichner den Besucher umgeben von krummnasigen Gestalten mit Kraushaar in Frack und Zylinder, beliebte Darstellungsmerkmale für das jüdische Stereotyp im 19. Jahrhundert.[23] Das Drama der Juden in Böhmen und Mähren, die existentielle Frage, ob eine Assimilation ins Lager des deutschen oder tschechischen Bürgertum die eigene Existenz sicherte, vermittelt sich auch über die Tatsache, daß die jüdische Bevölkerung zum Ziel des Spotts von beiden Seiten wurde.

VI.
Gleiche Bilder, gleiche Worte – unter diesem Titel werden in dieser Ausstellung tschechische Bilder über die Deutschen sowie deutsche und österreichische Bilder über ihre tschechische Nachbarn nebeneinandergestellt. Die Vergleiche hinsichtlich der Stilistik, der aufgegriffenen Themen sowie der dahinterverborgenen

Träume und Traumata zeigen, daß hier sowohl Gemeinsamkeiten wie auch Unterschiede greifbar werden. Betrachtet man die Methoden der Verzeichnung, die Diffamierungsmittel beider Lager, kommt man zu einem Befund, der sich bei einem allgemeinem Vergleich der deutschen und tschechischen Nationalbewegung bestätigen läßt. Tschechen und Deutsche kämpften mit vergleichbaren Methoden, verwandten Polemiken und auf den gleichen Aktionsfeldern um die Vorherrschaft in der bürgerlichen Gesellschaft Böhmens.

Dennoch lassen sich bei näherem Hinsehen eine Reihe von Unterschieden benennen, die auch für die Asymmetrien stehen, denen das deutsch-tschechische Verhältnis bis heute unterworfen ist. Es beginnt mit der schlichten Feststellung, daß für die Prager Blätter die Nationalitätenfrage in den böhmischen Ländern das nationale Problem schlechthin darstellte, es ist als drängendstes Problem der Zeit dementsprechend dominant auch in den satirischen Blättern behandelt. Aus der Perspektive Wiens, und dies gilt umso mehr für München oder Berlin war das deutsch-tschechische Nationalitätenproblem in Böhmen nur einer von vielen ähnlich gelagerten Konflikten, der in unterschiedlicher Häufigkeit zum Thema der Zeichner wurde. Hinzu kommt ein weiteres Element, das noch einmal auf den bereits thematisierten Aspekt der sozialen Distanz verweist. Rudolf Jaworski hat darauf aufmerksam gemacht, daß besonders die Wiener Blätter wie der *Figaro* eher für einen „paternalistischen Oberschichtshumor" stehen. Wenzel wird aus dieser Perspektive aus der sicher gewähnten sozialen Distanz heraus belächelt, aber nicht ernst genommen, er scheint eher „lästige Plage als nationaler Gegner". Dagegen kämpft man auf tschechischer Seite gegen deutsche Vorherrschaft und Unterdrückung. Diese Karikaturen halten Gericht mit dem Gegner, sie exekutieren exemplarisch, die Figuren scheinen durchweg häßlich, selten komisch, all dies sind Züge, die typisch sind für einen „nach oben gerichteten Humor".[24]

Gleiche Bilder, gleiche Worte sind es also nur bedingt, mit denen deutsche, österreichische und tschechisches Karikaturisten die jeweiligen nationalen Träume und Traumata im Hinblick auf ihre Nachbarn zum Ausdruck gebracht haben. Es bleibt eine Asymmetrie, die dem deutsch-tschechischen Verhältnis bis heute eingeschrieben ist. Die Karikatur ist ein subjektives Verfahren, was ihre Interpretation der gesellschaftlichen Wirklichkeit angeht. Aber sie ist auch ein feiner Seismograph für die Verwerfungen, die sich durch die Geschichte der deutsch-tschechischen Nachbarschaft ziehen. Die Karikatur steht auch in diesem Zusammenhang für das Irrationale im Zeitalter der Vernunft.

ANMERKUNGEN

1 Siegfried Kracauer: Die Fotografie. In: ders.: *Das Ornament der Masse. Essays*. Frankfurt a.M. 1977, S. 34.

2 Severin Heinisch: *Die Karikatur. Über das Irrationale im Zeitalter der Vernunft*. Wien / Köln / Graz 1988, S. 14.

3 Rudolf Jaworski: Deutsche und Tschechen in der Karikatur (1891–1907). In: *Deutsch-tschechische Beziehungen in der Schulliteratur und im populären Geschichtsbild*. Hg. von H. Lemberg und F. Seibt. Braunschweig 1980, S. 58.

4 Vgl. Karl Riha: Der deutsche Michel. Zur Ausprägung einer nationalen Allegorie im 19. Jahrhundert. In: *„Nervöse Auffangsorgane des inneren und äußeren Lebens." Karikaturen*, hg. von Klaus Herding und Gunter Otto. Gießen 1980, S. 186–205.

5 Mirjam Moravcová: *Národní oděv roku 1848. Ke vzniku národně politického symbolu*. [Das Nationalkostüm im Jahr 1848. Zum Ursprung eines nationalpolitischen Symbols] Praha 1986.

6 Rudolf Jaworski: Jungtschechische Karikaturen zum Nationalitätenstreit in Österreich-Ungarn. Die Prager „Šípy" (1887–1907). In: *Bohemia* 22 (1981), S. 317.

7 Jaworski 1981, S. 304.

8 Thilo Koenig / Roberto Ohrt / Christian Tröster: Die Stecher von London. Englische politische Karikatur unter dem Einfluß der Französischen Revolution. In: *„Nervöse Auffangsorgane..."*, hg. von Klaus Herding u. Günter Otto. Gießen 1980, S. 80.

9 Heinisch 1988, S. 17; vgl. im folgenden auch S. 106.

10 Eckard J. Dittrich / Frank-Olaf Radtke: Der Beitrag der Wissenschaften zur Konstruktion ethnischer Minderheiten. In: dies. (Hg.): *Ethnizität. Wissenschaft und Minderheiten*. Opladen 1990, S. 26ff.

11 Heinisch 1988, S. 154.

12 Ultimatum. Beiblatt zum *Kladderadatsch*, Jg. XLIII, Nr. 2 vom 12.1.1890, S. 2.

13 Heinisch 1988, S. 18.

14 Vgl. Česká sílo – slav své dílo! [Tschechische Kraft – Ehre ihrem Werk!] In: *Šípy,* IV (10. 5. 1891), Nr. 21.

15 Jen pro ně slunce vzdělanosti svítí! [Nur für sie scheint die Sonne der Bildung] In: *Šípy* 16 (1903).

16 Jaworski 1980, S. 68.

17 Eine ernste Mahnung. In: *Kladderadatsch* 61 (1908).

18 Jaworski 1980, S. 60f.

19 *Figaro* 33 (1889), Nr. 6.

20 Jaworski 1980, S. 63.

21 Prášek na – všeněmecké „šváby". [Ein Pulver gegen – die alldeutschen ‚Küchenschaben'] In: *Šípy* 15 (1902).

22 Na severních hranicích Čech. [An der Nordgrenze Böhmens] In: *Šípy* 10 (1897).

23 *Šotek* 12 (1884), 36; zum jungtschechischen Antisemitismus vgl. auch Jaworski 1981, S. 309.

24 Jaworski 1980, S. 64f.

Carsten Lenk

Václav a Michl
Čitelnost národních stereotypů na příkladu německých a českých karikatur

„V časopisech vidí publikum svět, v jehož vnímání mu ilustrované časopisy brání",[1] poznamenal 1927 Siegfried Kracauer, pozorovatel své doby v Německu mezi oběma světovými válkami, člověk jak s ostrým jazykem, tak s ostrým zrakem. Kracauerovu kulturní kritiku je třeba vidět v souvislosti dějin médií, která nenechává nedotčen ani předmět karikatury. Během dvacátých let začal v Německu i v ostatních evropských zemích triumf fotografie v obrázkových časopisech. Časopis vznikl jako intenzívně ilustrovaný tiskový produkt v masovém nákladu sice již koncem minulého století, ale zároveň přinesla sugestivní autenticita fotografie novou kvalitu, která měla nově definovat poměr skutečnosti a obrazu a dodnes jej formuje.

Kdyby se vytvořila stupnice, na které by se uspořádaly vizualizující způsoby ve vztahu k jejich nároku na realitu, stála by bez pochyby dokumentární fotografie tisku na jednom konci této stupnice, karikatura na druhém. Kde fotografie předstírá, že vytváří autenticitu tím, že platí jako kopie viditelných věcí, vyznává se karikatura zcela z „uměleckého" pojetí vyobrazení. Přehání, polemizuje, zaujímá stanovisko a nepopírá, že její poměr ke skutečnosti je interpretující a komentující. Nikdo by u karikatury, která už volbou kreslířských technik, jež zkreslují, přehánějí nebo věci kombinují, jak skutečnost nedovoluje, přišel na myšlenku, že její poměr ke skutečnosti je pouze zobrazující. Stejně tak není libovolný poměr karikatury k společenské skutečnosti, k sociální skutečnosti v užším slova smyslu. Pro interpretační model, na kterém se zakládá tento příspěvek, budiž dovoleno vyjít z předpokladu, že karikatura ve stejném smyslu předepisuje jako dokresluje. To je její subtilní jádro, její spojka ke zkušenosti pozorovatele, která je teprve s to vyvolat úsměšek nebo smích, takže se nám karikatura jeví jako „zdařilá", ve smyslu trefná.

I.
V tomto smyslu je karikatura užitkové umění a jako každý užitkový předmět má jen omezenou dobu života a funkce. Zavázána politickému dennímu dění je podobným zbožím podléhajícím zkáze jako noviny samy. Pozorována z perspektivy historie médií je karikatura úzce vázána na specifickou formu veřejnosti. Její materiální nositel byl na začátku leták (titul „Fliegende Blätter" – Létající listy – je pozdější reminiscencí na tuto skutečnost), který se jako prostředek propagandy snažil o co největší rozšíření. Rozvoj časně novověké společnosti 15. a 16. století, kdy se tématem karikatury staly náboženské a sociální spory, není myslitelný bez vynálezu knihtisku s pohyblivými literami, dalšího vývoje dřevořezby, tedy technických procesů, které karikaturu jako prostředek propagandy a boje vůbec umožnily.

Ale teprve postupné konstituování měšťanské společnosti v užším slova smyslu, které kráčelo ruku v ruce s opouštěním starého feudálního systému v Evropě, její sebezáchovný boj proti politické reakci časného 19. století a její pokus liberalizovat společnost tvořily živnou půdu pro vývoj karikatury v dnešním slova smyslu. Vedle politického letáku vznikly v celé Evropě satirické nebo humoristické časopisy, které se obracely na publikum zpočátku ještě početně omezené. Tím je karikatura v jádře měšťanská umělecká forma, která se obracela na měšťanské předplatitelské a čtenářské publikum. Je známo, že tato artikulace politického smýšlení byla cenzurním úřadům podezřelá a jimi pronásledována: od karlovarských usnesení přes zostření politického dozoru německými úřady v předbřeznové době až k porážce liberální publicistiky v Čechách během Bachovy éry jsou dějiny karikatury historií zákazů, ale také jejich obcházení.

Přesto je to jen jedna stránka – právě tak se mohla karikatura stát médiem státonosné propagandy, prostředkem národního sebeujištění, a tím zneužita k démonizaci nebo ponížení jiných. V následujícím textu bude stát tento aspekt karikatury uprostřed úvah, neboť propukající národnostní konflikt v českých zemích se projevoval mimo jiné právě v karikatuře. Přitom bylo možno pociťovat od 80. let minulého století zřetelné přiostřování pozic, které má co dělat s radikalizací politických postojů v obou táborech – mladočechů na jedná straně, všeněmců na druhé.

II.
Nicméně má být v dalším textu zvolena aproximace, která vychází méně z politické události a jejího komentování, spíše však ze základních struktur v pozadí, onoho zhuštění stereotypů, názorů, obav a nadějí, bez kterých nefunguje žádná karikatura. Rovina událostí „je pro historika [...] málo výnosná, neboť karikatuře rozumíme, jen když dotyčnou událost známe také z jiných zdrojů. Člověk se dozví tendenční interpretaci beztak známé události. Tato tendence je však také to, co ukazuje na určitou mentální strukturu příjemce, protože funkce karikatury spočívá v tom, aby se otevřely dveře potlačovanému přání (...), které se vybije v úsměvu, smíchu, zkrátka v emotivní reakci. Tato vlastnost vychází vstříc požadavku po dějinách mentalit [...][2]."

Rudolf Jaworski poukázal na „dlouhé časové úseky", které platí pro nepřetržité tradování obrazů o „druhých"[3]; toto *longue dureé* ve smyslu dějin mentalit se dá potvrdit jak pro stereotypní představování Čechů v německých karikaturách, tak naopak. Takovéto zhuštění na specifický typ, který dostane speciální fyziognomii až k opakujícím se atributům oblečení a pokrývek hlavy, se vytváří v evropské karikatuře zesíleně od 30. let minulého století. Ustálené podoby jako „žid vetešník", „komunistický revolucionář" nebo třeba Michl zosobňující Němce mají nosnou úlohu v německé karikatuře předbřeznové doby.[4] Inkarnace typických vlastností a podstatných rysů národa v prototypové postavě, jakými mají být figury Michla a Václava, zpracovává romantické představy o národním charakteru nebo národním duchu v Herderově smyslu právě tak jako starší alegorické tradice, které se staly v ikonografii 19. století jako Austrie, Germanie atd. nacionálním ztělesněním státní ideje.

Tyto alegoricky chápané „státní matrony", jak se Germanie a její sestry snad s trochou despektu dají označit, jsou někdy činné také v karikatuře – často ve funkci matky rodiny národů – což se doslova vnucuje u Austrie jako hlavy rakousko-uherské monarchie. Ikonograficky se tato myšlenka znovu a znovu používá a budiž již nyní řečeno, že českému národu se v německé karikatuře přiděluje role nezvedeného usmrkance. Jako ztělesnění českého resp. německého „průměrného typu" naproti tomu vystupují Václav a Michl v četných karikaturách německé a české provenience. Je to především kroj a ve zvláštní míře pokrývka hlavy, které se staly prototypovými poznávacími znameními obou figur: čím se Michlovi stala špičatá čepice se střapcem, tím byl pro Václava polokulovitý selský klobouk s úzkou krempou. Přitom hrají úlohu vojenské rekvizity: prusko-německá „piklhaubna" nachází svůj protějšek v čepici se zastrčeným perem, uniformní rekvizitou českých sokolských svazů.

Analogicky byly také z ostatních národů východní Evropy přes jejich kroje vytvořeny identifikovatelné ikony. Poláci, Maďaři, Slováci a Rusíni jsou dobrými příklady toho, jak rodící se krojový folklorismus hrál důležitou úlohu v tak zvaném obrození těchto národů. Že začátkem 19. století mědirytiny krojů, které se objevovaly v objemných svazcích, vyvolávaly nejen pitoreskní účinek, ukazují snahy českého národnostního hnutí o vývoj českého národního kroje.[5] Právě v karikatuře byly typicky zachycovány určité prvky kroje, na příklad vydrovka, přičemž se z českého autoportrétu pro pozorovatele zvenčí změnily v rozeznávací znak.

III.
Příklad pokrývky hlavy jako reprezentačního rozlišovacího znaku ukazuje velmi zřetelně typickou vlastnost karikatury. Ta je značnou měrou odkázána na zhuštění a zároveň na redukci. Tyto prvky zajišťují jednak opětovné poznání stereotypů, jednak ale také zaručují pro tuto schopnost karikatury věci „vypíchnout". Přitom je karikatura médium, které je vždy omezeno na kombinaci textu a obrazu, bez níž nemůže být zajištěn přenos z metaforické roviny obrazu na společenskou skutečnost. Tento aspekt se někdy přehlíží – ale právě starší karikatury z 18. a 19. století ukazují podmíněnost textu a obrazu velmi zřetelně. Tu se ze školské jednoty stane škrtem pera požírač lidí, česká menšina zajícem, český stát mísou plnou kouřících se knedlíků – postup objasňování věcí nebo osob popisem je tak říkaje emblematický postup, který odkazuje na spojení karikatury s alegorickým obrazem časného novověku. Porozumění takovým karikaturám, jejichž smysl se naplňuje popisem, předpokládá schopnost čtení; budiž v této souvislosti poukázáno na charakteristiku karikatury jako měšťanského projevu.

Tímto způsobem vznikají komplexní tabla z obrázků a textu, která uvádějí v pochybnost princip redukce jako prostředku karikatury. Bohatství detailů, nápadné hromadění slovních prvků, které Jaworski diagnostikuje na mladočeských karikaturách, jež zkoumal, nejsou v tomto smyslu „tvůrčí slabiny" oproti vídeňským nebo mnichovským pendantům[6], nýbrž jsou výrazem jiné, totiž emblematické obrazové tradice. Jako modernější, protože méně fabulující, zato realističtěji vytvářená praxe textu a obrazu se vyskytuje ovšem již v 19. století kresba s vysvětlujícím popisem. Jako vysvětlující text se objevuje často dialog představovaných figur.

Toto řešení posunuje karikaturu do blízkosti vizualizace působivě vytvořeného obrázkového vtipu. Je nápadné, že se prominentní čeští politikové objevují teprve později na obrazech především německých listů. Po první světové válce je to Tomáš G. Masaryk, později také Edvard Beneš, kteří vystupují jako protagonisté. Příznačné je, že teprve časopisy umožňující rozšíření portrétních fotografií kladou předpoklad pro poznání a znovupoznání prominentů. Bez vědomého předobrazu dává zkreslující proces karikatury (prominentních osobností) sotva smysl.

Je to obtížný úkol, pokouší-li se člověk analyzovat karikaturu slovy, popsat její vtip a veselí, které vyvolává. „Obrazová totalita karikatury se již svou povahou zpěčuje jednorozměrnému přenosu do jazykového diskursu", říká Jaworski[7], její asociační obsah k slovním představám, světu zkušeností, smyslovým vztahům, který je z retrospektivy jen obtížně poznatelný a srozumitelný, se zdá být dnes sotva rekonstruovatelný. S ohledem na mnohoznačnost jejích obrazů se vnucuje analogie mezi karikaturou a snem: „Vizionářský charakter mnoha karikatur, jejich zkreslující způsob výrazu a mnohoznačnost použitých symbolů naznačují předpoklad, že karikatury jsou do jisté míry sny publika."[8] Budiž však s výhradou řečeno: onoho měšťanského publika, které se jako čtenářstvo přes tiskovinu účastnilo tvorby veřejného mínění.

Charakteristikou karikatury jako snů publika se člověk dostává do blízkosti Freudovy „Psychopatologie všedního života". Podvědomé je součástí každé lidské komunikace a „psychopatologie všedního života ukazuje, že kde se něco říká, tam se také přeříkává, kde se kreslí, tam se zkresluje, kde se vytváří, tam se znetvořuje."[9] To mluví zřetelně proti možnosti jednoduché denotace – karikatury jsou argumentativně sotva odůvodnitelné, naopak apelují na kolektivní základní emocionální postoj jedné skupiny. Ta sc sice neoslovuje přímo, ale nicméně se staví do služby politické tendence.

Vytváření národních států bylo generálním tématem v Evropě 19. století. Homogenizace rozličných stavovských a regionálních kultur pod jednou státní ideou, adaptace na národně státní cíle a podřízení se jim bylo spjato s dlouhým učebním procesem, který byl na jedné straně zprostředkován mocnými disciplinárními instancemi, totiž školou a armádou, na druhé straně pracoval velice zřetelně s mechanismem kolektivní emocionální identifikace. Německý jazyk vyjadřuje novou žádanou emocionální vazbu na národní stát velmi naléhavě, totiž pojmy „Vaterland" (otčina) a „Muttersprache" (mateřština řeč).[10] Tím se oslovuje emoční potenciál, kterého využívá karikatura, když jde o to ospravedlnit procesy izolace a převést je do kolektivní fantazie.

IV.
Chápe-li se karikatura jako prostředek měšťanského publika, pak slouží na právě vyvinuté základně překonání měšťanských obav: jejich více nebo méně zřejmých neuróz, fantazií všemohoucnosti a traumat. Není náhoda, že po nezdařilé revoluci 1848 našla porážka liberálního měšťanstva „především ve formě infantilních fantazií potrestání vstup do karikatury" německých listů.[11] Zbitý nebo potrestaný Michl se stává ustáleným typem této doby a dává zhloubi nahlédnout – podobně jako neposlušné, leč trestané dítě ve Struwwelpeterovi Heinricha Hoffmanna nebo v kreslených seriálech Wilhelma Busche – do vztahu německého občana k vrchnosti. Proto nepřekvapuje, že podobné fantazie potrestání hrají roli také v ohledu na německo-český vztah, např. když matka Austrie dostává z Berlína radu, aby „proti mladočechovi s hroší kůží použila zcela jiné druhy umění přemlouvat", čili jinými slovy: ohnout ho přes koleno a přetáhnout ho metlou.[12]

Karikatura, jak říká Severin Heinisch, „vzniká na zlomech společenských vrstev. Jako část obranného mechanismu měšťanstva je symptomem sociální neurózy".[13] Tato abstraktní výpověď se dá sotva lépe ilustrovat, než na základě četných karikatur s německým textem, které se nezabývají ničím jiným, než tvrzením o německé kulturní nadřazenosti nad údajnou zaostalostí českého národa, kontroverze, která od posledních desetiletí 19. století rozpoutala křečovitý závod mezi českým a německým měšťanským táborem na poli ‚velké' kultury, tedy literatury, divadla, muzeí, vědy atd. Bod návaznosti německé strany tvořila kultura horní společenské vrstvy s německou, lépe řečeno německo-rakouskou dominancí, která se mohla etablovat v průběhu 18. století za Marie Terezie a Josefa II. ve většině českých měst a městeček. Jakkoliv pevně se tento měšťanský tábor drží této teorie kulturní osvěty, zaměstnávala se česká strana více než jedno století tím, aby toto popřela a ponižováním a zesměšňováním druhé strany prokázala opak. Narážky na výkony české společnosti v oblasti techniky a řemesel, třeba poukázáním na Jubilejní výstavu r. 1891 v Praze, patří do tohoto kontextu.[14] Je známo, že autoportréty se z cizí perspektivy rády obracejí v pokřivený obrázek: opilí a propastně ošklivi němečtí studenti-buršáci, v ruce obušek s nápisem „německá kultura", se potácejí ulicemi Prahy, ale s pevným vědomím, že univerzita patří jen německým „kulturträgerům".

Naopak to znamená, že německy mluvící, zejména vídeňští karikaturisté, museli vykonstruovat sociální distanci tam, kde již ve skutečnosti neexistovala. V tomto smyslu pracoval odcizující proces karikatury, který příslušníky druhé národnosti kreslil (nebo zkresloval) vědomě jako cizorodý element, jenž ve skutečnosti znamenal v mnoha českých městech nejen v maloměšťanských a nižších než měšťanských vrstvách obyvatelstva normální situaci. „Drastické zdůraznění cizorodých rysů u českého národa v německých karikaturách smí proto být hodnoceno mezi jiným jako pokus udržet národním ohraničením také sociální odstup, zatímco sociální ohraničení českých karikatur chtělo zaručit udržení vlastní nacionální integrity."[16]

Údajná nesvéprávnost a méněcennost českého národa byla zobrazována v německých listech různými způsoby. Na zobrazení jako dítě bylo již poukázáno – v c.k. době je to „nehodný umouněnec" matky Austrie, který sousedce Germanii nepěkným způsobem špiní bílý šat[17]; v době Československé republiky je vidět českého uličníka jednou ve společnosti „tatíčka Stalina", jindy jako „the kid" ve společnosti Clemenceaua: ostatně smí Marianne přejmout úlohu starší sestry malého českého bratříčka.

Další, početně nezanedbatelná část karikatur vnáší do obrazu stereotyp Václava (někdy zvaného Powidl) jako hloupého křupana, neotesaného, rámusícího a příležitostně také násilného. „V jeho fyziognomii", píše Jaworski, „se mísí opičí a kreténské tahy s výrazem selské mazanosti."[18] Ne bez sebeironie psal Vídeňský *Figaro* r. 1889 pod srovnání Václava a Michla: „Ty, Václave, uráží tě vopravdu, že tě – jak si myslí kníže Clary – vtipný listy malujou jako vopici?", zatímco pohotový Václav odpovídá: „Ojé, tebe taky nepředstavujou jako měřítko krásy. Tam se jedna vopice podobá druhý!"[19] Přirozeně se tento sebekritický, téměř smířlivý tón vyskytuje jen velmi zřídka. Často převažuje černobílý obraz, který Čechy vybavuje všemi atributy násilné, rámusící chátry. Konstrukce sociálního odstupu mezi „českým plebsem" a německým měšťanem je také tady dobře rozeznatelná.

Představa národního protivníka jako masy, která se také graficky zmenšena staví proti zástupci vlastního národa, je obvyklý diskriminující princip obou stran. Rudolf Jaworski poukázal na příklad „václavských vší", které se usadily v peří dvojhlavého orla a nyní trýzní německého souseda. Za těmito fantaziemi stojí zřejmě obava před „českou explozí"[20], reakce na obrat v demografickém vývoji českých zemí, které zaznamenaly koncem 19. století zřetelný přírůstek česky mluvícího obyvatelstva. Na druhé straně nestojí prášek proti „všeněmeckým švábům" ve své agresivitě nijak pozadu.[21]

Za třetí jsou to atributy všiváků a zlotřilců, které německá karikatura podsouvá národnímu obrazu cizáka. Kreslířské přívazky jako svazek pastí na myši, které Čech nese, nebo příležitostná charakteristika Čecha jako toulavého muzikanta ukazují zřetelně odkázání na nižší příčky společenského žebříčku, totiž jako na národ podomních obchodníků a žebráků. Oblíbená metoda je český lev, výsostný heraldický znak českých korunních zemí, zkreslený do podoby otrhané, prašivé kočky. Příležitostně nese toto zvíře na hlavě, tak říkaje jako korunu výsměchu, trojnohý kbelík s lepem, atribut, který rovněž poukazuje na méně vážené oblasti společnosti. V české ideologii státního práva 19. století platila česká koruna za téměř nedotknutelnou svátost národního sebeurčení.

V.
Analyzuje-li se naproti tomu, které obrazy Němců dominují v českých karikaturách z mladočeských *Šípů* nebo *Humoristických listů*, nalezne se zde také řada typů, které podle události nebo výpovědi mají zástupnou úlohu pro určité neurózy česko-německého vztahu. Je to především již zmíněný Michl, zobrazený často jako poněkud tučný gnóm s nezaměnitelně sprostými tahy a obligátní špičatou čepicí s třapcem. Poučné je také setkání „zdejšího" Michla s kolegou „z rajchu", z Německé říše, na rakousko-české hranici. Jestliže český pupkáč touží po Říši, kontruje vyzáblý kolega z Německa přáním, že by se konečně rád dostal do bohatých Čech[22]. Jinak je říšský Němec, to znamená zpravidla vilémsko-pruský poddaný, rád charakterizován piklhaubnou a jinými vojenskými atributy.

Militantní agrese je další dominantní znak obrazu Němce v české karikatuře. Nápadně hojně se to tematizuje metaforami pohlcení, přivtělení, žraní: lidožrout jménem Německá školská jednota, která si po náručích přivtěluje české školní děti, kulovitý bumbrlíček s třapatou čepicí, který žízní po rozdělení Čech ve formě mísy plné knedlíků, ošklivý gnóm, který se s vytaseným nožem nejraději vrhá na mísu kouřících knedlíků „českého národa" – všechny tyto obrazy se dají převést na společného jmenovatele obav z germanizace. Nikoliv náhodou se obráží trauma přivtělení mocným, nadrozměrným německým sousedem opakovaně ve skicách nebo mapách, které mají doložit německé sevření a s ním spojené nebezpečí pro český národ jako „ostrov" v německém moři.

Na zobrazení násilnického německého buršáctví bylo již poukázáno, parabola „buršáka" má tendenci směrem k hrubě hloupému a směšnému. Jizvy po sečných ranách a náplasti na obličeji, jakož i nakrátko ostříhané hlavy zprostředkují dojem násilnictví a brutality. Typicky se projevuje právě u tohoto stereotypu zřetelně antisemitská tendence mladočeských *Šípů*: v „Setkání německé spisovatelské obce v Praze" vidí kreslíř návštěvníka obklopeného postavami se zahnutým nosem, kadeřavými vlasy, ve fraku a cylindru, oblíbené zobrazovací znaky pro židovský stereotyp v 19. století.[23] Drama židů v Čechách a na Moravě, existenční otázka, zda asimilace do tábora českého nebo německého měšťanstva zajistí vlastní existenci, zprostředkuje také skutečnost, že židovské obyvatelstvo se stalo cílem posměchu z obou stran.

VI.

Stejné obrazy, stejná slova – pod tímto titulem jsou vedle sebe vystaveny české obrazy o Němcích a německé a rakouské obrazy o českých sousedech. Srovnání týkající se stylistiky, zvolených témat jakož i za nimi skrytých snů a traumat ukazují, že zde existují hmatatelné společné rysy i rozdíly. Zkoumají-li se metody zkreslování, prostředky difamace obou táborů, dojdeme k závěru, který se dá potvrdit při všeobecném srovnání německého a českého národnostního hnutí: Češi i Němci bojují srovnatelnými metodami, příbuznými polemikami a na stejných polích činnosti o nadvládu v měšťanské společnosti českých zemí.

Přesto se dá při bližším ohledání jmenovat řada rozdílů, které charakterizují asymetrie, jimiž je zatížen německo-český vztah až do dneška. Začíná prostým zjištěním, že pro pražské listy znamenala národnostní otázka v českých zemích ten nejdůležitější národní problém: s ním se jako s nejpalčivějším problémem odpovídajícím způsobem dominantně nakládá také v satirických publikacích. Z perspektivy Vídně – a to platí tím spíše pro Mnichov nebo Berlín – byl česko-německý národnostní problém jen jeden z mnoha podobně stylizovaných konfliktů, který se stával s rozličnou četností tématem kreslíře. K tomu přichází další prvek, který znovu poukazuje na již zmíněný aspekt sociálního odstupu. Rudolf Jaworski upozornil na to, že zejména vídeňské listy jako *Figaro* jsou představiteli „paternalistického humoru vyšší třídy". Václavovi se tu člověk z této perspektivy jistě zamýšlené sociální distance posmívá, ale nebere se vážně, zdá se být spíše „obtížnou svízelí než národním protivníkem". Naproti tomu se na české straně bojuje proti německé nadvládě a útlaku. Tyto karikatury soudí protivníka, provádějí exemplárně exekuci, figury se zdají být šmahem ošklivé, zřídka komické, to všechno jsou rysy, které jsou typické pro humor „namířený nahoru".[24]

Tedy jen podmíněně stejné obrazy, stejná slova, kterými němečtí, rakouští a čeští karikaturisté vyjádřili své národní sny a traumata týkající se sousedů. Zůstává asymetrie, která je vepsaná i do česko-německého vztahu dnes. Karikatura je subjektivní prostředek, co se týče její interpretace společenské skutečnosti. Ale je rovněž jemným seismografem pro zvraty, které se táhnou dějinami česko-německého sousedství. Karikatura zastupuje také v této souvislosti iracionálno v éře rozumu.

POZNÁMKY

1 Siegfried Kracauer: Die Fotografie. V: týž: *Das Ornament der Masse*. [Essays.Fotografie. V: týž: Ornament masy. Eseje.] Frankfurt a.M. 1977, str. 34.

2 Severin Heinisch: *Die Karikatur. Über das Irrationale im Zeitalter der Vernunft*. [Karikatura. O iracionálnu v éře rozumu.] Wien / Köln / Graz 1988, str. 14.

3 Rudolf Jaworski: Deutsche und Tschechen in der Karikatur (1891–1907). In: *Deutsch-tschechische Beziehungen in der Schulliteratur und im populären Geschichtsbild* [Němci a Češi v karikatuře (1891–1907). V: Německo-české vztahy ve školní literatuře a v populárním obrazu z dějin.] Vydal H. Lemberg a F. Seibt. Braunschweig 1980, str. 58.

4 Srv. Karl Riha: Der deutsche Michel. Zur Ausprägung einer nationalen Allegorie im 19. Jahrhundert. In: *Nervöse Auffangsorgane des inneren und äußeren Lebens*. [Německý Michel. K projevu národní alegorie v 19. století. V: Nervózní recepční orgány vnitřního a vnějšího života.] Karikatury, vyd. Klaus Herding a Gunter Otto. Gießen 1980, str. 186–205.

5 Mirjam Moravcová: *Národní oděv roku 1848. Ke vzniku národně politického symbolu*. Praha 1986.

6 Rudolf Jaworski: Jungtschechische Karikaturen zum Nationalitätenstreit in Österreich-Ungarn. Die Prager „Šípy" (1887–1907) [Mladočeské karikatury k národnostnímu sporu v Rakousko-Uhersku. Pražské „Šípy" (1887–1907).]. V: *Bohemia* 22 (1981), str. 317.

7 Jaworski 1981, s. 304.

8 Thilo König / Roberto Ohrt / Christian Tröster: Die Stecher von London. Englische politische Karikatur unter dem Einfluß der Französischen Revolution. In: *Nervöse Auffangsorgane...* [Londýnští rytci. Anglické politické karikatury pod vlivem francouzské revoluce. V: Nervózní recepční orgány...] Vyd. Klaus Herding a Gunter Otto. Gießen 1980, str. 80.

5 Heinisch 1988, str. 17; srv. dále také str. 106.

6 Eckard J. Dittrich / Frank-Olaf Radtke: Der Beitrag der Wissenschaften zur Konstruktion ethnischer Minderheiten.

In: týž. (vyd.): *Ethnizität. Wissenschaft und Minderheiten.* [Příspěvek věd ke konstrukci etnických menšin. V: tíž (vyd.): Etnicita. Věda a menšiny.] Opladen 1990, s. 26 nn.

11 Heinisch 1988, str. 154.

12 Ultimatum. Příloha ke *Kladderadatsch*, roč. XLIII č.2 z 12.1. 1890, str. 2.

13 Heinisch 1988, str. 18.

14 Srov. „Česká sílo – slav své dílo" v *Šípy* 4 (1891), č. 21.

15 Jen pro ně slunce vzdělanosti svítí! v: *Šípy* 16 (1903).

16 Jaworski 1980, str. 68.

17 Eine ernste Mahnung. [Vážné napomenutí.] V: *Kladderadatsch* 61 (1908).

18 Jaworski 1980, str. 60nn.

19 Figaro 33 (1889), č. 6.

20 Jaworski 1980, str. 63.

21 Prášek na – všeněmecké „šváby". V: *Šípy* 15 (1902).

22 Na severních hranicích Čech. V: *Šípy* 10 (1897).

23 *Šotek* 12 (1884), 36; k mladočeskému antisemitismu srov. také Jaworski 1981, str. 309.

24 Jaworski 1980, str. 64nn.

(Překlad: *Ivo Polacek*)

Jozo Džambo

Die Slawen – deutsche und österreichische Zerrbilder

I.

Das Revolutionsjahr 1848 stellt in der europäischen Geschichte des 19. Jahrhunderts eine der großen Zäsuren dar. Insbesondere im Prozeß der nationalen Entwicklungen hatte dieses Datum einen Initiations- oder Katharsischarakter. Daß ab diesem Jahr im deutschsprachigen Raum mehrere satirische und humoristische Blätter und Zeitschriften gegründet wurden, lag an den politischen Voraussetzungen und Bedürfnissen eben dieser Revolutionszeit. Naturgemäß waren diese Publikationsorgane in ihrer ersten Phase vorwiegend mit den Themen aus dem nahen Umfeld befaßt, um dann immer mehr diese engen Grenzen zu verlassen. Ein Beispiel dafür ist das Berliner Wochenblatt *Kladderadatsch*, das fast hundert Jahre lang (bis 1944) kontinuierlich erscheinen konnte und eine humoristisch-satirische Enzyklopädie seiner Zeit darstellt.[1]

Die nationale Etablierung, wie sie im 19. Jahrhundert stattgefunden hat, bewirkte, daß die jeweilige Nation ihr eigenes Bild sowohl historisch als auch politisch und kulturell begründen und darbieten mußte. Dies geschah nicht nur nach innen, sondern auch nach außen, indem eine Abgrenzung von den *anderen* vollzogen wurde.[2] Die Homogenisierung der eigenen Gruppe benötigte deutliche Bilder von sich selbst und von den anderen, wobei im letzteren Fall die Entstehung von Feindbildern sehr leicht vonstatten ging. Am böhmischen Beispiel ist ein solcher Prozeß besonders deutlich; hier fing man an, die Gemeinschaftsbezeichnung „Böhmen" zugunsten einer nationalen Differenzierung in Deutsche und Tschechen aufzugeben. Auch in den polnisch-deutschen Beziehungen zeigten sich nach 1848 die Widersprüche und Unvereinbarkeiten der Interessen. Diese Opposition „wir – die anderen" ist nicht nur in den politischen Traktaten und Parolen, sondern sogar in der wissenschaftlichen Publizistik und Belletristik jener Zeit sichtbar; in besonderer Weise wird sie jedoch in der Karikatur dargestellt.

Hier soll in erster Linie die Karikatur als Quelle herangezogen werden, um das deutsche Slawenbild, speziell in seinen Deformationen (Verzerrungen)[3], zu schildern. Diese Ausführungen sollen helfen, das Thema Deutsche und Tschechen in der Karikatur in einen breiteren Kontext zu stellen und manches deutsch-tschechische Stereotyp als keine spezifische, sondern als eine *globale* Verzerrung zu sehen. Es gibt Karikaturen mit sehr konkreten Aussagen, punktuellen Anliegen und sehr präzise gerichteten Stacheln, aber es gibt auch solche, die allgemeiner Art, konstanter und von langer Dauer (*longue durée*) sind. Diese letzteren sind insofern interessanter, als sie keine bloßen Interpretationen des jeweiligen politischen Augenblicks sind, sondern tiefere Ansichten und Einstellungen, meistens in Form von Klischees und Stereotypen, wiedergeben.

Die Zentren der satirisch-humoristischen Publizistik im deutschsprachigen Raum waren Berlin, München und Wien. Daß die Wiener Zeitschriften slawische Themen häufiger und engagierter behandelten, als es die preußischen oder bayerischen Zeitschriften getan haben, lag an den politischen und geographischen Gegebenheiten. Der Anteil der slawischen Bevölkerung in der österreichisch-ungarischen Monarchie betrug 1910 rund 47 Prozent;[4] unter der Wiener Bevölkerung im selben Jahr stammten 25 Prozent aus Böhmen, Mähren und Schlesien.[5] Es wird geschätzt, daß um die Jahrhundertwende in Wien zwischen 250.000–300.000 Tschechen und Slowaken gelebt haben.[6] Nach den Berufen waren die meisten von ihnen (Saison)arbeiter, Taglöhner, Dienstboten, „Hausgesinde", Handwerker, Lehrlinge, Hausierer usw., also insgesamt Menschen in niedrigeren Sozialpositionen.[7] Aus dieser Nähe ergaben sich Implikationen verschiedenster Art, darunter auch

Konflikte, die beliebte Stoffe der Karikaturen ausmachen. *Figaro* und *Die Muskete* strotzen regelrecht von Karikaturen mit böhmischen Themen; die Münchner und Berliner Blätter sind hier viel zurückhaltender, ausgenommen in den 1930er Jahren, als auch diese Blätter der nationalsozialistischen Ideologie anheimfielen und zu Propagandaorganen des Systems wurden.

II.
Die Verfahrensweise der Karikatur besteht im Wesentlichen in der *Reduktion*, d.h. in der Zurückführung eines komplexen Sachverhalts auf eine einfache (Bild)formel. Die Karikatur lebt von dieser verkürzten Perspektive und wehrt sich strikt gegen Differenzierungen. Die Vereinfachung fängt schon bei den Namen an: Eine ganze Nation oder Gruppe wird personifiziert und erhält einen Namen, der sie kenntlich machen und vertreten soll.

Am ausgeprägtesten sind dabei die Figuren John Bulls (für England und Engländer), Uncle Sams (für Amerika und Amerikaner), Michels (für Deutschland und Deutsche) und Mariannes als Personifikation der Französischen Republik und des französischen Volkes. Diese Namen waren ursprünglich Eigenbenennungen, um dann auch als Fremdbezeichnungen übernommen zu werden.

Bei weitem nicht so ausgeprägt sind Austria, Italia und Germania als personifizierte Ländernamen. Italia wird meistens in graziler Haltung, im antiken Frauengewand und vor entsprechenden Kulissen dargestellt; bei der Austria ist ein matronenhaftes Gehabe nicht zu verkennen. Sie ist Mutter und Fürsorgerin vieler Kinder (Nationen) im Hause Österreich. In diesem Bild äußert sich eine besondere Form des k.u.k.-Paternalismus: Als die zerfallende Monarchie den immer deutlicheren Weg in die Katastrophe mit allen Mitteln zu verhindern bemüht war, versuchte sie in der politischen Rhetorik und Publizistik dieses Bemühen keineswegs als Eigennutz, sondern als einen Akt des Altruismus zu stilisieren. Da erschien die Mutter Austria und beklagte sich über die „ungehorsamen", „undankbaren" und „wilden" Völker, allen voran die Tschechen, die es eigentlich nicht verdient hätten, den Schutz des Doppeladlers zu genießen, aber die Mutterliebe ... usw.

Während Italia und Austria eher damenhafte bzw. mütterliche Züge tragen, ist Germania eine Frauengestalt mit maskulinen Zügen. Ihr Schmuck sind Waffen: Speer, Schwert, Schleuder, Keule und Schild oder aber zeitgenössische Ausrüstung wie Pistolen, Gewehre und Kanonen. Bis in unsere Zeit hat sich dieses Bild der Deutschen in den ausländischen Karikaturen erhalten; in manchen Ländern hat es sogar Vorrang vor Michel, der heute hauptsächlich in der deutschen karikaturistischen Selbstdarstellung als Figur existiert.[8]

In den Karikaturen wird man vergeblich nach den Allegorien einer Slavia, Polonia, Russia oder Bohemia[9] suchen. Es scheint so, als ob auch hierin der Limes eine noch bis in unser Zeitalter wirkende Grenze bildet. Außerdem gibt es in der slawischen Mythologie keine Frauengestalt, die sich zu einer Personifikation im karikaturistischen Sinne verwenden ließe. Diese Stellung erlangte auch Libuše nicht.

Auch wenn in Satire und Karikatur keine herausragenden Figuren geschaffen wurden, die als Metaphern für Slawen und Slawisches stehen würden, gibt es eine Reihe von Namen, die diese Funktion übernehmen.

Die Namensgebung in den Karikaturen folgt dem üblichen Usus der Stereotypie, indem bestimmte Namensformen als stellvertretend für eine ganze Gruppe oder Volk herangezogen werden. Diese werden personifiziert, wobei die erste Stufe der Personifizierung in der Verwandlung der Kollektivnamen in Individuen besteht (die Russen – der Russe; die Tschechen – der Tschech[e] usw.). In diesem Sinne führt das *Deutsche Schimpfwörterbuch oder die Schimpfwörter der Deutschen* (Arnstadt 1839) die Schimpfwörter „Böhme", „Croat", „Jude", „Türke" usw. an.

Die Wahl des Personennamens richtet sich ursprünglich nach der Häufigkeit seines Vorkommens, aber er bleibt auch dann bestehen, wenn diese Häufigkeit nicht mehr gegeben oder nachprüfbar ist. In der russischen stereotypen Darstellung der Deutschen sind es die Namen Hans und Fritz, obwohl sie seit langem nicht mehr diese Stellung haben. Das gleiche gilt auch für den Namen Iwan, der nicht nur in der deutschen stereotypen Vorstellung für Russen benutzt wird. Die Verwendung dieser Personennamen im Sinne von Ethnien ist offensichtlich ein Produkt unseres Jahrhunderts und insbesondere wiederum der beiden Weltkriege, in denen sich die Deutschen/Österreicher und Russen gegenüberstanden. Häufig werden damit die jeweils anderen Soldaten bzw. Kriegsgefangene bezeichnet, dann aber auch die ideologischen Kontrahenten schlechthin.[10]

Bei der Wahl des Namens Wenzel dürften auch böhmische historische Reminiszenzen eine Rolle gespielt haben. Wenn gelegentlich die Tschechen mit „Schwejk" bezeichnet werden, so ist dies eine direkte Anleihe aus dem berühmten Buch von Jaroslav Hašek. Allerdings ist dieser Name keine originelle Erfindung des Autors Hašek; in den tschechischen satirischen Zeitschriften des 19. Jahrhunderts taucht er in deutlicher Ähnlichkeit mit seinem späteren Nachkommen auf. Somit ist dieser Name nicht nur eine Fremd-, sondern auch eine Eigenbezeichnung, ähnlich wie der Name Prochazka, mit dem die Tschechen sich selbst im Sinne einer Durchschnittlichkeit (im Deutschen Müller, Meier) bezeichneten. Im gleichen Sinne gaben sie auch Kaiser Franz Joseph den Spitznamen Prochazka.[11]

III.
Die volkstümliche und populärwissenschaftliche Etymologie hat den Karikaturisten ein beliebtes und vielfach variiertes Motiv angeboten, indem sie die Herkunft des Wortes „Slawen" aus „Sklaven" ableitete. Die Etymologie ist willkürlich und stützt sich bloß auf die phonetische Ähnlichkeit.[12] Daraus wurde die Charakterisierung der Slawen als Völker mit sklavischer Mentalität und Geisteshaltung abgeleitet. Besonders im Falle Rußlands und Polens fand man für eine solche Etymologisierung auch „Belege" vor allem in der Leibeigenschaft mit allen sozialen und politischen Begleiterscheinungen dieses Problems. *Die Muskete* dichtete über den „Sklavencharakter" der Slawen:

*„Dem Slawen ist nichts so eigen,
So wohl steht ihm nichts an,
Als daß er sich tief verneigen
Und frech erheben kann.*

*Verneigen vor fremder Knute,
Erheben im Vaterland.
Das liegt im Sklawenblute
Und an der Herrenhand."*[13]

An der Verbreitung dieses Bildes hatte großen Anteil der österreichische Diplomat Sigmund von Herberstein mit seinem Reisebericht *Rerum moscovitarum commentarii* (1549; deutsch 1557), ein Werk, das Jahrhunderte hindurch die deutsche Vorstellung von Rußland beherrscht hat. Von den Slawen als „Knechten" und „helfenden, dienenden Völkern" sprach auch Herder, wobei er den Ursprung ihrer „Knechtsträgheit" in geschichtlichen Verhältnissen zu finden glaubte und daher darüber wohlwollend urteilte.[14] Auch bei Hebbel sind sie „Bedientenvölker",[15] und in den hier untersuchten Karikaturen findet man bei den Darstellungen der Russen häufig die Knute als „charakteristisches" Merkmal. Von der in Rußland angesiedelten deutschen Oberschicht behauptete der Schriftsteller Alexander I. Herzen (1812–1870), der selbst Sohn einer deutschen Mutter war und zu den radikalen russischen Westlern zählte, sie sei der Überzeugung gewesen, mit den Russen sei „ohne Stock" nichts zu verrichten.[16]

Wie einzelne Stereotypen und Klischees entstehen und wandern, läßt sich nur selten exakt feststellen. Daher ist es auch nicht ganz klar, ob manche (Vor)urteile auf eigener „Erkenntnis" beruhen oder einfach suggestiv von anderen übernommen wurden. So läßt uns im Ungewissen das Urteil des russischen Schriftstellers Černyševskij, der sein Volk „eine miserable Nation, eine Nation von Sklaven, von oben bis nach unten nichts als Sklaven" bezeichnete.[17] 1917 sprach auch der tschechische Literaturwissenschaftler Arne Novák vom „Stamm der Dienenden und Ungebildeten" an der Moldau.[18]

Ähnliche Fragen drängen sich bei dem Begriff „Balkan" auf, dessen geographische Bedeutung immer mehr verblaßt, um einer kulturellen und politischen Bedeutung Platz zu machen. Die Konnotationen dieses Terminus im Sinne einer politisch instabilen Region, kultureller Wildnis oder düsterer Ecke Europas entstanden ursprünglich *außerhalb* des Balkans selbst, um dann später als Import auch zur „Innenansicht" zu werden.[19]

Die österreichische Variante des Bildes von Slawen/Sklaven hatte einen lokalen Bezug. Das böhmische Dienstpersonal (Köchinnen, Kinderammen und Dienstboten), gehörte zum Wiener Alltag und trug wesentlich zum sozialen Gefüge dieser Metropole bei; dennoch entstand das Klischee von der tschechischen „Dienstbotennation", und an seiner Ausformung und Verbreitung waren vor allem jene beteiligt, die von dieser Nation profitiert haben. Das Bild wurde noch vervollständigt durch Krämer allerlei Art: kroatische und bosnische Bauchladenhändler, slowakische Scherenschleifer, Mausefallenverkäufer usw., die allerdings nicht immer mit ihren richtigen Namen bezeichnet wurden.

Die Übertragung dieses Bildes auf die Ebene des politischen Urteils ging leicht vonstatten. Die „Schlawiner" als politisch Handelnde erscheinen in den Karikaturen tatsächlich eher als politische Kleinkrämer oder wandernde Bauchladenhändler denn als ernst zu nehmende Subjekte. Von der politischen Servilität sind nur die Russen ausgenommen; ihnen wird die Rolle des *großen* Verbündeten und Schutzherrn zugeschrieben.

IV.
Das *äußere Erscheinungsbild* der Slawen in den deutschen und österreichischen Karikaturen ist nicht einheitlich. Es gibt weder für die Slawen allgemein noch für die einzelnen slawischen Völker symbolhafte Darstellungen, deren *Signifié* vom Betrachter automatisch und eindeutig entschlüsselt werden könnte. Während im Falle Englands (John Bull), Amerikas (Uncle Sam), Frankreichs (Marianne) oder Deutschlands (Michel) solche Figuren mit entsprechenden Requisiten existieren, gibt es keinen karikaturistischen Standardtyp der Slawen. Ihr Bild ist aus mehreren und variierenden Merkmalen zusammengesetzt.

Bei den Darstellungen der Tschechen könnte man, mit Ausnahme der Musikinstrumente, keine Attribute aufzählen, die diesen Figuren konstant beigefügt werden. Auch die Kopfbedeckung, ein sonst von den Karikaturisten gern verwendetes Erkennungszeichen (s. Michels Zipfelmütze oder Pickelhaube!) ist hier sehr variabel. Die Tschechen in den deutschen und österreichischen Karikaturen tragen Bauernhüte und Mützen der Dienstboten, Polizisten oder Sokolturner; die Tschechinnen sind mit den Kopftüchern in der Art der Marktweiber bedeckt. Den böhmischen Köpfen wird häufig Küchengeschirr verpaßt, wobei mit Vorliebe ein dreifüßiger Topf Verwendung findet. Die despektierliche Symbolik dieses Utensils bezieht sich auf die böhmische Krone (Böhmen, Mähren, Österreichisch-Schlesien) bzw. auf das böhmische Staatsrecht, das immer wieder Stoff für politische Auseinandersetzungen lieferte.

Analog der Vorliebe der deutschen/österreichischen Karikaturen, die Slowaken und die Tschechen als wandernde Kleinkrämer mit Bauchläden darzustellen, werden diesen auch entsprechende Attribute beigefügt. Ihre „Berufskleidung" ist sehr dürftig und zerrissen; sie sind oft barfuß und ohne irgendwelche Kopfbedeckung. Solche Gestalt verlieh der *Kladderadatsch* auf seiner Titelseite vom November 1918 dem Tschechen/Slowaken, der im Schutz des amerikanischen Sternenbanners die Urkunde seiner staatlichen Selbständigkeit hält.[20] Mit der Darstellung wollte man den neuen Staat lächerlich machen bzw. die vermeintliche Untauglichkeit der Tschechen/Slowaken als Staatsvölker zum Ausdruck bringen.

Einem ähnlichen Schema begegnet man in den Darstellungen der Polen. Als identifizierbares Attribut der Polen wird die Kopfbedeckung (die Krakauer Mütze oder die sog. „Rogatywka", eine rechteckige Soldatenmütze) verwendet, dazu polnische Volkstracht oder das, was man dafür hielt.

Von allen Slawen am beständigsten ist die Darstellung der Russen. Diese werden mit Bärenmütze, Fellmantel, Stiefeln und Knute in der Hand ausgestattet. Sie sind in der Regel kräftige Gestalten, was auf die Größe und Bedeutung Rußlands hinweisen soll.

Außerdem werden die Russen als *Bauern*volk apostrophiert, ein Bild, welches im Zeitalter der Industrialisierung besonders an Kontrast gewann. Dem *mužik* sei alles Technische und Industrielle fremd – so etwa die Behauptung von Victor Hehn (1813–1890) in seinem Buch *De moribus Ruthenorum (Zur Charakteristik der russischen Volksseele)*. Hehn, lange Jahre Bibliothekar in St. Petersburg, fand an den Russen nichts Positives. Nach seinem Urteil sind sie korrupt, lügnerisch, undankbar. Ihnen fehle sogar die Gabe, zwei und zwei zu addieren; kein Russe sei zum Lokomotivführer geeignet! So könnten sie ohne Verlust für die Menschheit von der Liste der zivilisierten Nationen gestrichen werden. Hitler und die Nationalsozialisten fanden bei diesem Kulturhistoriker eine der beliebten Zitierquellen für ihre Tischgespräche.[21]

Den Topos von *politischer Unreife*, wie sie die Karikaturen besonders gern den Tschechen zuschreiben, verarbeiteten die Karikaturisten noch drastischer und systematischer in bezug auf Serbien und Montenegro. Die serbischen und montenegrinischen Herrscher wurden als verlauste Schweinezüchter, stehlende und raubende Bergbanditen, Hammelzüchter und -diebe, als tolpatschige, derb-naive und ungebildete Potentaten dargestellt. Besonderer Beliebtheit erfreute sich dabei der Fürst und König Nikola (Nikita) von Montenegro (1860–1918), der weltpolitische Ambitionen hatte und dazu entsprechende dynastische Heiratsstrategien verfolgte. Seine folkloristisch ausgestattete Hünengestalt diente als Spottfigur des Wiener Salonklatsches, und in diesem Spott lag auch ein Hauch von großspurigem Gehabe, das man dem winzigen Fürstentum der „schwarzen Berge" gegenüber zu zeigen pflegte.

Die folkloristische Aufmachung war im Falle des montenegrinischen Königs kein karikaturistisches Implantat. Dieser Herrscher, der mit Vorliebe europäische Diplomaten um sich versammelte, trat tatsächlich überall in der Gala seiner Bergbewohner auf. Also waren die entsprechenden Darstellungen keine Verzerrungen; trotzdem bedienten sich die Karikaturisten dieses Erkennungsmerkmals als stilistischen Mittels, was angesichts der exotischen Farben und Formen die gewünschte Wirkung erzielte.

Überhaupt ist die Folklore ein gern benutztes Element in den Karikaturen. Die Folklore ist farbig, leicht erkennbar und, weil vor allem beim Landvolk anzutreffen, geeignet, den derart aufgeputzte Figuren ländliche, bäuerliche und das heißt letzten Endes *rückständige* Merkmale zuzuschreiben. In seinem Böhmen-Reisebuch, das von nationalen Stereotypen regelrecht wimmelt, schrieb Richard Andree: „Nur noch fest halten an der alten Tracht in Europa, der Bauer theilweise, und die weniger civilisirten, namentlich die östlichen Völker."[22] Dazu lieferte er an mehreren Stellen Beschreibungen vom äußeren Erscheinen der Tschechen, Slowaken und Polen und versäumte es nicht, daraus seine volkspsychologischen Schlüsse zu ziehen.

In der *Simplicissimus*-Karikatur „Der Wiener Festzug"[23] werden die Völker der Monarchie folgendermaßen beschrieben: „Nach den Deutschen kamen die farbenfrohen Gruppen der wilden Völker Oesterreichs. Da kamen die Kroaten und Rastelbinder, die Schlawiner und Mausefallenhändler, die Hanaken, Scherenschleifer, die Betyaren, Huzulen und die Magyaren. Sie führten Tänze auf, musizierten, fraßen Feuer und Schlangen und zeigten Sr. K.K. Apostolischen Majestät ihre bekannte Anhänglichkeit."

Die Bezeichnung „wild" ist hier durchaus als politische Qualifikation zu verstehen, etwa im Sinne des Schlagwortes von der Balkanisierung, mit dem die südosteuropäische Kleinstaaterei und die andauernde politische Labilität dieser Region charakterisiert wurden. Die Karikatur stellt einzelne Völker der Monarchie in ihren „nationalen" Trachten dar, und diese sind bunt, farbenfroh. Bunt ist ein Merkmal des Karnevalistischen und Unernsten. Der Wiener Festzug ist eigentlich ein Karneval („Festzug"), an dem die Deutschen/Österreicher nur statistisch teilnehmen, aber in der Karikatur nicht erscheinen. Auch die Berufe, welche die dargestellten Völker ausüben, sind „unernst"; sie sind für die wandernden Menschen charakteristisch, und im Bewußtsein der Seßhaften stellen sie keine „richtige" Arbeit dar. Freilich war ein solches Bild nur vordergründig folkloristisch; in seinem Kern liegt ebenfalls eine politische Aussage, nach der die nomadisierenden Völker keine Subjekte, sondern nur Objekte im politischen Geschehen sein können.

Das folkloristische Slawenbild wurde nicht immer so einseitig rezipiert. Wir können mehrere bedeutende Namen aus der deutschsprachigen Literatur, Kultur und rechten wie linken politischen Tradition anführen, die eine proslawische Orientierung befürworteten und diese u.a. mit der Folklore und dem Volksleben der Slawen begründeten. Freilich sind in dieser Einstellung die romantische Auffassung von „unverfälschten" Lebensformen und eine Ablehnung der westlichen Zivilisation erkennbar. Für Leibniz war Rußland eine *tabula rasa*, was er durchaus im positiven Sinne verstand. Eine ähnliche Einstellung ist auch in Herders Geschichtsinterpretation in bezug auf die Slawen festzustellen. Im Jahr 1917 konnte Thomas Mann auch in Deutschland Slawophile und Zapadniki (Westler) oder „zwei nationale Seelen" in einem komplexen Verhältnis zu Europa ausmachen.[24] In unserem Jahrhundert ist diese „Ostorientierung" von politischen Konflikten getrübt; sie existiert ausgeprägt nunmehr in einem Interesse für östliches Christentum und hat vordergründig ästhetische Merkmale.

Mit der Modernisierung der Drucktechnik erschienen seit der Jahrhundertwende auch die satirischen Zeitschriften immer mehr in kolorierten Ausgaben, was neue zeichnerische Möglichkeiten eröffnete. Jetzt konnten (ohne zusätzliche Erläuterungen) auch Nationalfarben eingesetzt werden. Aber auch sonst wurden Nationalsymbole gern verwendet. Der böhmische doppelschwänzige Löwe, der polnische Adler oder der russische Bär gehören zum festen karikaturistischen Repertoire sowohl in der Eigen- als auch in der Fremddarstellung. Diesen symbolhaften Tierfiguren konnten, gemäß der Einstellung der Karikaturisten und der intendierten Aussage, beliebige Eigenschaften zugeschrieben werden (Raffgier, Aggressivität, Feigheit, Hinterlist usw.).

Außerhalb dieser staatssymbolischen Darstellungen wurden auch andere Tierarten herangezogen, um das gewünschte Feindbild zu vervollkommnen. Aus diesem Repertoire seien hier nur die Läuse (polnische Laus), Ratten (slawische Ratten), Wölfe, Füchse, streunende Hunde genannt. Das Thema Ungeziefer[25] taucht freilich besonders häufig in den Kriegszeiten und unmittelbar danach auf, wofür die hygienischen Erfahrungen auf den Schlachtfeldern, in der Etappe oder in den Gefangenenlagern ausschlaggebend sein dürften. Jedoch bleibt die Karikatur nicht bei dieser empirischen Feststellung, sondern setzt ihre Zeichen als Waffe ein. Indem man den anderen als Ungeziefer deklariert, suggeriert man gleichzeitig den Gedanken, solche Schädlinge seien zu vernichten. In dieser Suggestion steckt die teuflische Gefahr der Karikatur.

Die Fülle der karikaturistischen Attribute (Kleidung, Instrumente, Geräte, Symbolik) läßt die *Physiognomie* der Figuren weniger wichtig erscheinen. Jedoch speziell in der Darstellung der Tschechen haben deutsche Karikaturisten eine Gestalt mit auffallend tierischen (Affen!) Gesichtszügen, Körperhaltungen, Gangarten usw. geschaffen.[26] Es ist ein altes Mittel der Bildsatire, daß man dem geschilderten Objekt *animalische Züge* verleiht, um es damit degradieren und mit entsprechenden Eigenschaften versehen zu können (dumm, faul, schmutzig, begriffsstutzig usw.).[27] Die Karikaturisten des 19. Jahrhunderts haben sich dabei ausgiebig der zu ihrer Zeit sehr populären Physiognomik Johann Kaspar Lavaters (Erstdruck Leipzig/Winterthur 1775–78) bedient, einer Lehre, die vorgab, aus den Körperformen auf den menschlichen Charakter schließen zu können. Es war außerdem die Zeit der Darwinschen Abstammungstheorie, so daß ein Affengesicht in der Karikatur für das zeitgenössische Publikum keine bloße „Afferei", sondern ein inhaltsträchtiges Bild darstellte. In einer im Wiener *Figaro* 1889 publizierten Karikatur wird dieses Motiv in einer selten vorkommenden Kombination von Ironie und Selbstironie thematisiert: Auf dem Bild sind Michel und Wenzel im Gespräch und als Ebenbilder – beide mit äffischen Gesichtszügen – dargestellt.[28]

Die Publizistik der Nationalsozialisten hat in ihrem propagandistischen Kampf auch auf die Karikatur zurückgegriffen. Auf Plakaten, Flugblättern und Postkarten, in Broschüren, Büchern und in der Presse wurden vor allem die Juden, aber auch die Slawen, als *deformierte* Rassen dargestellt.[29] Die Darstellungen waren freilich nicht neu; sie wurden jetzt, der Intensität des ideologischen Kampfes entsprechend, nur noch verzerrter, aggressiver und darum gefährlicher. Ab einem gewissen Zeitpunkt waren Karikatur und Ideologie nicht mehr voneinander zu unterscheiden.

V.

Zum fast regelmäßigen Repertoire, dessen man sich bei der Darstellung der anderen bedient, gehört die Sprache. Auch innerhalb einer Sprache ist dieses Mittel durchaus gebräuchlich, indem z.B. bestimmte Dialekte, Soziolekte und Idiolekte zur Charakterisierung ihrer Sprecher benutzt werden. Diese sprachlichen Merkmale werden in der Regel nicht als Erzählsprache, sondern als direkte Figurenrede angewendet. Die Figuren sollen damit authentischer, plastischer und wirklichkeitsnäher erscheinen. Jedoch können diese Spracheigentümlichkeiten mit anderen Intentionen besetzt werden, indem sie als *Abweichungen* von einer (sprachlichen) Norm und als komisch, lächerlich oder gar negativ markierte Idiome gehandhabt werden. Die deutsche Literatur verfügt über zahlreiche Werke, in denen jüdische Figuren Jiddisch sprechen, „jüdeln", was nicht nur auf die Herkunft und den sozialen Status dieser Figuren, sondern auch auf die Absicht der Autoren schließen läßt: die jiddischen „Abweichungen" vom Deutschen werden vielfach als Stilmittel zum Lächerlichen, Ironischen oder Sarkastischen verwendet. Der Weg vom Lächerlichen zum Lachhaften, vom Abweichenden zum Abartigen ist nicht weit.[30]

Ähnliches ist in der Sprache der deutschen Karikaturen zu beobachten, in denen Slawen zu Wort kommen. Freilich reden diese Figuren deutsch, wobei durch Satz(ent)stellung, grammatische Formen, Wortwahl und nachgeahmte Aussprache der slawische Sprachcharakter suggeriert werden soll. Häufige Merkmale dieser deutsch-slawischen Sprachsymbiose, die im Falle des Tschechischen als „Böhmakeln" bezeichnet wird, sind die doppelte Negation (kein nicht), Reduzierung der Umlaute (blöd – bled), verkehrte Verbstellung, Auslassung oder falscher Einsatz der Artikel usw. Hier einige Beispiele einer solchen Sprachkontamination:

„Her'n S' auf mit blede pulitische Sachen! Silvester gibt e keine Deitsche nit und keine Behm – gibt e nur B'suffene."[31]

In der mit „Schlawiner" überschriebenen Karikatur des *Simplicissimus* bestellt der (slawische) Gast seinen Kaffee mit den Worten: *„Frailein, brinken Sie mich Kaffee mit Silberlöffel."*[32] Hier freilich wird das Rustikale im Auftritt und in der Sprache des Gastes noch durch seinen aufgesetzten Anspruch auf Vornehmheit potenziert und karikiert.

Wenzel: *Jetzt derfme net mehr so gruße Steine nehmen zum Fenstereinschlagen für deutsche Schul'; jetzt nehme kleinere Steindeln, denn jetzt ise Aera der Mäßigung.*[33]

Die Karikaturen honorieren freilich in keiner Weise die Tatsache, daß ihre Figuren überhaupt deutsch sprechen, sondern verlegen ihr Augenmerk auf die sprachlichen Deformationen. Denn Sprachmangel steht für Unmündigkeit, Naivität und geistige Beschränktheit, und auf dieser Grundlage lassen sich im Sinne des karikaturistischen Weltbildes beliebige Aussagen konstruieren. Daher besaßen die meisten satirischen und humoristischen Zeitschriften auch Kolumnen, in denen als Kolumnisten Personen mit gerade solchen Sprachmängeln fungieren. Die Wiener Zeitschrift *Figaro* z.B. hatte solche Rubriken: „Der Wenzel des Herrn Oberlieutenants", „Schneidermeister Paplíček's pulitische Resonnirung", „Was Dr. Lekař, der ‚Urwiener' spricht" usw. Diese Rubriken fangen an oder enden mit: „Ježíš Kristepane!", „Díky Bohu!", „Čert a peklo!", „Sakrmenski!", „Himmelsakrmenski", „O Bože!", „Chvála Bohu!", „O Bože! Smiluj se nad námi!", „Na mou čest!", „Vezmi to čert!", „Hrom a peklo!", „Vítám vás!", „Ruku líbám!", „Hej Slované!". Die Interjektionen sollen die slawische Gemütsart vermitteln, während die „pulitischen" Ausführungen in einem aufgesetzten deutsch-böhmischen Sprachamalgam verfaßt sind:

Sakrmenski! Den heißtme Versöhnungs-Aeren! Uns'rige Vereinu wienärrische, was heißtme „Komensky", will africhten Vulksschul' behmische af Fabriken-Bezirku, wu wohnen's zweimalhunderttausend Wenzelskindel, und den zátracene fabrikische Bezirk-Schulratz ise nix recht. Da mechtme doch gleich brennheiße Biegeleisen nehmen und niedebegeln den ganze Schulratz!
Všecky čerti! Die Handvull Deitsche werden's schon zu keck! In Příbram haben's wull'n gar einrichten deitsche Kindelgarten! Da herte sich Alles af! In Příbram, was liegte mitten af Herzen von heilige Wenzelsland! Ale kumme noch schenerer! In Reichenbergu, was ise urczechische Stadt, thun sich versammlowat die deitsche Schulfuxen und verlangen's, daß den neuche Schulgesetznuvellu wirde umstuzen. Hrom a pěklo! Mechtme gleich in Kuchelbad eintunken den ganze Schulmeistetag! Ale werme ihnen schon zeigen, wu Most hulte den Bartel! Ale mi laßme nix spaßen mit uns! Himmelsakramenski! Mi seinme hundert Millionen Sklaven und freßme af Kraut die paar Tausend deitsche Schulvereinplausche! Sull'n's sich in Acht nehmen, die Schulmeiste in Reichenbergu! Wenn machen's zu viel Spektakel, potom wekken's af den veliki česky lev, was hatte schon ganz andere Leut' frißte, wie su schäbige Schulfuxen! Vezmi to čert!³⁴

Besonders das Lautbild der slawischen Sprachen mit vielen Konsonanten provozierte die Satiriker und Karikaturisten zur Verwertung dieser „Deformation". Der Zungenbrecher „Strč prst skrz krk" wurde dabei mit besonderer Vorliebe herangezogen.³⁵ In dem Roman *Die Fackel des Hus* von Karl Hans Strobl heißt es: „Es klingt dieses Böhmische, als führen Wagen mit Steinen über eine Brücke und dann wieder ist ein Zischen darin, als laufe ein Kessel mit kochendem Wasser über."³⁶

Die komischen und grotesken Effekte, die mit Hilfe einer solchen Sprache erreicht werden möchten, korrelieren mit den Darstellungen der Figuren. Die kantigen und ungeschlachten Gesichter produzieren nur grobe Laute, reden düster oder unverständlich, also fremd. So ist auch die Redewendung von „böhmischen Dörfern" entstanden.

VI.
In der einschlägigen Forschung wird darauf hingewiesen, daß die Entstehung von klischeehaften Vorstellungen und Stereotypen auch auf der Grundlage von historischen Begebenheiten und Erfahrungen geschehen kann. Ein historisches Faktum, insbesondere ein solches, das sich durch seine Wirkung als einschneidend herausstellt, verleitet seine Überlieferer und Interpreten dazu, es als für alle Zeiten gültig und auf alle Zeiten übertragbar zu nehmen.

In der Sammlung *Teutsche Sprach und Weissheit* des Georg Henisch (Augsburg 1616) ist ein Sprichwort verzeichnet, dessen Elemente als Amalgam alter und neuer „Weissheiten" zu werten sind: „Ein Böhme, ein Ketzer; ein Schwabe, ein Schwätzer, ein Meissner, ein Gleissner; ein Pole, ein Dieb; ein Ungar, der seinen Herrn verrieth."³⁷ Daß der Böhme in dem Sprichwort als Ketzer charakterisiert wird, läßt auf die Hussitenzeit als Entstehungszeit bzw. den Hintergrund des Sprichwortes schließen.

Manche historische Schlacht hat dem einen Volk den Ruf eines tapferen und heldenhaften und einem anderen den eines feigen und mutlosen beschert. In der Kriegspropaganda konnte man leicht auf diese Bilder zurückgreifen und sie einsetzen. Besonders die preußische Komponente in der deutschen Geschichte hat den Deutschen den Ruf eines militanten Volkes gebracht. Das geht so weit, daß in den Karikaturen auch Goethe und Schiller mit aufgesetzten Pickelhauben zum Stechschritt gezwungen werden.

Es sei hier nochmals auch auf die beliebten Darstellungen der musizierenden Tschechen in den deutschen Karikaturen hingewiesen. Nach 1918 wurden eben diese, zusammen mit den Ungarn, als die eigentlichen „Totengräber der Doppelmonarchie" abgestempelt. In den satirischen Zeitschriften unmittelbar vor und nach diesem Datum werden sie als disziplinlose und streunende Haufen dargestellt, verweichlichte Männer mit locker sitzender Uniform und beinahe nackt ohne ihre Musikinstrumente.³⁸ Die karikaturistische Botschaft ist klar: Mit einem solchem Volk von Feiglingen und Fahnenflüchtigen war sowieso kein Krieg zu gewinnen!

Ähnliches gilt für das Syntagma von „polnischer Wirtschaft" im Sinne von Chaos und Unordnung. Die Botschaft dieser Redewendung, welche die Karikaturisten gern aufgreifen, beinhaltet die Überzeugung, daß mit diesem Volk „kein Staat zu machen" sei.[39]

Die Karikaturen als stereotype oder verzerrende Darstellungen des anderen müssen in dem jeweiligen historischen und politischen Kontext gesehen werden, andernfalls können sie un- oder gar ganz mißverstanden bleiben. Für das grobe und zur Vereinheitlichung neigende Slawenbild der deutschen und österreichischen Karikaturen sowie seine verschiedenen Modifikationen findet man in den historischen Begebenheiten manche grundlegende Erklärung.

In der Herderschen Darstellung der Slawen kommt eine vermeintliche Einheitlichkeit besonders kraß zum Ausdruck; es ist darin beinahe die Rede von *einer* Nation. Daher werden auch Eigenschaften, die er dieser Nation zuschreibt, einheitlich: ohne Abstufungen und Differenzierungen.[40] Dieses Bild wird noch dadurch verstärkt, daß Herder bei der Schilderung der Slawen (ihres Charakters, der staatlichen Organisation, des Militärwesens, der Ökonomie usw.) eine Komplementarität zu den „deutschen Völkern" zu finden glaubt.[41] Der Panslawismus, welcher die Gemeinschaft und Verwandtschaft aller Slawen zu seinem politischen Programm machte, nährte sich teilweise von Herders geschichtsphilosophischen Betrachtungen. Eine derart suggerierte Einheitlichkeit provozierte freilich die Karikaturisten zu einer Darstellung *der* Slawen. Als es innerhalb dieser Bewegung zu politischen Abweichungen und unterschiedlichen Konzepten (Austroslawismus, Panrussismus, Neoslawismus) kam, wurde auch das Slawenbild facettenreicher und differenzierter.

In den Phasen des polnischen Kampfes um die Unabhängigkeit zeigten die Karikaturen auf der deutschen Seite, soweit die eigenen Interessen nicht in Frage gestellt waren, ein Polenbild, das durchaus von Sympathie geprägt wurde.[42] Die korrelierte mit der politischen und öffentlichen Meinung, welche die Polen vom Antislawismus auszunehmen wußte, weil sie, wie es Friedrich Engels formulierte, ihre Freiheit über ihr Slawentum gestellt hätten.[43]

Die deutsch-tschechische Wahrnehmung in der Karikatur in dem hier behandelten Zeitraum (1848–1948) kennt keine solchen „Brüche"; sie ist durchwegs negativistisch. Erst die Niederschlagung des „Prager Frühlings" 1968 wird eine Zuneigung den Tschechen und Slowaken gegenüber aufkommen lassen. Die Karikaturisten redeten/zeichneten in der Sprache der aktuellen Politik, und so gesehen waren die Karikaturen „bloß immer einen Augenblick wahr" (Christian Morgenstern), wobei diese „Wahrheit" ausschließlich die eigene, die offizielle oder die opportune war. Das zeigt in besonders drastischer Weise das Beispiel von *Kladderadatsch* und *Simplicissimus*, die der nationalsozialistischen Ideologie nicht nur nicht zu widerstehen vermochten, sondern diese mit ihren Mitteln sogar unterstützten. Die „Karikaturen" von den Ereignissen um die Tschechoslowakei 1938 und 1939 in diesen Blättern haben schon nichts Karikaturistisches mehr an sich – sie sind gänzlich in den propagandistischen Dienst der herrschenden Ideologie gestellt.

In diesem Zusammenhang stellt sich auch die Frage nach Medien bzw. Trägern von nationalen Stereotypen. Hier werden als Quellen satirische und humoristische Zeitschriften herangezogen, also Publizistik, die *ex professo* die Welt verzerrt. Sie übertreibt unverhohlen und absichtlich (ital. *caricare* – überladen), wobei diese Übertreibungen zum Teil eigene Konstrukte und zum Teil „Zitate" oder „fremde Rede" sind.

Interessanter, jedoch schwieriger zu untersuchen, sind jene Medien, die für sich Objektivität beanspruchen und trotzdem an der Verbreitung von Stereotypen beteiligt sind. Damit sind in erster Linie wissenschaftliche Literatur und Schulbücher gemeint, die in einer anscheinend nüchternen und distanzierten Sprache Welten schildern und konstruieren, die es *so* nicht gab und nicht geben konnte.[44] Auch bei dieser Literatur stellt sich die Frage, inwieweit sie die stereotypen Darstellungen bloß weiter vermittelt und inwieweit sie diese geformt hat.

Diese Frage stellt sich besonders bei den Lexika, die als Nachschlagewerke als erste Informationsquelle herangezogen und häufig benutzt wurden. Zu der geographischen und historischen Faktographie über die Slawen notierte ein Brockhaus-Lexikon beispielsweise auch den folgenden Satz: „Gegen die Deutschen hegen sie eine tief eingewurzelte Nationalfeindschaft."[45] In dem Artikel „Polen" ist im selben Lexikon auch folgendes zu lesen: „Vaterlandsliebe, rasche Begeisterung für das Edle und Große, bewährte Tapferkeit sind dem zahlreichen Adel eigen [...], während unter gewöhnlichen Verhältnissen Trägheit, Unsauberkeit und Völlerei dem gemeinen Manne eigen sind, der freilich der Leibeigenschaft noch nicht lange ledig ist."[46]

Ein vielfach zitiertes Beispiel dafür, daß auch die Sprache der Wissenschaft und der intellektuellen Elite nicht frei von nationalen Stereotypen sein kann, ist der Brief des Historikers und Nobelpreisträgers für Literatur (1902) Theodor Mommsen, der 1897 im Zusammenhang mit den Badeni-Sprachverordnungen in seinem Brief „An die Deutschen in Österreich" an die Adresse vor allen der Tschechen Worte wie „Unkultur" und „Apostel der Barbarisierung" richtete und sich sogar zum Aufruf steigerte: „Seid hart! Vernunft nimmt der Schädel der Tschechen nicht an, aber für Schläge ist auch er zugänglich." Der Brief hat überall in der slawischen Welt großes Aufsehen erregt, und in den vielen Repliken darauf kamen andere Stereotypen, wie jenes von germanischer Überheblichkeit, von deutschem Hochmut, preußischer Militanz usw. zutage.[47] Die in dieser Polemik verwendeten Feindbilder könnten exakt mit den zeitgenössischen Karikaturen illustriert werden. Das, was Mommsen und seine Kontrahenten in Worten ausdrückten, zeichneten die Karikaturisten mit Pinsel und Feder. Die Frage der Urheberschaft ist nicht leicht zu beantworten. Wahrscheinlich ist es so, daß sich Worte und Bilder gegenseitig animierten, ergänzten und befruchteten.

VII.
Das geflügelte Wort von der Nichtbeachtung des slawischen Schrifttums *Slavica non leguntur* weist hin auf ein zentrales Problem, das der Entstehung von Stereo-

typen und verzerrten Bildern zugrunde liegt. Auf dem Boden der Nichtkenntnis des anderen gedeihen Bilder und Vorstellungen, die fern von der Realität sind, dafür aber eine eigene, eben verzerrte Realität hervorbringen. Der aus Bremen stammende Reiseschriftsteller J. G. Kohl, dem Belesenheit und Bildung keinesfalls abgesprochen werden können, formulierte 1851 eine solche Realität folgendermaßen: „Die Slawen im Ganzen repräsentieren in der Geschichte der europäischen Menschheit wenig mehr als eine dunkle, energielose Völkermasse."[48] Die hier untersuchten Karikaturen illustrieren nur begrenzt dieses Vorurteil. In vielen von ihnen wird durchaus historisch, geographisch, sprachlich und nationalpolitisch differenziert. Andere wiederum legen eine sehr verkürzte Perspektive zutage. Danach werden als Mausefallenhändler oder Mäusefänger nicht nur Slowaken, sondern auch Tschechen, Polen und Slawen überhaupt charakterisiert.[49] In einer *Kladderadatsch*-Karikatur aus dem Jahr 1870 fordert der tschechische Herbergsgast seinen deutschen Kameraden zur Bezahlung der Zeche auf. In der Parenthese wird jedoch präzisiert: „Tscheche (kann auch ein Ungar, Kroat, Dalmatier, Mähre, Pole oder sonstiger Gesammt-Oesterreicher sein)".[50] Diese Austauschbarkeit ist auch im Zeichnerischen feststellbar: Bestimmte Motive stehen für ganz verschiedene Inhalte; sie sind wie Fässer, in die nach Bedarf jeder seinen Inhalt füllen kann. Bei einigen Karikaturisten fällt auf, daß sie die für die tschechischen Figuren „typischen" Züge auch den Polen, Russen u.a. verleihen: *Slavica non discernentur*.

Bekanntlich gibt es in den nationalen Charakterisierungen Topoi, die fast beliebig austauschbar sind. Ein solcher Topos ist jener der Zechprellerei, welche die Deutschen den Engländern, Franzosen und den Polen („sich auf englisch/auf französisch/auf polnisch verabschieden"), die Polen den Engländern, die Russen den Engländern und Franzosen, die Franzosen den Engländern, Belgiern und Spaniern, die Norweger den Schweden usw. unterstellen.[51]

Eines der beliebtesten Motive der tschechischen satirischen Zeitschriften ist der „Furor Teutonicus", die Darstellung der Deutschen als gefährliche und kriegerische Menschen. Dabei werden nicht nur moderne Kriegsrequisiten als Aufmachung der Figuren verwendet, sondern auch Bilder aus der germanischen Vergangenheit herangezogen. Und diese Bilder waren keine Originalschöpfungen der tschechischen Karikaturisten, sondern modifizierte Zitate aus der deutschen historischen Selbstdarstellung. Das deutsche Popularschrifttum des 19. Jahrhunderts wimmelte geradezu von kriegerischen Gestalten; selbst Herder nannte die Deutschen „unternehmendes Kriegs- und Abenteuervolk", aber in all diesen Vorstellungen steckten freilich keine gefährlichen Bilder, sondern eine verklärende, romantische und beinahe bukolische Geschichtsprojektion.

Ebenso ist manches Stereotyp, das wir in der deutschen Wahrnehmung des Slawischen auszumachen und zu beschreiben vermochten, von den Betroffenen selbst wie eine Art (positives) Autostereotyp benutzt und gepflegt worden. Wir haben festgestellt, daß in den deutschen Karikaturen der Slawen als eines der Merkmale das Folkloristische herangezogen wurde, wobei dies als Zeichen für Veraltetes, Statisches, Rückständiges, ja Primitives eingesetzt wurde. Der dialektische Charakter dieser Zeichen bestand eben darin, daß sie für ganz andere Qualitäten stehen konnten: für Bodenständiges, Autochthones, Unveränderliches und Traditionsreiches. Und während der russische *mužik* in dem karikaturistischen Panoptikum der deutschen satirischen Zeitschriften durchwegs ein Simpel war, war er in den russischen Vorstellungen, nicht nur jenen der Slawophilen, eine durchaus gescheite und edle Figur. Ein ähnliches Beispiel kam aus Österreich Ende 1996. Die bei den IFOR-Friedenstruppen in Bosnien eingesetzten österreichischen Soldaten trugen T-Shirts mit der Aufschrift „Tschuschen", was im Österreichischen als ein verächtlicher Ausdruck für Angehörige eines südslawischen oder orientalischen Volkes gilt. Die Empörung in der Öffentlichkeit war groß und die „Zugsleiberl" mit der inkriminierten Aufschrift wurden ausgezogen.[52] Gleichzeitig aber existiert in Wien eine Musikband, die aus „Betroffenen" zusammengesetzt ist und die sich „Tschuschenkapelle" nennt. Vielleicht verlieren durch diese Dichotomie alle vorverurteilenden Stereotypen zumindest etwas von ihrem Stachel und werden letztendlich absurd. In dem aphoristischen Gedicht über das Europa der Nationen von Kurt Tucholsky kommt dies in besonders geistreicher Art zum Ausdruck: „*Worauf man in Europa stolz ist. [...] Man ist stolz in Europa:/ Deutscher zu sein / Franzose zu sein / Engländer zu sein / Kein Deutscher zu sein / Kein Franzose zu sein / Kein Engländer zu sein.*"[53]

ANMERKUNGEN

1 Den Ausführungen liegt die Auswertung folgender Zeitschriften zugrunde: *Kladderadatsch* (Berlin), *Figaro* (Wien-), *Die Muskete* (Wien), *Simplicissimus* (Stuttgart/München), *Ulk* (Berlin), *Rübezahl* (Reichenberg) sowie einer Reihe von unbekannteren und nur teilweise eingesehenen Zeitschriften und Blättern.

2 Das gilt in besonderer Weise für das deutsch-tschechische und deutsch-polnische Verhältnis. Vgl. František Roubík: *Český rok 1848*, Praha 1931; Tomas Szarota: Das Polenbild in der deutschen Karikatur (1848–1991). In: *Niemcy i Polacy. Od obrazu wroga ku pojednaniu. Satyryczne vis à vis (1848–1991)/Deutsche und Polen. Vom Feindbild zur Aussöhnung. Eine satirische Gegenüberstellung (1848–1991)* [Ausstellungskatalog] Warszawa 1991.

3 Der Begriff „Zerrbild" wird hier als Synonym für „Karikatur" verwendet. Die Entstehung dieses Begriffs geht auf die Sprachreinigungsbestrebungen des 18. Jhs. und ihren prominenten Vertreter Joachim Heinrich Campe (1746–1818), den Autor der Schrift *Über die Reinigung und Bereicherung der deutschen Sprache*, zurück. Christoph Gutknecht: *Lauter böhmische Dörfer. Wie die Wörter zu ihrer Bedeutung kamen*, München 1995, S. 149–150.

4 Die stärksten Gruppen waren darunter die Tschechen (12,6 Prozent) und die Polen (10,0 Prozent). Robert A. Kann: *Geschichte des Habsburgerreiches 1526 bis 1918*. 3. Aufl., Wien u.a. 1993, S. 581.

5 Der Anteil allein der Tschechen an der Wiener Bevölkerung betrug 1856 sogar 17,7 Prozent. Monika Glettler: *Die Wiener Tschechen um 1900. Strukturanalyse einer nationalen Minderheit*, München, Wien 1972 (=Veröffentlichungen des Collegium Carolinum, Bd. 28), S. 32.

6 Vgl. Michael John/Albert Lichtbalu: *Schmelztiegel Wien einst und jetzt. Zur Geschichte und Gegenwart von Zuwanderung und Minderheiten*, 2. Aufl., Wien, Köln 1993, S. 18 (dort auch andere Angaben und Quellen).

7 Vgl. den Beitrag von M. Glettler in diesem Band. Georg R. Schroubek: Die böhmische Köchin. Ihre kulturelle Mitt-

lerrolle in literarischen Zeugnissen der Jahrhundertwende. In: *Dienstboten in Stadt und Land*, Berlin 1982, S. 59–72.

8 Vgl. dazu verschiedene Beiträge im Sammelband *Die häßlichen Deutschen? Deutschland im Spiegel der westlichen und östlichen Nachbarn*. Hrsg. von Günter Trautmann, Darmstadt 1991.

9 Zwar gibt es (seltene) Darstellungen einer Bohemia, aber sie ist nie eine Figur mit eigenständigen Zügen, sondern erscheint in einer Kette von Frauengestalten, die einzelne Nationen repräsentieren.

10 1951 rief Franz Josef Strauß in einer Debatte des Deutschen Bundestages dem KPD-Abgeordneten Renner „Ruhig, Iwan!" zu. Herbert Pfeiffer: *Das große Schimpfwörterbuch*, 2. Aufl., Frankfurt am Main 1997, S. 192.

11 Die Satire wurde noch perfekter, als anläßlich der Eröffnung einer Brücke ein Prager Illustriertenblatt den Kaiser auf der Titelseite abbildete mit der Unterschrift „Procházka na mostě" (Spaziergang auf der Brücke). Monika Glettler: *Böhmisches Wien*, Wien, München 1985, S. 108. Vgl. die Karikatur in: *Nebojsa*, II (26. 6. 1919), Nr. 26, S. 209.

12 Herbert Pfeiffer: *Das große Schimpfwörterbuch*, 2. Aufl., Frankfurt am Main 1997, S. 398. Vgl. dagegen Friedrich Kluge: *Etymologisches Wörterbuch der deutschen Sprache*, 22. Aufl., Berlin, New York 1989, S. 676.

13 Die ersten zwei Strophen des Gedichts „Slawenkongreß" in *Die Muskete*, VIII (10. 7. 1900), Nr. 193.

14 „Sie [die Slawen] waren mildtätig, bis zur Verschwendung gastfrei, Liebhaber der ländlichen Freiheit, aber unterwürfig und gehorsam, des Raubens und Plünderns Feinde." J. G. Herder: *Werke in 10 Bänden*, Bd. 6, Frankfurt am Main 1989, S. 697. Das Zitat stammt aus dem „Slawen-Kapitel" von Herders *Ideen zur Philosophie der Geschichte der Menschehit*. Diesem Kapitel sind mehrere Beiträge in der Zeitschrift *Germanoslavica*, Jg. III (VIII), Nr. 1, Prag 1996, gewidmet.

15 Peter Demetz: *René Rilkes Prager Jahre*, Düsseldorf 1953, S. 139; G. R. Schroubek: *Die böhmische Köchin*, S. 71.

16 Walter Laqueur: *Deutschland und Rußland*, Berlin 1965, S. 18.

17 Zit. nach W. Laqueur: *Deutschland und Rußland*, S. 39.

18 Zit. nach G. R. Schroubek: *Die böhmische Köchin*, S. 71.

19 Vgl. dazu Karl-Markus Gauß: Wo der Balkan beginnt, in: *Literatur und Kritik*, Nr. 307/308 (1996), S. 3f.

20 *Kladderadatsch*, LXXI, Nr. 44 (8. 11. 1918).

21 W. Laqueur: *Deutschland und Rußland*, S. 36–37.

22 Richard Andree: *Tschechische Gänge. Böhmische Wanderungen und Studien*, Bielefeld und Leipzig 1872, S. 236.

23 *Simplicissimus*, Jg. XIII/Nr. 11 (15. 6. 1908), S. 200; Zeichnung von E. Thöny. Über den historischen Hintergrund dieses Festzugs s. Brigitte Hamann: *Hitlers Wien – Lehrjahre eines Diktators*, München 1996, S. 140ff.

24 Walter Laqueur: *Deutschland und Rußland*, Berlin 1965, S. 14.

25 Von allem Ungeziefer ist die Küchenschabe die häufigste Tierbezeichnung, mit der die anderen (Völker) beschrieben werden. In Österreich werden sie *Schwaben* genannt, in Deutschland *Dänen, Franzosen* oder *Russen* (in Slowenien *rusi*, in Italien *russo*). In Rußland und Polen dagegen heißen sie *prusak* (jidd. *preissn*) und in Frankreich – *allemand*. Andreas Winkler: Ethnische Schimpfwörter und übertragener Gebrauch von Ethnika. – *Muttersprache*, Jg. 104 (1994) H. 4, S. 320–337, hier S. 331f. Den Bezeichnungen liegt das Vorurteil von Unsauberkeit der anderen Völker und Länder zugrunde, die als ursprüngliche Heimat des ekelerregenden Kleingetiers angesehen wurden.

26 Vgl. dazu Rudolf Jaworski: Tschechen und Deutsche in der Karikatur (1891–1907). In: *Deutsch-tschechische Beziehungen in der Schulliteratur und im populären Geschichtsbild*, hrsg. von Hans Lemberg und Ferdinand Seibt. Braunschweig 1980 (=Studien zur Internationalen Schulbuchforschung, Bd. 28), S. 60. Beispiele aus der Belletristik bringt Georg R. Schroubek: Prag und die Tschechen in der deutschböhmischen Literatur. Volkskundliche Überlegungen zum nationalen Stereotyp. In: *Zeitschrift für Volkskunde* 11 (1979), S. 211–212.

27 Vgl. Rudolf Schenda: *Das ABC der Tiere: Märchen, Mythen und Gestalten*, München 1995.

28 *Figaro*, XXXIII (9. 2. 1889), Nr. 6, S. 23.

29 Vgl. Sander L. Gilman: Der „jüdische Körper". Gedanken zum physischen Anderssein der Juden, in: *Antisemitismus – Vorurteile und Mythen*, hrsg. von Julius H. Schoeps und Joachim Schlör, Frankfurt am Main o. J., S. 167ff.

30 Vgl. Matthias Richter: *Die Sprache jüdischer Figuren in der deutschen Literatur (1750–1933). Studien zu Form und Funktion*, Göttingen 1995.

31 Karikatur von Josef Danilowatz u. d. T. „Gottesfriede" in: *Die Muskete*, VII (31.12. 1908), Nr. 179, S. 109.

32 *Simplicissimus*, XI (30. 4. 1906), Nr. 5, S. 72.

33 *Figaro*, XXIX (17. 10. 1885), Nr. 42, S. 165.

34 *Figaro*, XXVI (12. 8. 1882), Nr. 32, S. 127.

35 Vgl. *Rübezahl* II (1920), Nr. 3 (der Herrgott wird mit slawischen Konsonanten berieselt); *Die Muskete* III (1906), Nr. 60 (Tschechischunterricht in einer Militärschule); *Die Muskete*, XXVIII (12. 6. 1919), Nr. 715 (Rübezahl lernt Tschechisch). – In der mit „Liberečtí policajti se učí česky" betitelten Karikatur der *Šípy* V (2. 1. 1892), Nr. 2, belehrt der Inspektor seine Schüler, die sogar in den Schulbänken ihre Pickelhauben nicht ablegen: „Musíte se cuflajz naučit trochu česky, abyste mohly na ty frmaledajt Čehy svědčit, jak Vám tejrají uši a jak Vás provokují tím svým impertinentním: ‚strč prst skrz krk!'".

36 Karl Hans Strobl: *Die Fackel des Hus*, München 1953 [Erstausgabe 1929], S. 19.

37 Hier zit. nach *Deutsches Sprichwörter-Lexikon. Ein Hausschatz für das deutsche Volk*, hrsg. von Karl Friedrich Wilhelm Wander, Bd. I, Leipzig 1867, Sp. 424.

38 Vgl. die Karikaturen „Tschecho-slowakische Legionäre" in: *Die Muskete*, XXVI (22. 8. 1918), Nr. 673 und „Česká Soldateska" in: *Die Muskete*, XXVIII (10. 7. 1919), Nr. 719, S. 120.

39 Hubert Orłowski: „Polnische Wirtschaft": Zur Tiefenstruktur des deutschen Polenbildes. In: *Fiktion des Fremden. Erkundung kultureller Grenzen in Literatur und Publizistik*, hrsg. von Dietrich Harth, Frankfurt/M. 1994, S. 113–136.

40 Vgl. Jaromír Povejšil: Bemerkungen zu Herders Darstellung der Slawen. In: *Germanoslavica*, Jg. III (VIII), Nr. 1, Prag 1996, S. 139–141.

41 Jan Wirrer: Stereotypen über europäische Völker in Herders *Ideen zur Philosophie der Geschichte der Menschheit*. In: *Germanoslavica*, Jg. III (VIII), Nr. 1, Prag 1996, S. 108–131, hier S. 122.

42 T. Szarota: *Das Polenbild*.

43 W. Laqueur: *Deutschland und Rußland*, S. 33.

44 Vgl. dazu verschiedene Beiträge im Sammelband *Deutsch-tschechische Beziehungen in der Schulliteratur*.

45 *Bilder-Conversations-Lexikon für das deutsche Volk. Ein Handbuch...*, Band IV, Leipzig 1841, S. 210. – Zu der slawischen antideutschen Einigkeit schrieb der russische Revolutionär und Teilnehmer am Prager Slawenkongreß 1848 M. A. Bakunin (1814–1876): „Ich sage, wie Voltaire von Gott sagte, wenn es keine Deutschen gäbe, müßten wir sie erfinden, weil nichts die Slawen so erfolgreich eint wie ein tiefverwurzelter Haß gegen die Deutschen." Zit. nach W. Laqueur: *Deutschland und Rußland*, S. 13.

46 *Bilder-Conversations-Lexikon*, Band III, Leipzig 1839, S. 516.

47 Berthold Sutter: Theodor Mommsens Brief „An die Deutschen in Österreich" (1897), in: *Ostdeutsche Wissenschaft* 10 (1963), S. 152–225.

48 J. G. Kohl: *Die Slawen und die panslawistischen Tendenzen*, Dresden 1851, S. 157.

49 Vgl. *Simplicissimus*, XIII (2. 11. 1908), Nr. 31, S. 515.

50 *Kladderadatsch*, XXIII (1870), Nr. 22/23, S. 89, Karikatur unter dem Titel: „Auf der Herberge (Austria)".

51 Winkler: Ethnische Schimpfwörter, S. 332–333. Aus dem deutschböhmischen Umkreis stammt der Spruch „Jeder Pole ein Kenig, bestellt viel, zahlt wenig." (Freundliche Mitteilung Baronin Dr. Johanna von Herzogenberg.)

52 Vgl. *Süddeutsche Zeitung* vom 13., 14. und 15. 11. 1996.

53 Kurt Tucholsky: *Zwischen Gestern und Morgen*. Hrsg. von Mary Gerold Tucholsky, Reinbek b. Hamburg 1986, S. 33.

KLEINES GLOSSAR ZUM THEMA

Das Glossar listet auf und beschreibt die Namen, mit denen die Slawen im deutschen Sprachgebrauch bezeichnet und charakterisiert wurden. Die Vielfalt der Bedeutungen und der Bedeutungswandel im Laufe der Zeiten, der Grad des stereotypen Ausdrucks sowie verschiedene kulturelle, politische und geschichtliche Implikationen, die diesen Namen eigen sind, können dabei nur angedeutet werden.

Böhm, Böhme – Im Österreichischen oft abschätzige Bezeichnung für einen Tschechen, früher vor allem für einen Gastarbeiter aus Böhmen und Mähren, oder überhaupt für einen Osteuropäer. Mensch, der nicht gut deutsch spricht. Ident. „Böhmak". *Deutsches Schimpfwörterbuch oder die Schimpfwörter der Deutschen*, Arnstadt 1839, S. 9, führt „Böhme" als Schimpfwort an.

Böhmak – 1. Deutsch sprechender Tscheche, aber auch ein anderer Osteuropäer. 2. Im Wiener Jargon auch in Bedeutung: eigensinniger, trotziger Mensch. Zusammengesetzt aus „böhmisch" und der slaw. Endung „-ak". Daraus: Böhmakei (Böhmen). Seit etwa 1900 im Österreichischen.

Böhmakelei – tschechisch-deutsche Sprechweise. *Vgl.* das Folgende.

böhmakeln – 1. böhmakisch, d.h. deutsch mit böhmischem Akzent sprechen, tschechisch-deutsch radebrechen; 2. die deutsche Sprache verderben. (Besonders in der österreichischen Literatur und auf der Bühne wird das Böhmakeln als Stilmittel eingesetzt; es erfüllt dabei ungefähr die Funktion, die in Deutschland dem Sächseln oder in den Witzen dem Jüdeln zugeteilt wird.) Das „Böhmakeln mit den Füßen": tolpatschiger, ungelenker, eckiger Gang.

böhmisch – Jemandem böhmisch vorkommen = jemandem selten anmuten, von jemandem nicht verstanden werden: „Das kommt mir böhmisch vor" = das mutet mich unbegreiflich an. Unter Einfluß des Syntagmas „böhmische Dörfer" (*s.u.*). Ähnlich „das kommt mir spanisch vor". 19 Jh.

böhmisch einkaufen – Ladendiebstahl begehen; stehlen. *Österr.*

böhmisch schlau – listig, hinterhältig.

böhmische Dörfer – „Das sind für mich böhmische Dörfer" = das sind mir unverständliche, unbekannte und unerklärlich seltsame Sachen; davon verstehe ich nichts. – Die Wendung meinte ursprünglich die slawischen Namen vieler Dörfer in Böhmen, dann auch die Sprache der böhmischen Händler, die den Deutschen in Böhmen fremdartig klangen und unverständlich waren. Seit dem ausgehenden 16. Jh. – Ähnlich „böhmische Wälder".

böhmische Wirtschaft – *s.u.* „polnische Wirtschaft".

böhmischer Zirkel – Diebstahl. Bezeichnung für die Gebärde des Einsackens: der rechte Daumen ist der eine Zirkelschenkel, die vier übrigen Finger beschreiben einen Kreis. Im 19. Jh. in Österreich aufgekommen und von da nach Westen und Norden gewandert.

-inski – (nach der häufigen Endung bei den slawischen, insbes. polnischen Personennamen): ein Wortbildungselement zur abwertenden oder spöttischen Kennzeichnung von Personen, z.B. Blödianski, Brutalinski, Radikalinski, Schablonski. Vgl. den Namen Schofelinski (dt./jidd. *schophol* – schäbig, niedrig) im Roman „Ein weites Feld" von Günter Grass (1995).

Iwan – nach dem russischen häufigen männlichen Vornamen scherzhaft oder abschätzig für einen Russen, besonders für einen russischen Soldaten. In der DDR auch als Koseform verwendet: Vanja.

Iwanella – nach dem russischen Namen Iwan; geringschätzige Bezeichnung für eine Frau, die sich mit russischen Soldaten einläßt.

Krawatt (Krabat), Krawattn, Krowotn – ungebildeter, unmanierlicher, grober, primitiver Mann; unartiges, ungebärdiges Kind; freches, wildes Kind. Bei Gottfried Bürger sind es die Schulknaben: *„Kroaten hintern bänken / laszt nach mit lärm und schwänken."* Entstanden aus der älteren Form für „Kroate". Im Dreißigjährigen Krieg galten die kroatischen Soldaten als besonders wild und grausam. Seit 1800 ff. im fast gesamten deutschsprachigen Gebiet. Sogar im Dänischen und Flämischen belegt. – Im Wiener Volksmund wurden auch die hausierenden Slowaken irrtümlich als „Krawaten" bezeichnet („Kochlöffelkrawaten", „Zwiefelkrawaten" usw.). *Deutsches Schimpfwörterbuch oder die Schimpfwörter der Deutschen*, Arnstadt 1839, S. 11, führt „Croat" als Schimpfort an. – Belegt ist auch das Wort „Chrobatenstaat" (1868), im Sinne Unordnung, politisches Chaos (vgl. u. „polnische Wirtschaft").

krowotisch (zu)packen – grob anfassen, energisch hinlangen; zur Sache kommen (derb).

Kuch(e)lböhmisch, auch **Kuch(e)ldeutsch** – Deutsch-tschechisches Sprachamalgam (deutsche Wortstämme vermischt mit tschechischen Formen und vice versa), z.B.: *Böhmak* (siehe oben); *Feschak* (dt. fesch) – ein fescher Kerl; Rosumisch haben – Verständnis haben, verstehen (tsch.: rozumět – verstehen); *povidalen* – tschechisch sprechen (tsch.: povídat – sagen, erzählen); *auf lepschi gehen* – sich amüsieren, es sich gutgehen lassen (tsch.: lepší – besser). (Vgl. Küchenlatein.)

Polack, Polacke – (umgangssprachlich, abwertend) 1. Pole; 2. grober, unkultivierter, unhöflicher Mann; 3. Heimatvertriebene aus den früheren deutschen Ostgebieten; Polenaussiedler. *Vgl.* Wasserpolacke.

Polackenkopf – Mann mit einem groben, klotzigen Kopf.

Polen – „Da (heute) ist Polen offen" = jetzt geht es ausgelassen zu; da kann man sich auf allerlei gefaßt machen; da herrscht grenzenlose Unordnung; heute haben wir freie Bahn. Leitet sich von der Metapher „polnische Wirtschaft" ab (*s.u.*) sowie von den vielen Aufständen, die zur Wiederherstellung des polnischen Nationalstaates führen sollten. Etwa seit 1850.

polnische Wirtschaft – Schlamperei, Durcheinander, große Unordnung. – Die Wendung beruht auf einem alten Vorurteil, nach dem die Polen (ähnlich wie die Balkanvölker und andere Volksgruppen) in ihren Lebensverhältnissen als unordentlich, nachlässig angesehen werden. Aufgekommen ist sie wahrscheinlich um 1780 bei den preußischen Soldaten im Bezirk Warschau und Umgebung als Anspielung auf mancherlei Mißstände, die die Preußen nach der dritten Teilung Polens antrafen. Belegt sind ebenfalls, wohl als Übertragung, auch die Syntagmen „böhmische Wirtschaft" und „österreichische Wirtschaft" (=ineffiziente Wirtschaft). Gleichbedeutend **polnischer Reichstag** – Tollhaus, Chaos.

polnischer Urlaub – Schwänzen; Fernbleiben von der Arbeit.

Ruski (Russki) – der Russe. Von der russischen Selbstbezeichnung. Seit dem Ersten Weltkrieg vorkommend, mit leicht ironischer oder geringschätziger Bedeutung; früher besonders für einen russischen Soldaten. *Vgl.* -inski.

Russe – ungestümer, ungeschlachter Mensch; Taugenichts; tölpelhafter Bauer. Hergenommen vom niedrigen Stand der Zivilisation im zaristischen Rußland. Seit 1800 ff. Mit dem Namen werden verschiedene Laster in Verbindung gebracht: **Fluchen wie zwanzig Russen** – kräftig fluchen. **Voll wie hundert (tausend) Russen sein** – volltrunken. 1941 ff. **Saufen wie ein Russe** (belegt schon 1544 in der *„Niederdeutschen Tischzucht"*). **Scharf sein wie tausend Russen** (derb) – begierig auf sexuelle Betätigung sein; geil. Nach 1941 ff. **Jemandem einen Russen aufbinden** – (umgangssprachlich, selten) jemanden belügen; Unwahres als glaubhaft angeben. – Bei dieser Wendung, die nach 1945 aufkommt, handelt es sich um eine Abwandlung von „jemandem einen Bären aufbinden"; der Bär ist das Symbol für Rußland.

Russe – Küchenschabe. (In Deutschland auch unter dem Namen „Franzose" bekannt.) – Als „Russe" wird in Bayern auch eine Mischung aus Weißbier und Limonade genannt.

Schlawak – unordentlicher, herumschweifender, listiger Mensch, Gauner, Taugenichts. (Thüring. **Schlawake** – unordentlich angezogenes Frauenzimmer.) Geht zurück auf „Slowak". Im 19. Jh. waren Arbeitnehmer aus der Slowakei häufig in Deutschland. Slowakische Hausierer, Pfannenflicker und Landstreicher zogen von Ort zu Ort und genossen den Ruf betrügerischer oder gerissener Menschen.

schlawaken, (mecklenb.) **schlawucken** – unverständlich reden, schlecht einhergehen; zu „Schlawak".

Schlawiner – listiger, schlauer Mensch; Schlitzohr, kleiner Gauner; Taugenichts. Ähnliche Bedeutung wie „Schlawak". Meint eigentlich den Slowenen oder Slawonier, d.h. Angehörige eines südslawischen Volkes, dessen Siedlungsgebiet heute Kroatien, Slowenien sowie Teile Süd-Kärntens (*österr.*) und Nordost-Italiens umfaßt. Die mit Mausefallen u.a. hausierenden Slowenen – wie übrigens auch die Slowaken – galten als **schlawinerisch**, d.h. gewitzt, listig und geschäftstüchtig. Etwa seit dem späten 19. Jh.

schlawinern – müßiggehen; energielos werden.

Schlawuze, Schlawuzi – (im Bayerischen) gleichbedeutend mit „Schlawack" oder „Schlawiner", jedoch etwas schwächer. Wahrscheinlich humorvolle Änderung dieser Begriffe.

Tschusch – (österr., umgangssprachlich, abwertend) Angehöriger eines südosteuropäischen oder orientalischen Volkes. Etymologie des Wortes nicht ganz klar; möglicherweise aus dem südslawischen *„čuješ" [hör' mal; verstehst du?]*, das die wandernden Händler und Zugereisten aus dem Südosten häufig verwendeten.

Wasserpolacke – alter Spottname für die polnischen Oberschlesier. Ursprüngl. Bedeutung: Oderflößler aus Oberschlesien.

Wenzel – häufiger tschechischer Name (Václav), der in Karikaturen, Parodien und Satiren gern als Bezeichnung für einen Tschechen benutzt wird. *Deutsches Schimpfwörterbuch oder die Schimpfwörter der Deutschen*, Arnstadt 1839, S. 77, führt „Wenzel" als Schimpfwort an.

Jozo Džambo

Slované – německé a rakouské zkreslené obrazy

I.

Revoluční rok 1848 představoval v evropských dějinách 19. století jednu z velkých césur. Zvláště v procesu národního vývoje mělo toto datum iniciační a katarzní charakter. Že byla od tohoto roku v německy hovořící oblasti založena celá řada satiristických a humoristických listů a časopisů, bylo důsledkem politických předpokladů a potřeb právě této revoluční doby. Přirozeně se zabývaly tyto publikační orgány ve své první fázi převážně tématy z blízkého okolí, aby později stále větší měrou opouštěly tyto těsné hranice. Příkladem toho je berlínský týdeník *Kladderadatsch*, který mohl kontinuálně vycházet téměř sto let (až do roku 1944), a který představuje humoristicko-satirickou encyklopedii své doby.[1]

Národní etablizace, jak probíhala v 19. století, byla příčinou toho, že každý národ musel odůvodnit a prezentovat svůj vlastní obraz jak z historického tak i politického a kulturního hlediska. K tomu nedocházelo pouze směrem dovnitř, nýbrž i směrem navenek, tím, že se každý národ izoloval do sebe a ohraničoval se od „těch druhých".[2] Homogenizace vlastní skupiny vyžadovala zřetelné obrazy jak sebe sama tak i „těch druhých", přičemž obrazy nepřátel vznikaly mnohem snáději. Na českém příkladě je takovýto proces zvláště zřejmý; zde se přestávalo používat společné označení „Böhmen" ve prospěch národní diferenciace na Němce a Čechy. Také v polsko-německých vztazích se po roce 1848 začaly projevovat rozpory a kolize zájmů. Tato opozice „my – ti druzí" není dokumentována pouze v politických traktátech a parolách, nýbrž i ve vědecké publicistice a beletristice tehdejší doby; zcela specifickým způsobem je však zachycena v karikatuře.

Zde je v první řadě nutno pohlížet na karikaturu jako na pramen, z něhož čerpá pozorovatel při líčení německého náhledu – zvláště toho deformovaného – na Slovany, (zkreslené obrazy)[3.] Toto pojednání má přispět k osvětlení tématu Němci a Češi v karikatuře v širším kontextu a vidět mnohý německo-český stereotyp ne jako specifickou, nýbrž jako globální deformaci. Existují karikatury s velmi konkrétní výpovědí, punktuálními záměry a naprosto precizně zamířenými ostny, existují však i takové, které jsou všeobecného druhu, konstantnější a delšího trvání (*longue durée*). Naposledy jmenované jsou zajímavé zvláště proto, že nejsou pouhou interpretací politického okamžiku, nýbrž znázorňují hlubší náhledy a postoje, většinou ve formě nejrůznějších klišé a stereotypů.

Centry satiricko-humoristické publicistiky byla v oblasti hovořící německy města Berlín, Mnichov a Vídeň. Že se vídeňské časopisy zaměstnávaly častěji a angažovaněji slovanskými tématy než časopisy pruské či bavorské, vyplývalo z politických a geografických skutečností. Podíl slovanského obyvatelstva v rakousko-uherské monarchii činil v roce 1910 47 procent,[4] a ve stejném roce pocházelo 25 procent vídeňského obyvatelstva z Čech, Moravy a Slezska.[5] Odhaduje se, že na přelomu století žilo ve Vídni 250.000–300.000 Čechů a Slováků.[6] U většiny z nich se jednalo o sezónní pracovníky, nádeníky, služebnictvo, „čeleď", řemeslníky, učedníky, podomní obchodníky atd., celkově tedy o lidi nízkého sociálního postavení.[7] Z této těsné blízkosti vznikaly implikace nejrůznějšího druhu, mezi jiným i konklikty, které se staly oblíbenými tématy karikatury. *Figaro* a *Die Muskete* přímo oplývaly karikaturami s českou tématikou; mnichovské a berlínské listy jsou v tomto směru mnohem zdrženlivější, samozřejmě s vyjímkou třicátých let, kdy i tyto listy propadly národně-socialistické ideologii a staly se propagandistickými orgány systému.

II.

Podstatou karikatury je *redukce*, to zn. zobrazení komplexního stavu věci jednoduchou (obrazovou) formou. Karikatura žije touto redukovanou perspektivou a brání se striktně proti diferenciaci. Toto zjednodušení začíná často již u názvů a pojmenování. Personifikován je celý národ nebo celá skupina a obdrží přitom pouze jedno jméno, které je má identifikovat a reprezentovat.

Nejtypičtější jsou v tomto směry postavy Johna Bulla (pro Anglii a Angličany), strýčka Sama (pro Ameriku a Američany), Michla (pro Německo a Němce) a Marianny jako perzonifikace francouzské republiky a francouzského národa. Tato jména byla původně jmény vlastními a teprve později přejata i jako jiná označení.

Zdaleka ne tak populárními postavami jsou Austria, Italia a Germania jako perzonifikovaná jména zemí. Italia je zobrazována většinou v gracilní póze, v antickém ženském oděvu a před odpovídající kulisou; Austria je vybavena charakteristickými atributy matrony, neboť je matkou a opatrovnicí mnoha dětí (národů) v domě Rakousko. V tomto zobrazení je vyjádřena zvláštní forma c.k. paternalismu: když se rozpadající se monarchie snažila zabránit všemi prostředky cestě do katastrofy, pokoušela se stylizovat v politické rétorice a publicistice tyto snahy ne jako snahy ku vlastnímu prospěchu, nýbrž jako akt altruismu. Tu se zjevila matka Austria a stěžovala si na „neposlušné", „nevděčné" a „divoké" národy, především Čechy, kteří si vlastně ani nezasluhovali požívat ochrany rakouské orlice, avšak láska mateřská ... atd.

Zatímco mají Italia a Austria spíše ženské resp. mateřské rysy, je Germania ženská postava vybavená rysy maskulinními. Jejími šperky jsou zbraně: oštěp, prak, meč, kyj a štít nebo i současná výzbroj jako pistole, pušky a děla. Tento obraz Němců se udržel v zahraniční karikatuře až do dnešní doby; v některých zemích má dokonce prioritu před postavou německého Michla, který dnes existuje hlavně v německém karikaturistickém autoportrétu.[8]

Marně bychom však v karikaktuře hledali alegorii Slavie, Rusie nebo Bohemie[9]. Zdá se, jakoby i zde byl limes hranicí působící až do dnešní doby. Kromě toho neexistuje ve slovanské mytologii žádná ženská postava, kterou by bylo možno použít k perzonifikaci v karikaturistickém smyslu. Tohoto postavení nedosáhla ani Libuše.

I když v satiře a karikatuře nebyly vytvořeny žádné pregnantní postavy, které by perzonifikovaly Slovany a slovanský živel, existuje celá řada jmen, která tuto funkci přejímají.

Propůjčení názvů a pojmenování v karikatuře probíhá dle obvyklého úzu stereotypie tím, že určitými formami pojmenování jsou typizováni zástupci celé skupiny nebo celého národa. Poté dochází k perzonifikaci, přičemž její první stupeň spočívá v přeměně kolektivních jmen v individua (Rusové – Rus; Češi – Čech atd.). V tomto smyslu uvádí *Deutsches Schimpfwörterbuch oder die Schimpfwörter der Deutschen* (Německý slovník nadávek neboli nadávky Němců, Arnstadt 1839) nadávky „Bém", „Chorvat", „Žid", „Turek" atd.

Výběr osobních jmen se řídil původně frekvencí jejich výskytu, zůstává však existentní i poté, kdy se toto jméno již tak často nevyskytuje nebo není možné jeho výskyt přezkoumat. V ruském stereotypním zobrazování Němců to jsou jména Hans a Fritz, ačkoliv již dávno nezaujímají tuto prioritní pozici. Stejně tak je tomu i se jménem Ivan, které je pro Rusy užíváno nejen v nemeckých stereotypních představách. Používání těchto osobních jmen ve smyslu označení etnické skupiny je zřejmě produktem našeho století a zvláště opět důsledkem obou světových válek, ve kterých stáli proti sobě v nepřátelských pozicích Němci/Rakušané a Rusové. Často jsou takto označováni vojáci popř. zajatci „druhé" strany, později však i ideologičtí kontrahenti jako takoví.

Při výběru jména Wenzel hrály s jistotou nezanedbatelnou roli i české historické reminiscence. Jsou-li Češi někdy označováni za „Švejky", jedná se o přímé „vypůjčení" tohoto jména ze slavné knihy Jaroslava Haška. Toto jméno není však originálním vynálezem autora Haška; v českých satirických časopisech 19. století se objevuje toto jméno se značnou podobností ke svému pozdějšímu následníkovi. Tím není toto jméno pouze označením cizím nýbrž i označením vlastním, podobně jako jméno Procházka, kterým Češi označují sebe sama za účelem vyjádření průměrnosti (v němčině Müller, Meier). Ve stejném smyslu obdržel také císař František Josef přezdívku Procházka.[11]

III.
Lidová a populárně-vědecká etymologie nabízela karikaturistům oblíbený a často obměňovaný motiv tím, že odvozovala původ slova „Slawen" od „Sklaven" (tedy Slované = otroci). Tato etymologie je náhodná a opírá se pouze o fonetickou podobnost.[12] Z toho byla potom odvozována charakteristika Slovanů jako národa s otrockou mentalitou a tímtéž duchovním postojem. Zvláště v případě Ruska a Polska byly nalezeny i „důkazy" takovéto etymologizace, a to především v nevolnictví se všemi sociálními a politickými doprovodnými znaky tohoto problému. Tak byla v časopise *Die Muskete* publikována rýmovačka o „otrockém charakateru Slovanů".

Nic není Slovanovi tak vlastní
nic dobře mu tak nedělá
než když se hluboce klaní
a drze, drze povstává

Klanět se před knutou cizí
a v otčině povstávat
to bude v otrocké krvi
a panské ruce zůstávat.[13]

Na rozšíření tohoto obrazu měl lví podíl rakouský diplomat Sigmund von Herberstein svou reportáží z cest *Rerum moscovitarum commentarii* (1549; v němčině 1557), dílem, které po staletí ovládalo německou představu o Rusku. O Slovanech jako „otrocích" a „servilních, služebných národech" hovoří i Herder, přičemž byl přesvědčen o tom, že nalezl kořeny jejich „otroctví" v dějinných poměrech, a proto je hodnotil shovívavě.[14] Avšak i u Hebbela jsou Slované „lidem služebným",[15] a v karikaturách, o kterých zde hovoříme, nalezneme při znázorňování Rusů karabáč často jako „charakteristický" znak. O vyšší německé vrstvě usídlené v Rusku tvrdil spisovatel Alexander I. Herzen (1812–1870), který byl sám synem německé matky a patřil k radikálním ruským „zápaďákům", že byla přesvědčena o tom, že s Rusy „bez hole" nelze nic pořídit.[16]

Jak jednotlivé stereotypy a klišé vznikají a jak se rozšiřují, lze pouze zřídka exaktně zjistit. Proto není také zcela jasné, zda mnohé předsudky spočívají na vlastních „poznatcích" či zda byly prostě jen sugestivně přejaty od jiných osob. Tápat nás nechává např. ruský spisovatel Černyševskij, který svůj národ označuje za „mizerný, za národ otroků, neskládající se od shora až dolů z ničeho jiného nežli otroků.[17] V roce 1917 hovořil i český literární vědec Arne Novák o „kmeni služebném a kmeni nevzdělanců" na březích Vltavy.

Podobné otázky se vynořují v souvislosti s pojmem „Balkán", jehož zeměpisný význam stále více ustupuje do pozadí, aby udělal místo významu kulturnímu a politickému. Konotace tohoto termínu ve smyslu politicky instabilní oblasti, kulturní pustiny či temného koutu Evropy, vznikly původně *mimo* Balkán sám, aby se staly později jako import také „vnitřním názorem".[19]

Rakouská varianta tohoto obrazu Slawen/Sklaven (Slované = otroci) měla lokální souvislost. České služebnictvo (domácí personál, kuchařky, kojné, sluhové) patřilo k vídeňskému všednímu dni a přispívalo z podstatné části k sociální struktuře této metropole; přesto však vzniklo klišé o českém „služebném národě" a na jeho formování a rozšiřování se podíleli především ti, kteří z tohoto národa profitovali. Tento obraz byl dokreslen ještě kramáři všeho druhu: chorvatskými a bosenskými podomními obchodníky, slovenskými dráteníky, pastičkáři (prodavači pastiček na myši) atd., kteří však nebyli vždy označováni správným jménem.

Přechod tohoto obrazu do roviny politického úsudku byl proveden snadno. „Schlawiner" (Šlavané) jako političtí aktéři se objevují v politické karikatuře skutečně spíše jako malí kramáři nebo podomní obchodníčci nežli jako subjekty, které by bylo nutno brát vážně. Z politické servility jsou vyjmuti pouze Rusové, kterým se přisuzuje role *velkých* spojenců a patronů.

IV.
Zevnějšek Slovanů v německé a rakouské karikatuře není zobrazován jednotně. Ani pro Slovany všeobecně ani pro jednotlivé slovanské národy nenajdeme symbolická zobrazení, jejichž signifikace by se dala pozorovatelem automaticky a jednoznačně identifikovat. Zatímco v případě Anglie (John Bull), Ameriky (strýček Sam), Francie (Marianne) nebo Německa (Michel) takovéto postavy vybavené odpovídajícími rekvizitami existují, neexistuje v karikatuře žádný standardní typ Slovanů. Jejich obraz se skládá z několika variabilních vnějších znaků.

Při zobrazování Čechů nebylo, s vyjímkou hudebních nástrojů, možno, vybavit tyto postavy stálými rekvizitami. I pokrývky hlavy, které jsou jinak velmi oblíbeným identifikačním znakem (srovnej čepici německého Michla nebo pikelhaubnu), jsou zde velmi variabilní. Češi v německé a rakouské karikatuře nosí selské klobouky, policejní a služební čepice či sokolské poděbradky. Češky mají na hlavě šátky uvázané na způsob trhovkyň. České hlavy zdobí často hrnce, přičemž se největší oblibě těší nádoba se třemi nožkami. Despektní symbolika těchto utenzilií se vztahuje na českou korunu (Čechy, Morava, rakouské Slezsko) popř. na české státní právo, které znovu a znovu dávalo podnět k politickým střetům a rozmíškám.

Analogicky k zálibě německo-rakouské karikatury, která zobrazovala Slováky a Čechy jako malé podomní obchodníky, byly tyto postavy vybaveny příslušnými rekvizitami. Jejich „pracovní oblečení je velmi chatrné a roztrhané; jsou často bosí a prostovlasí. Takovouto postavu propůjčil *Kladderadatsch* na své titulní straně z listopadu 1918 Čechovi/Slovákovi, držícímu pod ochranou americké hvězdné vlajky proklamaci své státní samostatnosti.[20] Tímto zobrazením měl být zesměšněn nový stát popř. údajná neschopnost Čechů/Slováků jako svébytných příslušníků samostatného státu.

S podobným tématem se setkáváme při zobrazování Poláků. Jako jejich identifikační znak je používána pokrývka hlavy (krakovská čepice či tzv. „rogatywka", rohatá vojenská čapka), k tomu polský kroj nebo to, co za něj bylo považováno.

Ze všech Slovanů byly nejkonstantněji zobrazováni Rusové. Byli vybaveni medvědí čepicí, kožichem, holinkami a v ruce drželi karabáč. Jedná se zpravidla o urostlé postavy, což má být důkazem velikosti a významu Ruska.

Kromě toho jsou Rusové apostrofováni jako *národ sedláků*, obraz, který je v době industrializace zvláštním kontrastem. Mužikovi je vše technické a průmyslové cizí – tak např. tvrzení Victora Hehna (1813–1890) v jeho knize *De moribus Ruthenorum* (K charakteristice ruské lidové duše). Hehn, dlouhá léta knihovník v Petrohradě, nenalezl na Rusech nic pozitivního. Dle jeho úsudku jsou korupční, prolhaní a nevděční. Chybí jim dokonce schopnost k tomu, aby sečetli dvě a dvě; žádný Rus nemá ani schopnosti k tomu, aby se stal strojvůdcem! Jako takoví by mohli být Rusové bez ztráty pro lidstvo škrtnutí ze seznamu civilizovaných národů. Hilterovi a národním socialistům byl tento kulturní historik jedním z oblíbených zdrojů citátů při jejich společných sezeních.[21]

Metafora *politické nezralosti*, jak ji karikatura připisuje s oblibou zvláště Čechům, je karikaturisty zpracovávána ještě drastičtěji a systematičtěji v souvislosti se Srbskem a Montenegrem. Srbští a černohorští panovníci byli znázorňováni jako zavšivení prasečkáři, loupeživí bandité, pastevci a zloději ovcí, jako neohrabaní, hrubí, naivní a nevzdělaní potentáti. Zvláštní oblibě se těšil kníže a král Nikola (Nikita) z Montenegra (1860–1918), který měl ambice světového politika a sledoval příslušné dynastické sňatkové strategie. Jeho folkloristicky vybavená obrovitá postava sloužila jako směšná figurka vídeňských operetních kuloárů, a v tomto posměchu byl i náznak velikášství Vídně, jak bylo často projevováno vůči tomuto maličkému knížectví „černých hor".

Folkloristické vybavení nebylo v případě černohorského krále žádným implantátem karikatury. Tento panovník, který s oblibou kolem sebe shromažďoval evropské diplomaty, vystupoval skutečně všude v kroji svých horalů. Jeho zobrazení nebylo tedy zkreslené. Přesto používali karikaturisté těchto charakteristických znaků jako stylistických prostředků, což z hlediska exotických barev a forem docílilo žádaného účinku.

Folklór je vůbec s oblibou používaným elementem karikatury. Je barevný, snadno identifikovatelný a setkáme se s ním především u venkovského obyvatelstva, to znamená, že je vhodný dát takto vybaveným postavám venkovský, selský, tedy konec konců *zaostalý* charakter. Ve své knize *Tschechische Gänge* (Z cest po Čechách), která se doslova hemží národními stereotypy, napsal Richard Andree: „Na svém starém kroji v Evropě lpí dnes již jen sedlák a méně civilizované, jmenovitě východní národy."[22] K tomu popsal na několika místech zevnějšek Čechů, Slováků a Poláků a neopomenul ani vyvozovat z toho své lidové psychologické názory.

V karikatuře z časopisu *Simplicissimus* „Vídeňský slavnostní průvod"[23] jsou jednotlivé národy Monarchie následovně popisovány: „Po Němcích přicházeli pestré skupiny divokých národů Rakouska. Chorvati a drátenící, Schlawiner (Šlavané) a pastičkáři, Hanáci, šlejfíři, beťáři, Huculové a Maďaři. Předváděli tance, muzicírovali, polykali oheň a hady a dokazovali jeho c.k. apoštolskému veličenstvu svou známou oddanost."

Označení „divoký" je zde nutno chápat jako politickou kvalifikaci, asi ve smyslu výroků o balkanizaci, kterými byla charakterizována mnohostátnost jihu východní Evropy a trvalá politická labilita tohoto regionu. Tato karikatura prezentuje jednotlivé národy Monarchie v jejich „národních" krojích, a ty jsou pestré a barevné. Pestrost je charakteristickým znakem karnevalizmu a nevážnosti. Vídeňský slavnostní průvod je vlastně karnevalem, kterého se Němci/Rakušané zúčastňují pouze jako statisté, kteří v karikatuře nejsou zachyceni. I povolání, která zobrazené národy vykonávají, jsou „nevážná", charakteristická pro kočovné národy a v povědomí usedlíků nejsou žádnou „skutečnou" prací. Samozřejmě byly takovéto obrazy pouze v popředí folkloristické. Jejich jádro obsahovalo rovněž politikkou výpověď, podle které kočovné národy nemohou být subjektem, nýbrž pouze objektem politického dění.

Folkloristický obraz Slovanů nebyl recipován vždy tak jednostranně. Můžeme uvést několik význačných jmen z německé literatury, kultury a pravé i levé politické tradice, která zastávala pozice proslovanské orientace a odůvodňovala toto své stanovisko mezi jiným folklórem a národním životem Slovanů. Samozřejmě lze v tomto postoji cítit romantické chápání „nefalšovaných" životních forem a odmítání západní civilizace. Pro Leibnitze bylo Rusko *tabula rasa*, což chápal vesměs v pozitivním slova smyslu. Podobný postoj lze ve vztahu k Slovanům zjistit i v Herderově interpretaci dějin. V roce 1917 se podařilo Thomasi Mannovi najít i v Německu slavofily a zapadniki nebo „dvě národní duše" v komplexním vztahu v Evropě.[24] V našem století je tato „východní orientace" zkalena politickými konflikty; výrazně existuje již jen v zájmu o východní křesťanství a vykazuje v popředí estetické chrakteristické znaky.

S modernizací techniky tisku vycházelo po přelomu století také stále více a více satirických časopisů v kolorovaném vydání, což otevíralo umělcům zcela nové možnosti. Tak mohly být nyní používány (bez zvláštního vysvětlování) např. i národní barvy. Národní symboly se však těšily oblibě i všeobecně. Český dvouocasý lev, polská orlice či ruský medvěd byli pevnou součástí karikaturistického repertoáru, a to jak v autoportrétu tak i v karikatuře „těch druhých". Těmto zvířecím symbolům mohly být připisovány – podle postoje karikaturisty a zaměření výpovědi – jakékoliv vlastnosti (chamtivost, agresivita, zbabělost a záludnost atd.).

Kromě těchto stát symbolizujících zvířat byly používány i jejich jiné druhy, aby byl dokreslen žádaný obraz nepřítele. Z tohoto repertoáru budiž zde uvedeny pouze vši (polská veš), krysy (slovanské krysy), vlci, lišky, toulaví psi. Téma obtížný hmyz²⁵ je samozřejmě zvláště aktuální v době války a bezprostředně po ní, přičemž jsou rozhodující zkušenosti s hygienickými poměry na bitevních polích, etapách nebo v zajateckých táborech. Karikatura však nezůstává u tohoto empirického zjištění, nýbrž uplatňuje své prostředky jako zbraň. Tím, že je protivník prohlášen za hmyz, sugeruje se pozorovateli současně myšlenka, že takovýto škůdce musí být zničen. V této sugesci vězí ďábelské nebezpečí karikatury.

Hojnost karikaturistických rekvizit (oděv, nástroje, nářadí, symbolika) dodává *fyziognomii* postav menší důležitosti. Avšak speciálně při znázorňování Čechů utvořili němečtí karikaturisté postavu s nápadně zvířecími rysy (opice!) a držením těla, chůzí atd.²⁶ Klasickým prostředkem kreslené satiry je propůjčení *animálních prvků* karikovanému objektu, který má být takto degradován a vybaven příslušnými vlastnostmi (hloupý, líný, špinavý, tupý atd.).²⁷ Karikaturisté 19. století přitom plně využívali v té době velice populární Fyziognomiky Johanna Kaspara Lavaterse, teorie, která učila, že z vnější tělesné formy lze usuzovat na lidský charakter. Navíc to byla doba Darwinovy descendenční teorie, takže opičí obličej v karikatuře neznamenal pro soudobé publikum pouze „opičárny", a obraz měl tedy i silnou výpověď. V jedné z karikatur publikovaných v roce 1889 ve vídeňském *Figarovi* je tento motiv tématizován ve zřídka se vyskytující kombinaci ironie a sebeironie: na obrázku jsou Michel a Wenzel pohrouženi do rozhovoru a podobají se navlas jeden druhému – oba mají opičí rysy.²⁸

Publicistika národního socialismu využívala ve svém propagandistickém boji samozřejmě i karikatury. Na plakátech, letácích a pohlednicích, v brožurách, knihách a v tisku byli znázorňováni především Židé, ale i Slované, jako deformované rasy.²⁹ Tato interpretace nebyla samozřejmě nová; byla však nyní, odpovídajíc intenzitě ideologického boje, jen ještě deformovanější, agresivnější, a proto nebezpečnější. Od určité doby nebylo možno karikaturu a ideologii od sebe odlišovat.

V.
Pevnou součástí repertoáru sloužícího zobrazování „těch druhých" je samozřejmě i jazyk. Určité dialekty, sociolekty a idiolekty slouží často i jako výrazový prostředek k charakterizaci hovořících osob uvnitř jednoho jazyka. Nejsou zpravidla užívány jako vypravěčská nýbrž jako přímá řeč zobrazovaných postav, které mají na základě toho působit autentičněji, plastičněji a skutečněji. Tyto jazykové zvláštnosti mohou však dostat i jinou intenci tím, že jsou využívány jako odchylky od (jazykové) normy a jako komické, směšné nebo dokonce negativní idiomy. V německé literatuře najdeme mnoho děl, ve kterých židovské postavy hovoří jakousi směsicí němčiny, hebrejštiny a slovanských jazyků, která má představovat jidiš, což charakterizuje nejen původ a sociální status těchto postav, nýbrž i úmysl autora. Židovské „odchylky" od spisovné němčiny jsou využívány často jako stylistické prostředky k zesměšňování, ironii nebo sarkasmu. Cesta od smíchu k výsměchu od odchylného ke zrůdnému není však daleká.³⁰

Podobný jev lze pozorovat i v jazyce německé karikatury, pokud v ní Slované hovoří. Samozřejmě mluví tyto postavy německy, avšak pořádkem slov ve větě, gramatickými formami, výběrem slov a napodobovanou výslovností má být publiku sugerován slovanský charakter. Oblíbenými charakteristickými znaky této německo-slovanské jazykové symbiozy označovanými u češtiny za „bémáklování" je dvojí zápor (kein nicht / žádný – ne), redukce přehlásek (blod – bléd), nesprávné umístění slovesa ve větě, vynechání nebo špatné použití členu. Zde několik příkladů takovéto jazykové kontaminace:

*„Her'n S' auf mit blede pulitische Sachen! Silvester gibt e keine Deutsche nit und keine Behm – gibt e nur B'suffene."*³¹

V karikatuře s nadpisem „Schlawiner" uveřejněné v časopise *Simplicissimus* si objednává (slovanský) host kávu slovy: *„Frailein, brinken Sie mich Kaffee mit Silberlöffel."*³² (Ve špatné němčině: „Slečno, přineste mi kávu se stříbrnou lžičkou.") Zde je samozřejmě umocňován a karikován rustikální element ve vystupování a jazyce hosta jeho nepatřičným nárokem na noblesu.

„Wenzel: Jetzt derfme net mehr so gruße Steine nehmen zum Fenstereinschlagen für deutsche Schul'; jetzt nehme kleinere Steindeln, denn jetzt ise Aera der Mäßigung."[33]

Karikatury samozřejmě žádným způsobem nehonorují skutečnost, že jejich postavy jako takové mluví německy, nýbrž koncentrují svou pozornost na jazykové deformace. Neboť jazykové nedostatky reprezentují nesvéprávnost, naivitu a duševní omezenost a na tomto základě lze ve smyslu karikaturistického světového názoru konstruovat jakékoliv výpovědi. Proto měla většina satirických a humoristických časopisů také sloupce, ve kterých fungovali jako kolumnisté osoby s právě takovýmito jazykovými nedostatky. Vídeňský časopis *Figaro* měl např. rubriky: „Wenzel pana oberlajtnanta", „Pulitická resonance krejčovského mistra Paplička", „Co radí pravý Vídeňák, Dr. Lékař" atd. Tyto rubriky začínají nebo končí slovy: „Ježiš Kristepane!", „Diky Bohu!", „Čert a peklo!, „Sakrmenski!", „Himmelsakrmenski", „O Bože!", „Chvála Bohu!", „O Bože! Smiluj se nad námi!", „Na mou čest!", „Vezmi to čert!", „Hrom a peklo!", „Vítám Vás!", Ruku líbám!", „Hej Slovane!". Tyto interjekce mají zprostředkovávat slovanský charakter, zatímco „pulitické" komentáře jsou vyjádřeny ve vyumělkovaném česko-německém jazykovém amalgámu.

Sakrmenski! Den heißtme Versöhnungs-Aeren! Uns'rige Vereinu wienärrische, was heißtme „Komensky", will africhten Vulksschul' behmische af Fabriken-Bezirku, wu wohnen's zweimalhunderttausend Wenzelskindel, und den zátracene fabrikische Bezirk-Schulrazt ise nix recht. Da mechtme doch gleich brennheiße Biegeleisen nehmen und niedebegeln den ganze Schulrazt!
Všecky čerti! Die Handvull Deitsche werden's schon zu keck! In Pribram haben's wull'n gar einrichten deitsche Kindelgarten! Da herte sich Alles auf! In Pribram, was liegte mitten af Herzen von heilige Wenzelsland! Ale kummte noch schenerer! In Reichenbergu, was ise urczechische Stadt, thun sich versammlowat die deitsche Schulfuxen und verlangen's, daß den neuche Schulgesetznuvellu wirde umstutzen. Hrom a pěklo! Mechtme gleich in Kuchelbad eintunken den ganze Schulmeistetag! Ale werme ihnen schon zeigen, wu Most hulte den Bartel! Ale mi laßme nix spaßen mit uns! Himmelsakramenski! Mi seinme hundert Millionen Sklaven und freßme af Kraut die paar Tausend deitsche Schulvereinplausche! Sull'n's sich in Acht nehmen, die Schulmeiste in Reichenbergu! Wenn machen's zu viel Spektakel, potom wekken's af den veliki česky lev, was hatte schon ganz andere Leut' frißte, wie su šabige Schulfuxen! Vezmi to čert![34]

Zvláště zvuková stránka slovanských jazyků s mnoha souhláskami provokovala satiriky a karikaturisty k využití této „deformace". Jazykolam „Strč prst skrz krk" se těšil zvláštní oblibě.[35] V románě *Die Fackel des Hus* (Pochodeň Husova) od Karla Hanse Strobla se setkáme s citátem: „Tato čeština zní, jakoby drkotaly vozy s kameny přes most a poté opět jakési syčení překypujícího kotle s vařící vodou ozývá se."[36]

Komické a groteskní efekty, kterých má být dosaženo pomocí takovéhoto jazyka, korelují se zobrazením postav. Hranaté a neotesané obličeje vydávají jen hrubé zvuky, mluví nevrle či nesrozumitelně, tedy cize, nepřátelsky. Tak vznikl i obrat o „českých vesnicích". (Pozn. překl.: v češtině „španělských vesnicích".)

VI.

V příslušných vědeckých pojednáních je poukazováno na to, že ke vzniku takovýchto klišé a stereotypů může dojít i na základě historických událostí a zkušeností. Historický fakt, především takový, který je na základě svého účinku zvláště závažný, svádí své vypravěče a interpretky k tomu, aby ho chápali jako platný pro všecky časy a aplikovatelný na všechny doby.

Ve sbírce *Teutsche Sprach und Weissheit* od Georga Henische (Augsburg 1616) je zaznamenáno přísloví, jehož elementy lze zhodnotit jako amalgam starých a nových „moudrostí": *„Ein Böhme, ein Ketzer; ein Schwabe, ein Schwätzer; ein Meissner, ein Gleissner; ein Pole, ein Dieb; ein Ungar, der seinen Herrn verrieth."*[37] („Co Čech – to kacíř, co Šváb – to žvanil, co obyvatel Míšně – to licoměrník, co Polák – to zloděj, co Maďar – to zrádce") Že je Čech charakterizován v tomto přísloví jako kacíř je dokladem toho, že přísloví vzniklo v době husitské.

Historické bitvy přinesly jednomu národu pověst statečného bojovníka a hrdiny, druhému pověst zbabělce a bázlivce. Ve válečné propagandě bylo možno sáhnout po těchto klišé a využít je pro své účely. Zvláště pruský element v německých dějinách přinesl Němcům pověst militantního národa. Jde to tak daleko, že v karikatuře nosí i Goethe a Schiller piklhaubnu a pochodují parádním vojenským krokem.

V této souvislosti bychom zde chtěli ještě jednou poukázat na muzicírující Čechy v německé karikatuře. Po roce 1918 byli právě Češi, spolu s Maďary, prohlášeni za „hrobníky Rakouska-Uherska". Bezprostředně před tímto datem a po něm jsou zobrazováni v satirických časopisem jako nedisciplinované a toulavé hordy, jako změkčilí muži ve špatně padnoucích uniformách a bez svých hudebních nástrojů téměř nazí.[38] Karikaturistické poselství je jasné: S takovýmto národem zbabělců a zběhů nebylo stejně možno vyhrát žádnou válku!

S podobnou situací se setkáme u syntagmatu „polské hospodářství" (pozn. překl. v češtině: „turecké hospodářství") ve smyslu chaosu a nepořádku. Poselství tohoto u karikaturistů oblíbeného slovního obratu obsahuje přesvědčení, že s takovýmto národem se nikdo „moc nevyznamená".[39]

Na karikatury jako sterotypní nebo zkreslující obrazy „toho druhého" je nutno hledět v historickém a politickém kontextu, jinak mohou být špatně chápány nebo dokonce vůbec nepochopeny. Pro hrubý a ke zevšeobecňování inklinující obraz Slovanů v německé a rakouské karikatuře a jeho nejrůznější modifikace lze nalézt mnohé stěžejní odůvodnění v historických událostech.

V Herderově pojetí Slovanů je zvláště příkře vyjádřena jejich údajná univerzálnost; hovoří se zde o téměř jednom národě. Proto jsou i vlastnosti, které Herder tomuto národu připisuje, jednotné: bez odstupňování a diferenciace.[40] Tento obraz je zesílen ještě tím, že Herder při líčení Slovanů (jejich charakteru, státní organizace, vojska, ekonomie atd.) zastupuje mínění, že u „německých národů" najde jistou komplementaritu.[41] Panslavismus, jehož politickým programem bylo společenství a příbuznost všech Slovanů, se částečně přibližoval Herderovým historicko-filozofickým úvahám. Takto sugerovaná jednotnost samozřejmě provokovala karikaturisty k zobrazování právě těchto Slovanů. Když došlo uvnitř tohoto hnutí k politickým odchylkám a rozdílným konceptům (austroslavismus, panrusismus a neoslavismus), byl i obraz Slovanů rozmanitější a diferencovanější.

Ve fázích polského boje o nezávislost prezentovali němečtí karikaturisté, pokud to nekolidovalo s jejich vlastními zájmy, obraz Poláků vzbuzující sympatie.[42] To korelovalo s politickým a veřejným míněním, které na Poláky nepřenášelo vlastní antislavistické cítění, protože, jak to formuloval Friedrich Engels, nadřadili svou svobodu myšlence slovanství.

Německo-české pojetí v karikatuře doby, která je středem našeho zájmu, (1848–1948) nezná takovéto „zlomy"; je vesměs negativistické. Teprve potlačení „Pražského jara" v roce 1968 vzbudí sympatie vůči Čechům a Slovákům. Karikaturisté hovořili / kreslili jazykem aktuální politiky, a z tohoto pohledu byly karikatury „pravdou jen na okamžik" (Christian Morgenstern), přičemž byla tato „pravda" výlučně pravdou vlastní, oficiální nebo oportunní. To demonstruje zvláště drastickým způsobem *Kladderadatsch* a *Simplicissimus*, které nejen že nebyly schopny odolat národně socialistické ideologii, nýbrž ji svými prostředky dokonce popouzely. Karikatury týkající se událostí v Československu v roce 1938 a 1939 neměly v těchto listech již nic karikaturistického – stály zcela ve službách propagandy vládnoucí ideologie.

V této souvislosti se nabízí otázka po médiích, respektive nosičích národních stereotypů. Jako zdroje se zde objevují satirické a humoristické časopisy, tedy publicistika, která *ex professo* zkresluje svět. Přehánění naprosto bez obalu a úmyslně (ital. *caricare* – přehánět), přičemž je toto přehánění částečně vlastními konstrukty a částečně citáty nebo „cizí řečí".

Zajímavější, avšak mnohem obtížnější prozkoumat jsou taková média, která si nárokují objektivitu a přesto se podílí na rozšiřování stereotypů. Tím jsou míněny v první řadě vědecká literatura a učebnice, které ve zdánlivě střízlivém a distancovaném jazyce líčí a konstruují světy, které v této podobě neexistovaly a existovat nemohly.[44] I u této literatury se nabízí otázka, do jaké míry toto stereotypní zobrazování pouze dále zprostředkovávala a do jaké míry ho formovala.

S touto otázkou jsme konfrontováni zvláště u lexikonů, které byly jako odborné příručky prvním a častým informačním zdrojem. K zeměpisné a historické faktografii o Slovanech je v odborném slovníku naučném *Brockhaus-Lexikon* zanesena např. i následující věta: „Vůči Němcům pociťují hluboce zakořeněné národní nepřátelství."[45] V článku „Polsko" si můžeme ve stejném lexikonu přečíst následující: „Láska k vlasti, rychlé nadšení pro vše krásné a ušlechtilé a osvědčená statečnost jsou typickou vlastností početné šlechty [...] obyčejní lidé jsou oproti tomu líní, nečistí a nestřídmí a nejsou samozřejmě ještě dlouho zbaveni nevolnictví."[46]

Často citovaným příkladem toho, že i jazyk vědy a intelektuální elity nemůže být prost národních stereotypů, je dopis historika a nositele Nobelovy ceny za literaturu (1902) Theodora Mommsensen *„An die Deutschen in Österreich"* („Němcům v Rakousku"), ve kterém v roce 1897 v souvislosti s Badeniho jazykovými nařízeními uvádí především na adresu Čechů slova jako „nekulturní" a „apoštolové barbarizace", a který vrcholí výkřikem: „Buďte tvrdí! Rozum nelze Čechům do hlavy natlouci, pro rány je však jejich hlava jako stvořená." Tento dopis vyvolal v celém slovanském světě velkou nevoli a v mnoha replikách se jako odpověď objevily jiné stereotypy, o germánské domýšlivosti, německé nadřazenosti, pruské militantnosti atd.[47] Obrazy nepřátel použité v této polemice mohou být exaktně ilustrovány soudobou karikaturou. To, co Mommsen a jeho kontrahenti vyjádřili slovy, nakreslili karikaturisté štětcem a perem. Otázku autorství není lehko zodpovědět. Pravděpodobně je to tak, že se slova a obrazy vzájemně animovaly, doplňovaly a oplodňovaly.

VII.
Okřídlené slovo o ignoraci slovanského písemnictví *Slavica non leguntur* poukazuje na ústřední problém, na kterém se zakládá vznik stereotypů a deformovaných obrazů. Na půdě neznalosti „toho druhého" se daří obrazům a představám vzdálených realitě, zato však zde vzniká realita vlastní, avšak zkreslená. Brémský cestopisec G. Kohl, kterému nelze v žádném případě upřít sečtělost a vzdělání, formuloval v roce 1851 tuto realitu následovně: „Slované jako celek reprezentují v historii evropského lidstva jen o něco méně, nežli temnou, energie prostou lidskou masu."[48] Karikatury, které jsou v tomto pojednání středem zájmu, ilustrují jen z části tento přesudek. V mnohých z nich je historicky, geograficky, jazykově a národně-politicky veskrze diferencováno. Jiné z nich vykazují však velice zkrácenou perspektivu. Podle nich jsou jako pastičkáři nebo myšilovové charakterizováni nejen Slováci, ale i Češi; Poláci a Slované vůbec.[49] V karikatuře z *Kladderadatsche* z roku 1870 vyzývá český návštěvník hostince německého kamaráda k zaplacení útraty. V parentézi je však upřesněno: „Čech je zde zaměnitelný za Maďara, Chorvata, Dalmatince, Moravana, Poláka či jiného globálního Rakušana".[50] Tuto zaměnitelnost lze registrovati v oblasti kresby: Určité motivy reprezentují zcela různé obsahy; jsou jako sudy, do kterých může každý naplnit dle potřeby svůj obsah. U některých karikaturistů je nápadné, že propůjčují rysy „typické" pro české postavy i Polákům, Rusům a jiným: *Slavica non discernentur*.

Jak je všeobecně známo, existují v národní charakterizaci topoi, která jsou libovolně zaměnitelná. Jedním z nich je opuštění hostince bez placení, které přičítají Němci Angličanům, Francouzům a Polákům („rozloučit se po anglicku, po francouzsku, po polsku"), Poláci Angličanům, Rusové Angličanům a Francouzům, Francouzi Angličanům, Belgičanům a Španělům, Norové Švédům atd.[51]

Jedním z nejoblíbenějších motivů českých satirických časopisů je „*Furor Teutonicus*", zobrazování Němců jako nebezpečného, militantního národa. Přitom nejsou k charakterizaci postav používány pouze moderní válečné rekvizity, nýbrž i obrazy z germánské historie. A tyto obrazy nebyly originálními výtvory českých karikaturistů, nýbrž modifikovanými citáty z německého historického zobrazování sebe sama. Německé populární písemnictví 19. století se přímo hemžilo válečnými postavami; sám Herder nazval Němce „podnikavým válečnickým národem a národem dobrodruhů", přičemž všechny tyto představy neskrývaly v sobě žádné nebezpečné asociace, nýbrž zidealizované, romantické a téměř bukolikké pojetí dějin.

Stejně tak je mnohý stereotyp, který jsme se pokoušeli najít a popsat v německém pojetí slovanství, používán a tradován druhou stranou jako určitý druh (pozitivního) autostereotypu. Zjistili jsme, že v německé karikatuře Slovanů je jedním z používaných charakteristických znaků folkloristický element, který byl v této souvislsoti výrazem zastaralého, statického, zpátečnického, vlastně primitivního. Dialektický charakter těchto znaků spočíval v tom, že mohly reprezentovat i zcela jinou kvalitu: lásku k rodné zemi, autochtonní, neměnné a tradiční hodnoty. A zatímco byl ruský mužik v karikaturistickém panoptiku německých satirických časopisů každým coulem prosťáček, byl v ruských představách, a to nejen slavofilních, postavou moudrou a ušlechtilou. S podobným příkladem se setkáváme v Rakousku v roce 1996. Rakouští vojáci mírových sborů IFOR v Bosně nosili trička s nápisem „Tschuschen", což v rakouském dialektu znamená hanlivý výraz pro příslušníky jihoslovanského nebo orientálního národa. Pohoršení veřejnosti bylo veliké a zmíněná „tílka" s inkriminujícím nápisem musela být vysvlečena.[52] Současně však existuje ve Vídni hudební skupina, jejíž členové jsou „přímo postižení", která se sama pojmenovala „Tschuschenská kapela". Časem snad ztratí na základě této dichtomie všechny předsudků plné sterotypy alespoň něco ze svého ostří a stanou se nakonec absurdními. V aforistické básni Kurta Tucholského o Evropě národů je to vyjádřeno zvláště výstižným způsobem: *„Na co jsme v Evropě pyšní. [...] Jsme pyšní v Evropě na to: / že jsme Němci / že jsme Francouzi / že jsme Angličané / že nejsme Němci / že nejsme Francouzi / že nejsme Angličané"*[53]

POZNÁMKY

1 V tomto pojednání se čerpalo z následujících časopisů: *Kladderadatsch* (Berlín), *Figaro* (Vídeň), *Die Muskete* (Vídeň), *Simplicissimus* (Stuttgart/Mnichov), *Ulk* (Berlín), *Rübezahl* (Liberec) a celé řady dalších neznámých a jen z části použitých časopisů a listů.

2 Platí specificky pro německo-český a německo-polský vztah. Srov. František Roubík: *Český rok 1848*, Praha 1931; Tomas Szarota: Das Polenbild in der deutschen Karikatur (1848-1991). V: *Niemcy i Polacy. Od obrazu wroga ku pojednaniu. Satyriczne vis à vis (1848-1991)/Deutsche und Polen. Vom Feindbild zur Aussöhnung. Eine satirische Gegenüberstellung* (Výstavní katalog Warszawa 1991).

3 Pojem „zkreslený obraz" je zde používán jako synonymum pro „karikaturu". Má své kořeny v očistných jazykových tendencích 18. století a jejich prominentního zástupce Joachima Heinricha Campeho (1746–1818), autora díla „*Über die Reinigung und Bereicherung der deutschen Sprache*". Christoph Gutknecht: *Lauter böhmische Dörfer. Wie die Wörter zu ihrer Bedeutung kamen,* Mnichov 1995, str. 149–150.

4 Nejsilněji zastoupenou skupinou byli Češi (12,6 procent) a Poláci (10 procent). Robert A. Kann: *Geschichte der Habsburgerreiches 1526 bis 1918*, 3. vydání, Vídeň a další 1993, str. 581.

5 Samotný podíl Čechů na vídeňském obyvatelstvu činil v roce 1856 dokonce 17,7 procenta. Monika Glettler: *Die Wiener Tschechen um 1900, Strukturanalyse einer nationalen Minderheit,* Mnichov, Vídeň 1972 (=Publikace Collegia Carolina, sv. 28), str. 32.

6 Srov. Michael John/Albert Lichtbalu: *Schmelztiegel Wien einst und jetzt. Zur Geschichte und Gegenwart von Zuwanderung und Minderheiten,* 2. vydání, Vídeň/Kolín 1993, str. 18 (zde také další údaje a prameny).

7 Srov. příspěvek M. Glettler v této publikaci. Georg R. Schroubek: Die böhmische Köchin. Ihre kulturelle Mittlerrolle in literarischen Zeugnissen der Jahrhundertwende. V: *Dienstboten in Stadt und Land,* Berlín 1982, str. 59–72.

8 Srovnej různé příspěvky k tomuto tématu ve sborníku *Die häßlichen Deutschen? Deutschland im Spiegel der westlichen und östlichen Nachbarn.* Vydavatel Günter Trautmann, Darmstadt 1991.

9 Existuje sice (zřídka) postava Bohemie, nikdy však není vybavena samostatnými chrakteristickými rysy, nýbrž se objevuje vždy ve skupině ženských postav reprezentujících jednotlivé národy.

10 V roce 1951 napomenul Franz Josef Strauß v debatě Německého spolkového sněmu poslance komunistické strany Rennera slovy: „Jen klid, Ivane!" Herbert Pfeifer: *Das große Schimpfwörterbuch*, 2. vydání, Frankfurt nad Mohanem 1997, str. 192.

11 Satira byla ještě perfektnější, když u příležitosti otevření mostu jeden z pražských ilustrovaných časopisů zobrazil císaře na titulní stránce s titulkem „Procházka na mostě". Monika Glettler: *Böhmisches Wien*, Vídeň, Mnichov 1985, str. 108. Srovnej karikaturu v: *Nebojsa*, II (26.6.1919), číslo 26, str. 209.

12 Herbert Pfeiffer: *Das große Schimpfwörterbuch*, str. 398. Srovnej s dílem Friedricha Klugeho: *Ethymologisches Wörterbuch der deutschen Sprache*, 22. vydání, Berlín, New York 1989, str. 676.

13 První dvě strofy básně „Slawenkongreß" (Slovanský kongres) v *Die Muskete*, VIII (10. 7. 1900), číslo 193.

14 „Byli (Slované) smířliví, až k rozmařilosti pohostinní, milovníci venkovské svobody, ale servilní a poslušní, nepřátelé drancování a plundrování." J. G. Herder: *Werke in 10 Bänden*, svazek č. 6, Frankfurt nad Mohanem 1989, str. 697. Citát pochází z „kapitoly o Slovanech" Herderových *Ideen zur Philosophie der Geschichte der Menschheit* (Ideje k filozofii historie lidstva). Této kapitole je věnováno několik příspěvků v časopise *Germanoslavica*, ročník III (VIII), číslo 1, Praha 1996.

15 Peter Demetz: *René Rilkes Prager Jahre*, Düsseldorf 1953, str. 139; G.R. Schroubek: *Die böhmische Köchin*, str. 71.

16 Walter Laqueur: *Deutschland und Rußland*, Berlín 1965, str. 18.

17 Citát z W. Laqueurova díla: *Deutschland und Rußland*, str. 39.

18 Citát z G. R. Schroubkova díla: *Die böhmische Köchin*, str. 71.

19 Srovnej s Karl-Markus Gauß: Wo der Balkan beginnt, v: *Literatur und Kritik*, číslo 307/308 (1996); str.: 3–4:

20 *Kladderadatsch*, LXXI, číslo 44 (8. 11. 1918).

21 W. Laqueur: *Deutschland und Rußland*, str. 36–37.

22 Richard Andree: *Tschechische Gänge. Böhmische Wanderungen und Studien*, Bielefeld a Lipsko 1872, str. 236.

23 *Simplicissimus*, ročník XIII/č. 11 (15. 6. 1908), str. 200; Kresba od E. Thöny. O historickém pozadí tohoto slavnostního průvodu viz Brigitte Haman: *Hitlers Wien – Lehrjahre eines Diktators*, Mnichov 1996, str. 140–150.

24 W. Laqueur: *Deutschland und Rußland*, Berlín 1965, str. 14.

25 Ze všeho hmyzu je nejoblíbenějším označením pro jiné národy kuchyňský šváb. V Rakousku se jim říká *Švábové*, v Německu *Dánové*, *Francouzi* nebo *Rusové* (ve Slovinsku *rusi*, v Itálii *russo*). V Rusku a Polsku se oproti tomu nazývají *prusak* (jiddiš *preissn*) a ve Francii – *allemand*. Andreas Winkler: Ethnische Schimpfwörter und übertragener Gebrauch von Ethnika, v: *Muttersprache*, ročník 104 (1994) H. 4, str. 320–337, zde str. 331–332. Tato označení se zakládají na předsudku o nečistotě jiných národů a zemí, na které se nazírá jako na původní domov tohoto odporného drobného hmyzu.

26 Srovnej s dílem Rudolfa Jaworského: Tschechen und Deutsche in der Karikatur (1891–1907). V: *Deutsch-tschechische Beziehungen in der Schulliteratur und im populären Geschichtsbild*, vydáno Hansem Lembergem a Ferdinandem Seibtem. (= Studie k mezinárodnímu výzkumu v oblasti učebnic, sv. 28) Braunschweig 1980, str. 60. Příklady z beletristiky uvádí Georg R. Schroubek: Prag und die Tschechen in der deutschböhmischen Literatur. Volkskundliche Überlegungen zum nationalen Stereotyp. V: *Zeitschrift für Volkskunde* 11 (1979), str. 211–212.

27 Srovnej Rudolf Schenda: *Das ABC der Tiere: Märchen, Mythen und Gestalten*, Mnichov 1995.

28 *Figaro*, XXXIII (9. 2. 1989), číslo 6, str. 23.

29 Srovnej Sander L. Gilman: Der „jüdische Körper". Gedanken zum physischen Anderssein der Juden, v: *Antisemitismus – Vorurteile und Mythen*, vydáno Juliem H. Schoepsem a Joachimem Schlören, Frankfurt nad Mohanem, bez udání roku, str. 167 a další.

30 Srovnej Matthias Richter: *Die Sprache jüdischer Figuren in der deutschen Literatur (1750–1933). Studien zu Form und Funktion*, Göttingen 1995.

31 Karikatura Josefa Danilowatze „Gottesfriede" (Božský klid) v: *Die Muskete*, VII (31. 12. 1908), číslo 179, str. 109.

32 *Simplicissimus*, XI (30. 4. 1906), číslo 5, str. 72.

33 *Figaro*, XXIX (17. 10. 1885), číslo 42, str. 165.

34 *Figaro*, XXVI (12. 8. 1882), číslo 32, str. 127.

35 Srovnej *Rübezahl* II (1920), číslo 3 (pán Bůh je zasypáván slovanskými souhláskami); *Die Muskete,* III (1906), číslo 60 (výuka češtiny ve vojenské škole); *Die Muskete*, XXVIII (12. 6. 1919), číslo 715 (Krakonoš se učí česky). – V karikatuře s titulem „Libereční policajti se učí česky" ze *Šípů*, V (2.1.1892), číslo 2, poučuje inspektor své žáky, kteří neodloží své pikelhaubny ani ve školních lavicích:

„Musíte se cuflaiz naučit trochu česky, abyste mohly na ty frmaledajt Čechy svědčit, jak vám tejrají uši a jak vás provokují tím svým impertinentním: ‚Strč prst skrz krk!'."

36 Karl Hans Strobl: *Die Fackel des Hus*, Mnichov 1953, str. 19.

37 Zde je citováno z *Deutsches Sprichwörter-Lexikon*, vydáno Karlem Friedrichem Wilhelmem Wanderem, sv. I, Lipsko 1867, sl. 424.

38 Srovnej karikatury „Česko-slovenští legionáři" v: *Die Muskete*, XXVI (22. 8. 1918), číslo 673 a „Česka Soldateska" v: *Die Muskete*, XXVIII (10. 7. 1919), číslo 719., str.120.

39 Hubert Orlowski: „Polnische Wirtschaft". V: *Fiktion des Fremden. Erkundung kultureller Grenzen in Literatur und Publizistik*, vydáno Dietrichem Harthem, Frankfurt nad Mohanem 1994, str. 113–136.

40 Srovnej Jaromír Povejšil: Bemerkungen zu Herders Darstellungen der Slawen. V: *Germanoslavica*, ročník III (VIII), číslo 1, Praha 1996, str. 139–141.

41 Jan Wirrer: Stereotypen über europäische Völker in Herders *Ideen zur Philosophie der Geschichte der Menschheit*. V: *Germanoslavica*, ročník III (VIII), číslo 1, Praha 1996, str. 108–131, zde str. 122.

42 T. Szarota: *Das Polenbild*.

43 W. Laqueur: *Deutschland und Rußland*, str. 33.

44 Srovnej v této souvislosti různé příspěvky ve sborníku *Deutsch-tschechische Beziehungen in der Schulliteratur*.

45 *Bilder-Conversations-Lexikon für das deutsche Volk*, sv. IV, Lipsko 1841, str. 210. – Na adresu slovanské antiněmecké jednoty napsal ruský revolucionář a účastník pražského slovanského kongresu 1848 M. Bakunin (1814–1876): „Říkám jako Voltaire o Bohovi, že kdyby nebylo Němců, museli bychom je vynalézt, protože Slovany nespojuje nic tak úspěšně, jako jejich hluboce zakořeněná nenávist vůči Němcům. Citát z W. Laqueura: *Deutschland und Rußland*, str. 13.

46 *Bilder-Conversations-Lexikon*, sv. III, Lipsko 1839, str. 516.

47 Berthold Sutter: Theodor Mommsens Brief „An die Deutschen in Österreich" (1897), v: *Ostdeutsche Wissenschaft* 10 (1963), str. 152–225.

48 J. G. Kohl: *Die Slawen und die panslawistischen Tendenzen*, Drážďany 1851, str. 157.

49 Srov. *Simplicissimus*, XIII (2. 11. 1908), číslo 31, str. 515.

50 *Kladderadatsch*, XXIII (1870); číslo 22/23, str. 89, karikatura s titulem: „Auf der Herberge (Austria)".

51 Winkler: Ethnische Schimpfwörter, str. 322-ř. Z německo-českého prostředí pochází výrok: *„Jeder Pole ein Kenig, bestellt viel, zahlt wenig."* („Každý Polák je král, objedná hodně, zaplatí málo"). (Podle laskavé informace baronky Dr. Johanny von Herzogenberg.)

52 Srov. *Süddeutsche Zeitung* ze dne 13., 14. a 15. 11. 1996.

53 Kurt Tucholsky: *Zwischen Gestern und Morgen*, vyd. Mary Gerold Tucholsky, Reinbeck u Hamburgu 1986, str. 33.

(Překlad: *Alena Gomoll*)

MALÝ GLOSÁŘ K TÉMATU

Glosář zahrnuje a vykládá výrazy, jimiž jsou v němčině označováni a charakterizováni příslušníci slovanských národů. Významová pestrost a vývojová proměnlivost vybraných pojmů, míra jejich stereotypie jakož i rozličné kulturní, politické a historické implikace tu mohou být jen naznačeny.

Böhm, Böhme/Čech – v rakouské němčině často hanlivé označení Čecha, dříve zejména dělníka-přistěhovalce z Čech a Moravy, nebo vůbec z východních oblastí bývalé rakouské monarchie či Evropy, člověka, jenž nemluví dobře německy. Shodný význam jako: „Böhmak". *Deutsches Schimpfwörterbuch oder die Schimpfwörter der Deutschen*, Arnstadt 1839, str. 9, uvádí slovo „Böhme" jako nadávku.

Böhmak/"Bémák" – 1. Německy mluvící Čech, ale též Východoevropan. 2. Ve vídeňském žargonu též ve významu: svéhlavý, umíněný člověk. Složení z výrazu „böhmisch" a slovanské přípony „-ak". Z toho odvozeno: „Böhmakei" (Čechy). Přibližně od r. 1900 v rakouské němčině.

Böhmakelei – Česko-německý způsob mluvy. Srov. dále.

böhmakeln – 1. mluvit „bémácky"/"böhmakisch", tzn. německy s českým přízvukem, příp. lámaně česko-německy; 2. kazit německý jazyk. (Zejména v rakouské literatuře a divadle je užíváno „bémaklování" jako stylizačního prostředku: plní tu přibližně funkci, jakou má v Německu saský anebo [ve vtipech] židovský jazykový kolorit.) „Böhmakeln mit den Füßen"/dosl.: „bémaklování nohama": neohrabaná, nemotorná, nejapná chůze.

böhmisch/česky/-ý – někomu připadat „böhmisch" = působit na někoho podivně, nesrozumitelně, nepochopitelně. „Das kommt mir böhmisch vor" = to mi připadá nepochopitelné, nesrozumitelné. Pod vlivem syntagmatu „böhmische Dörfer"/"české vesnice" (viz níže). Podobně: „Das kommt mir spanisch vor". 19. stol.

böhmisch einkaufen/česky nakupovat – krást (v obchodě), ukradnout. Rakouský výraz.

böhmisch schlau/česky chytrý – lstivý, úskočný.

böhmische Dörfer/české vesnice – „Das sind für mich böhmische Dörfer"/"to jsou pro mě české vesnice" = to jsou mi neznámé, nesrozumitelné, nevysvětlitelně podivné věci; tomu vůbec nerozumím. – Tento obrat se původně vztahoval na slovanské názvy vesnic v Čechách, později též na jazyk českých kupců, tedy Němcům cizí a nesrozumitelná slova. Od konce 16. stol. – Podobně: „böhmische Wälder"/"české lesy".

böhmische Wirtschaft/české hospodářství – viz níže: „polnische Wirtschaft".

böhmischer Zirkel/český kruh, české kružítko – krádež. Označení pro posunek šrábnutí: pravý palec je jedním ramenem kružítka, ostatní čtyři prsty opisují kruh. V 19. stol. se tento výraz objevuje v Rakousku, odtud proniká na západ a na sever.

-inski – (podle častého zakončení slovanských zvl. polských osobních jmen) tvaroslovný prvek pro hanlivé či posměšné označení osob, např. „Blödianski" (Blödian = blbec, trouba), „Brutalinski", „Radikalinski", „Schablonski". Srov. jméno „Schofelinski" (něm./jidd.: „schofel"/"schophol" – podlý, nízký) v románě Güntera Grasse „Ein weites Feld" (1995).

Iwan – (podle hojně se vyskytujícího ruského mužského jména) žertovné anebo hanlivé označení Rusa, zvl. ruského vojáka. V bývalé NDR užíváno též mazlivé slovo „Vanja".

Iwanella – (podle rus. jména Ivan) hanlivé označení pro ženu, která se ‚spustila' s ruským vojákem.

Krawat (Krabat), Krawattn, Krowotn – nevzdělaný, neslušný, hrubý, primitivní muž; nezpůsobné, vzpurné, divoké, drzé dítě. U Gottfrieda Bürgera jsou to školáci: *„Kroaten hintern bänken / laßt nach mit lärm und schwänken."*/"Kroboti v lavicích / ztište svůj hluk a smích". Vzniklo ze starší formy pojmenování Chorvata („Kroate"). V třicetileté válce byli „Kroboti" považováni za obzvášť divoké a kruté vojáky. Od r. 1800 jsou tyto výrazy rozšířeny v celé německé jazykové oblasti; doloženy jsou i v dánštině a vlámštině. – Ve vídeňské lidové mluvě byli omylem označováni jako „Krawaten" podomní obchodníci ze Slovenska, např. „Kochlöffelkrawaten" (Kochlöffel = vařečka), „Zwiefelkrawaten" (Zwiefel = cibule [nář.]). *Deutsches Schimpfwörterbuch oder die Schimpfwörter der Deutschen*, Arnstadt 1839, str. 11, uvádí slovo „Croat" jako nadávku. – Doloženo je též slovo „Chrobatenstaat" / „krobotský stát" (1868) ve smyslu nepořádek, politický chaos (srov. „polnische Wirtschaft").

krowotisch (zu)packen/chorvátsky se do něčeho pustit, něco uchopit – hrubě uchopit, energicky dosáhnout, jít tvrdě k věci.

Kuch(e)lböhmisch/kuchyňská čeština nebo též **Kuch(e)ldeutsch**/kuchyňská němčina – směsina němčiny a češtiny (německé slovní kmeny jsou spojovány s českými slovními tvary, příp. naopak), např. „Böhmak" (viz výše); „Feschak" (něm. „fesch" = hezký, pěkný, švarný); „Rosumisch haben" – rozumět; „povidalen" – mluvit, vyprávět; „auf lepschi gehen" – povyrazit se, jít se pobavit, mít se dobře. (Srov. Küchenlatein/kuchyňská latina.)

Polack, Polacke – (hovorově, hanlivě) 1. Polák; 2. hrubý, nekultivovaný, nezdvořilý člověk; 3. Vyhnanec z bývalých východních oblastí Německa; vystěhovalec z Polska. Srov. (níže) „Wasserpolacke".

Polackenkopf/polská hlava – Člověk s velkou, neforemnou hlavou.

Polen/Polsko – „Da (heute) ist Polen offen"/"tady (dnes) je Polsko volné" = teď to jde nevázaně; tady lze očekávat všechno možné; tady vládne naprostý nepořádek; dnes máme volnou ruku. Rčení je odvozeno od přirovnání „polnische Wirtschaft"/"polské hospodářství" (viz níže); zároveň se vztahuje k historickým událostem: k povstáním, která měla obnovit polský národní stát. Přibližně od r. 1850.

polnische Wirtschaft/polské hospodářství – Šlendrián, zmatek, velký nepořádek. – Význam tohoto obratu spočívá ve starém předsudku, podle kterého byli Poláci ve svých životních poměrech (podobně jako např. balkánské národy) pokládáni za nepořádné a nedbalé. Jeho vznik lze datovat do doby pravděpodobně kolem r. 1780, kdy je pruskými vojáky, umístěnými v oblasti Varšavy a okolí, užíván jako narážka na nešvary, které se projevovaly po třetím dělení Polska. Zrovna tak jsou doloženy, zřejmě jako odvozeniny, syntagmata „böhmische Wirtschaft"/"české hospodářství" a „österreichische Wirtschaft"/"rakouské hospodářství" (=ineficientní hospodářství). Podobného významu je výraz „polnischer Reichstag"/"polský říšský sněm" – blázinec, chaos.

polnischer Urlaub/polská dovolená – ulejvat se, nechodit do práce.

Ruski (Russki) – Rus (převzato z ruštiny). Výraz se objevuje od doby první světové války a má lehce ironický, hanlivý význam; dříve platil především ruským vojákům. Srov. „Inski".

Russe/Rus – živelný, neotesaný člověk; budižkničemu; neohrabaný sedlák. Význam se vztahuje k představě o nízkém stupni civilizace v carském Rusku. Užívání tohoto slova v uvedeném významu lze sledovat přibližně od r. 1800. Ve spojení s ním jsou uváděny různé nectnosti: „Fluchen wie zwanzig Russen"/"klít jako dvacet Rusů" – hodně klít/nadávat. „Voll wie hundert (tausend) Russen sein"/"být napitý jako sto (tisíc) Rusů" – být úplně opilý. Od r. 1941. „Saufen wie ein Russe"/"chlastat jako Rus" (doloženo již r. 1544 in *„Niederdeutsche Tischzucht"*). „Scharf sein wie tausend Russen"/"být divoký (dosl. ‚ostrý') jako tisíc Rusů" – být žádostivý sexuální aktivity, být vilný. Po r. 1944. „Jemandem einen Russen aufbinden"/"někomu pověsit Rusa na nos" (hovorově, řídce) – někoho obelhat, obalamutit; uvádět nepravdivé jako věrohodné. – U tohoto obratu, který se objevuje od r. 1945, se jedná o variantu rčení „jemandem einen Bären aufbinden"/"někomu pověsit medvěda na nos"; medvěd je symbolem Ruska.

Russe – šváb. (V Německu známo též pod jménem „Franzose"/"Francouz".) – V Bavorsku se nazývá „Russe" míchaný nápoj z pšeničného piva a limonády.

Schlawak – nepořádný, toulavý, lstivý člověk, darebák, budižkničemu. (V duryňském nářečí: „Schlawake" – nepořádně, nedbale oblečená ženská.) Historicky se vztahuje k výrazu „Slowak". V 19. stol. bylo mnoho Slováků za prací v Německu. Slovenští podomní obchodníci, dráteníci a tuláci putovali z místa k místu a požívali pověsti podvodníků a zchytralců.

schlawaken, (meklenb.) **schlawucken** – mluvit nesrozumitelně, špatně si počínat; vztahuje se k výrazu „Schlawak".

Schlawiner – lstivý, vychytralý, prohnaný člověk; dareba. Podobný význam jako „Schlawak". Vztahuje se vlastně ke Slovincům anebo Slavonům, tj. k příslušníkům jihoslovanského národa, jehož vlastí je dnešní Chorvatsko, Slovinsko jakož i část Jižních Korutan (Rakousko) a severovýchodní Itálie. Slovinci, kteří se živili podomním obchodem (např. s pastmi na myši), byli – podobně jako Slováci – označováni za „schlawinerisch", tj. požívali pověsti jako šikovní, lstiví a obchodně zdatní lidé. Přibližně od sklonku 19. stol.

schlawinern – zahálet; být bez energie.

Schlawuze, Schlawuzi – (v bavorské němčině) podobného významu jako „Schlawak" nebo „Schlawiner", avšak v mírnější podobě. Pravděpodobně humorná varianta těchto pojmů.

Tschusch („čužák", viz např. Jaroslav Hašek: *Osudy dobrého vojáka Švejka*) – (rakous. něm., hovorový, hanlivý výraz) příslušník národa jihovýchodní Evropy nebo Orientu. Etymologie slova není zcela jasná; zřejmě z jihoslovanského „čuješ?" (=rozumíš?), výrazu hojně užívaného cestujícími obchodníky, námezdními dělníky a přistěhovalci z jihovýchodu.

Wasserpolacke/**Vasrpolák** – stará přezdívka pro Poláka z Horního Slezska. V češtině původně označovala poněmčeného obyvatele Těšínska a Ostravska, nyní se vztahuje na domácí obyvatele těchto oblastí vůbec. Původní význam: oderský vorař z Horního Slezska.

Wenzel/**Václav** – české jméno, užívané v (německých) karikaturách, parodiích a satirách jako označení pro Čecha. *Deutsches Schimpfwörterbuch oder die Schimpfwörter der Deutschen*, Arnstadt 1839, str. 77, uvádí jméno „Wenzel" jako nadávku.

(Překlad: *Jan Jiroušek*)

TOBIAS WEGER

Der Fremde im Bild des Juden
Antisemitische Karikaturen im deutsch-tschechischen Diskurs

Auf einer düsteren Illustration für das judenfeindliche Buch *Der Jude nach dem Talmud* (1926) hat der tschechische Grafiker Karel Rélink[1] in freier Komposition die Prager „Altneuschul" und im Hintergrund das Rathaus der Josefsstadt sowie die stilisierte Maiselsynagoge dargestellt. Die Außenfassade der „Altneuschul" trägt die Züge einer bedrohlichen Fratze. Ihre Augen bilden die mit Davidsternen versehenen kreisrunden Synagogenoberfenster, ihr Mund ein halbovales Fenster im Erdgeschoß. Der kleine Stützpfeiler fungiert als „jüdische Nase". Aus dem mundähnlichen Fenster entschwebt ein überdimensionales Gespenst in den nächtlichen Himmel, dessen Physiognomie einige Charakteristika der vorurteilshaften Vorstellung vom jüdischen Körper beinhaltet, während sich die beiden teufelsähnlichen Klauenhände bedrohlich auf den Betrachter zu stürzen scheinen. Der Kopf des Gespenstes wird von einer Art Nimbus mit der Aufschrift „Talmud" eingerahmt. Diese Karikatur vereint antisemitische Stereotypen, die in Europa seit dem späten Mittelalter anzutreffen sind: die Vorstellung vom Juden als unheimliches, bedrohliches Wesen, als bereits an seinem Äußeren erkennbares, aber doch schwer faßbares Gespenst, das Bild von der Synagoge als dem Ort einer vermeintlichen Verschwörung. Auch die böhmischen Länder waren nicht frei von solchen stereotypen Bildern.

Das Thema der vorliegenden Arbeit soll jedoch nicht dieser „traditionelle" Antisemitismus in seiner künstlerischen Umsetzung sein, der in der Forschung bereits vielfach untersucht wurde.[2] Betrachtet man die gegenseitigen Darstellungen von Deutschen und Tschechen in Karikaturen zwischen 1848 und 1948, so fällt als Konstante die Instrumentalisierung antisemitischer Stereotypen in der nationalen Polarisierung beider Völker ins Auge. Von diesem besonderen Teilaspekt der Ethnisierung und Nationalisierung in Mitteleuropa handelt der folgende Beitrag. Fragt man nach den Verbreitungsmedien der Karikaturen, so stößt man auf die humoristische Publizistik. Wie Theodor Venus unlängst aufzeigen konnte, führte die Pressefreiheit in Österreich ab 1848 zum Entstehen einer Vielzahl von antisemitischen Blättern unterschiedlicher Ausrichtung.[3] In ihnen fanden die Bilder massenhafte Verbreitung.

Juden in den böhmischen Ländern zwischen Deutschen und Tschechen

Ein Ergebnis der Revolution von 1848, in deren Verlauf sich in Wien, Prag und anderen Städten zunächst große Pogrome[4] abspielten, war die Gewährung der Freizügigkeit als erste Erleichterung für die Juden in den Ländern der Habsburger Monarchie.[5] Erst das Staatsgrundgesetz vom 21. Dezember 1867 brachte jedoch die endgültige rechtliche Gleichstellung mit den übrigen Bürgern.[6] Dieser juristische Rahmen beschleunigte den Prozeß der Emanzipation der Juden in den böhmischen Ländern. Gerade die jüngere Generation strebte nach Assimilation, nach Ausbruch aus der engen, veralteten Welt des Ghettos und der religiösen Gesetze. Viele Juden gaben damals auch im Privaten das Westjiddische als Verkehrssprache auf.[7] Zum Medium der Judenemanzipation in Böhmen im 19. Jahrhundert wurde mehrheitlich die deutsche Sprache. Für diese Option läßt sich eine Reihe von Gründen anführen. Zum einen war mit dem kaiserlichen Reskript Josephs II. von 1784 das Deutsche offiziell zur „Universalsprache" des Reiches bestimmt worden. Wer sich in den Sektoren der Verwaltung, der Wirtschaft oder der Künste etablieren wollte, wer sich als Staatsbeamter oder als Bürger loyal erweisen wollte, mußte sich der privilegierten und dominierenden deutschen

Sprache bedienen. Zum anderen hatte in einigen benachbarten deutschsprachigen Staaten die Emanzipation der Juden ein paar Jahrzehnte früher begonnen. Dort hatte sich bereits eine aufgeklärte deutsch-jüdische Kultur herausgebildet, an welche die Juden Böhmens und Mährens anknüpfen konnten. Das Reformjudentum mit der jüdischen Aufklärung (*Haskalah*), gepaart mit politischem Liberalismus, setzte sich gegenüber der Orthodoxie durch. Zudem waren die Juden in den führenden Zentren, vor allem in der Prager Josefsstadt, bis zum Ende des 19. Jahrhunderts ohnehin mehrheitlich stärker nach Westen als nach Osten ausgerichtet.[8] Ihre stärksten Impulse erhielt sie aus den deutschen Staaten und den anderen westeuropäischen Ländern. Die jüdische Aufklärung beinhaltete das Streben nach Bildung und Kultur, nach Emanzipation durch Studium und Wissen sowie nach einer politisch und wirtschaftlich liberalen und religiös toleranten Verfassung.

Die Zahl der Juden in Böhmen hatte sich zwischen der Regierungszeit Josephs II. und der Revolution von 1848 auf ca. 85.000 etwa verdoppelt. Bei der Volkszählung von 1857 gaben 13,9 Prozent der Böhmen und 6,7 Prozent der Mährer „jüdisch" als Religionszugehörigkeit an.[9] In der zweiten Hälfte des 19. Jahrhunderts wuchs die Zahl der jüdischen Böhmen und Mährer um zehn Prozent an. Ihr Gesamtanteil an der Bevölkerung halbierte sich allerdings im gleichen Zeitraum und betrug in Böhmen 1900 noch 7,57 Prozent. Dahinter stand keine rückläufige Natalität, sondern die starken Migrationsbewegungen jener Zeit ins westeuropäische Ausland, vielfach sogar in die USA.

Die zunehmende Ethnisierung der Bevölkerungsgruppen vor der Jahrhundertwende machte die Juden in zunehmenden Maße zu einem Opfer aller Seiten. Der wachsende wirtschaftliche und rassische Antisemitismus von deutscher Seite seit den 1870er Jahren ließ viele Juden eine Teilassimilation an die tschechischen Kultur und Sprache vollziehen.[10] Dabei blieben die mährischen Juden zunächst stärker der deutschen Sprache verhaftet als ihre Glaubensbrüder in Böhmen.[11] Die Beziehungen zwischen den Tschecho-Juden und den deutschen Juden blieben nicht spannungsfrei. 1897 brachen in Prag Tumulte aus, als tschechische Assimilierte deutschen Juden ein Bekenntnis zum tschechischen Nationalismus abringen wollten.[12]

Der Antisemitismus war seit den 1870er Jahren zum politischen Programm tschechischer und deutscher Parteien und Verbände geworden. Völkisch-deutsche Studentenverbindungen der Prager Universität führten Aufnahmeklauseln ein, die jüdischen Studenten den Zugang verwehren sollten. Bei den deutschen politischen Parteien der Monarchie lassen sich um die Jahrhundertwende Tendenzen ausmachen, die nationalen Emanzipationsbewegungen der Völker mit einer jüdischen Verschwörungstheorie zu verknüpfen. So verband die 1901 gegründete Deutsch-radikale Partei antisemitische Aussagen mit der Angst vor einer „Tschechisierung".[13] Für die Deutschnationalen war das liberale Österreichertum vieler böhmischer Juden ein Verrat an der großdeutschen Idee. Damit nicht genug wurden die Juden als vermeintliche Drahtzieher hinter partikularistischen oder gar panslawistischen Tendenzen gesehen.

Auf der Gegenseite sahen viele tschechische Nationalisten eine Verbindung zwischen Deutschen und Juden und konstruierten eine entsprechende Verschwörungstheorie. Nach einem in der Literatur überlieferten tschechischen Sprüchlein aus dem 19. Jahrhundert war Deutschen und Juden derselbe Scheiterhaufen beschieden.[14] Der Anführer der Alttschechen, František L. Rieger, fragte voller Spott am 16. Februar 1882 im Reichsrat, ob „etwa nur derjenige als Deutscher anzusehen" sei, „dessen Vorfahren ihre Wiege am Jordan gehabt" hätten.[15] Als die Jungtschechen ab 1897 für einen „slawischen Sozialismus" warben, wurden Deutsche und Juden zu gemeinsamen Sündenböcken abgestempelt.[16] Wirtschaftlicher Neid ließ in den Augen der tschechischen Nationalisten die Juden als Angehörige des deutschen Lagers dastehen.[17] Die Zwickmühle, in der sich die böhmischen Juden damals befanden, bringt Ezra Mendelsohn auf den Punkt:

„Die Deutschen lehnten die Juden als mögliche Partner für ihre weitere Dominanz in den böhmischen Ländern ab; die Tschechen hingegen betrachteten sie oftmals als ‚Germanisatoren', die als brauchbare Verbündete im Kampf gegen die deutsche Herrschaft nicht in Frage kamen."[18]

Nach dem 1. Weltkrieg setzte sich die Tschechisierung der böhmischen Juden fort. Dies ging mit einer konzentrischen Migration einher, so daß 1930 die Hälfte von ihnen in Prag lebte.[19] Die Urbanisierung entsprach der allgemeinen Tendenz in Mitteleuropa; die Landgemeinden verödeten allenthalben zugunsten einer verstädterten jüdischen Kultur. Doch ungeachtet der Loyalität der Juden zum neuen tschechoslowakischen Staat hielt sich bei manchen tschechischen Extremisten das Bild von einer deutsch-jüdischen Bedrohung. Sie schändeten 1920 das Rathaus der Judenstadt, wobei wertvolle Teile des Archivs und vor allem die Thorarollen vernichtet wurden. Auch deutsche Kultureinrichtungen und die Redaktionen der liberalen Zeitungen *Bohemia* und *Prager Tagblatt* wurden in nationalantisemitschem Wahn erstürmt.[20]

In der 1. Tschechoslowakischen Republik begann eine kurze Epoche der politischen Toleranz an der Oberfläche. Unterschwellig lebten die stereotypen Vorstellungen weiter, wurden von der völkischen Ideologie verstärkt und gelangten in der Zeit der deutschen Besatzung in der Tschechoslowakei zu Wirkmächtigkeit, als dort nach Jahrhunderten des nicht immer friedfertigen, aber doch für beide Seiten auch fruchtbaren Zusammenlebens der Holocaust der jüdisch-böhmischen Kultur ein grausames Ende setzte.

Antisemitische Karikaturen von beiden Seiten

Wir haben festgestellt, daß auf dem Höhepunkt des deutsch-tschechischen Nationalitätenstreits die Juden im politischen Diskurs für beide Seiten als *Tertium comparationis* mißbraucht wurden. Diese Tendenz spiegelt sich auch in der Publizistik jener Zeit wider und dabei nicht zuletzt auch in den Karikaturen, die in populären Lesestoffen weite Verbreitung fanden.

Die tschechisch-nationale Witzpresse mokierte sich über die jüdisch-deutsche Kultur, das Engagement von Juden in Presse und Literatur sowie in der Wirtschaft. Ein relativ dominantes Thema waren jüdische Autoren und Journalisten, die in deutscher Sprache schrieben. So wurde im *Šotek* 1882 eine Charakterisierung der „Leser Prager Zeitungen" gegeben.[21] Jeder Zeitung ist ein Prototyp ihres Abonnenten beigefügt, der Leser des liberalen Prager Tagblatts ist seinem Äußeren nach ein Jude. Ebenfalls der *Šotek* nahm 1884 zu einem Kongreß deutscher Schriftsteller in Prag Bezug.[22] In der Mitte des Bildes steht ein verdutzter tschechischer Landbewohner, um ihn herum bewegen sich alleine oder in kleinen Gruppen Gestalten mit unförmigen Körpern und verbissenen Gesichtern mit krummen Nasen und wulstigen Lippen. Die Bildlegende, „Der Onkel aus Prossnitz fuhr heute nach Prag und sah dort die gleichen bekannten Gesichter!!", bringt das Unverständnis gegenüber der deutsch-jüdischen intellektuellen Kultur in der Hauptstadt zum Ausdruck. Der *Paleček* stellte 1884 ebenfalls die „jüdische Literatur" an den Pranger und meinte damit die deutsch schreibenden jüdischen Schriftsteller.[23] Auf einer Karikatur deutscher Studenten im *Šotek* tragen mehrere vermeintlich jüdische Gesichtszüge.[24] Aber auch der Stereotyp der „jüdischen Verschwörung" wird bemüht in einer Überzeichnung des beherrschenden Bankiers Rothschild.[25] Dahinter stand die im Zeitalter der Industrialisierung und insbesondere seit der Wirtschaftskrise von 1873 verbreitete Idee, die nationale Fremdbestimmung werde noch durch die „fremde" kapitalistische Ausbeutung verstärkt.[26] Auf einer Karikatur aus den *Šibeničky* von 1920 unterhalten sich zwei reiche Juden.[27] Der eine, ein unendlich dicker Mensch, hat es sich auf einem Sofa bequem gemacht, hält in der linken eine dicke Zigarre und prangt mit den edelsteinbesetzten Ringen an seiner Rechten. Vor ihm steht ein ebenfalls beleibter Mann, der im Profil dargestellt ist, um seinen „jüdischen Körper" zu betonen. „Weißt Du, warum in Böhmen der Antisemitismus so stark anwächst?", fragt der Dicke den Stehenden. „Nu?", erwidert der und bekommt zu hören: „Weil die Tschechen einfach nicht in der Lage sind, von uns die Praktiken und die Tricks zu lernen, die sie bei uns am meisten hassen." Die Tschechoslowakei war inzwischen ein selbständiger Staat gewesen, aber noch immer war bei den Nationalisten das Gefühl der Fremdbeherrschtheit nicht erlahmt. Nun waren die Juden wiederum die Zielscheibe der Vorwürfe.

Die deutschsprachigen Verleger und ihre Zeichner standen oftmals ihren tschechischen Pendants nicht nach. Auch ihre Vorwürfe richteten sich gegen die liberale „Judenpresse", gegen das angebliche Machtstreben, das mit einer Weltverschwörung, Unruhestiftung und umstürzlerischen Absichten einher gehe, gegen die wirtschaftliche Macht und den jüdischen Einfluß in Kultur und Geistesleben.[28] Der Wiener *Figaro* griff im April 1887 das Thema des von Rußland geschürten Panslawismus auf.[29] Hinter einer Darstellung Rußlands verbergen sich kleine, aber geschäftige Juden als vermeintliche Drahtzieher und Hintermänner. Das Streben der slawischen Nationen nach Selbstbestimmung wurde somit als Komponente einer „jüdischen Verschwörung" gedeutet, die sich in das Gewand des Nationalismus gekleidet hat, um Macht und Einfluß zu erringen. Somit wäre auch das Aufbegehren der Tschechen sowie der übrigen slawischen Völker der Habsburger Monarchie nichts anderes als ein Ausfluß jüdischer Politik. Ebenfalls im *Figaro* wurde 1891 ein gezeichnetes, komplexes Porträt der Stadt Prag veröffentlicht.[30] Neben zahlreichen Attributen fehlt auch eine wenig wohlwollende Anspielung auf die Juden nicht. Deutlicher wurde der *Figaro* im Juli 1897, als er Prototypen des Juden und des Tschechen als Witzfiguren nebeneinander stellte.[31]

Die Titelseite des *Kikeriki* vom 29. Juni 1913[32] zeigt das sinnbildliche Aufspießen eines Juden durch einen Karikaturisten mit dessen spitzer Feder. Bezeichnend ist, daß neben dem Juden ein lädierter böhmischer Löwe sitzt, dessen Doppelschweif mit schwarzer Tinte befleckt ist und der einen Verband um das mürrisch abgewendete Haupt trägt. Dem Leser wird auf diese Weise suggeriert, Juden und Tschechen seien gemeinsame Feinde Österreichs.

Bewertung und Ausblick

Abschließend stellt sich die Frage, weshalb sich deutsche und tschechische Karikaturisten antijüdischer Zerrbilder bedienten, um Tschechen oder Deutsche zu charakterisieren. Folgende Ergebnisse lassen sich aus der vorliegenden Untersuchung ableiten:

1. Antisemitische Stereotypen gehörten in der hier untersuchten Zeit zum Allgemeingut beider Völker. Sie bildeten ein bekanntes Repertoire, auf das die Zeichner jederzeit zurückgreifen konnten. Es wurde gespeist aus Komponenten des christlichen Antijudaismus – eines populären Antisemitismus – sowie der politischen Judenfeindschaft des 19. Jahrhunderts. Dieses Repertoire ließ sich im Bedarfsfall schnell und einfach instrumentalisieren. Der Rückgriff auf ein vorhandenes ideologisches System erweckte, wenngleich es den Zeitläuften angepaßt wurde, den Eindruck „dauerhafter Gültigkeit".

2. Ermöglicht wurde das Propagieren der Vorurteile durch die rapide Entwicklung der Medien im Gefolge der Pressefreiheit. Humoristische Blätter wurden im 19. Jahrhundert zu einem Massenphänomen, das nicht mehr primär an bestehende Organisationsformen (beispielsweise die Kirche) gebunden war. Damit erhielt auch der in den Blättern verbreitete Antisemitismus eine neue Qualität.

3. Neu am Antisemitismus ab etwa 1870 war, daß er gerade das emanzipierte Judentum ins Visier nahm, das im nationalen Verdrängungswettbewerb von Deutschen wie von Tschechen als unliebsame Konkurrenz empfunden wurde. Hinter ethnisch-nationalen Motiven traten die traditionellen, eher religiösen Vorurteile in den Hintergrund.

4. Antisemitische Stereotypen erleichterten die Polarisierung zwischen Deutschen und Tschechen angesichts der differenzierten ethnischen Situation in den böhmischen Ländern. Objektiv war nämlich eine genaue Trennlinie zwischen der deutschen und der tschechischen Bevölkerungsgruppe nicht zu ziehen, sie wurde durch sich häufig wandelnde Sprachgrenzen und wechselseitige Akkulturationsprozesse verwischt.

5. Man wählte als Opfer eine Gruppe, die zwar ein starkes religiös-kulturelles, aber zunächst nur ein schwach ausgeprägtes nationales Eigenbewußtsein hatte. Die nicht fixierte Mittelposition der Juden zwischen deutschem und tschechischem Nationalismus wurde von beiden Seiten als Taktik interpretiert. Am

Ende dieser Entwicklung stand der Zionismus als jüdische Antwort auf den Nationalismus der anderen. Es darf kaum verwundern, daß der Zionismus gerade aus den böhmischen Ländern einige seiner führenden Köpfe bezog.

6. Unterschwellig weckte die Verwendung des Feindbildes emotionale Assoziationen. Es gelang somit den Zeichnern, Aggressionen zu kanalisieren. Tatsächlich entluden sich die antisemitischen Spannungen in der Zeit zwischen 1848 und 1914 in einer Reihe von Pogromen, Ritualmordverfahren und sonstigen Exzessen.[33] In den genannten Jahrzehnten wurde damit auch die Grundlage für den rassisch-völkischen Antisemitismus im 20. Jahrhundert gelegt. Es scheint ein Charakteristikum der mitteleuropäischen Geschichte zu sein, daß die Stabilisierung der eigenen Gruppe häufig über den Ausschluß einer als „Fremdgruppe" definierten anderen Gruppe funktioniert.

ANMERKUNGEN

1 Karel Rélink/Röhling, geb. 3. 8. 1880, tschechischer Maler und Illustrator (*Malý Ottův Slovník Naučný*, II. Praha 1906, S. 568). Eine antisemitische Karikatur Rélinks wurde sogar im nationalsozialistischen *Stürmer*, Nr. 28/1940, veröffentlicht.

2 Eduard Fuchs: *Die Juden in der Karikatur. Ein Beitrag zur Kulturgeschichte*. München 1921 (in mancher Hinsicht selbst nicht frei von Vorurteilen); nach 24 Themenkreisen untersucht das Phänomen Julius H. Schoeps, Joachim Schlör (Hg.): *Antisemitismus. Vorurteile und Mythen*. Frankfurt/M. 1995, darin insbesondere der Beitrag von Peter Dittmar: *Die antijüdische Darstellung*, S. 41–53.

3 Theodor Venus: Der Antisemitismus im österreichischen Pressewesen 1848–1938. In: *Die Macht der Bilder. Antisemitische Vorurteile und Mythen*. Hg. vom Jüdischen Museum der Stadt Wien. Wien 1995, S. 192–211.

4 Peter G. J. Pulzer: *Die Entstehung des politischen Antisemitismus in Deutschland und Österreich 1867–1914*. Gütersloh 1966, S. 117.

5 Gerhard Vilsmeier: *Deutscher Antisemitismus im Spiegel der österreichischen Presse und ausgewählter Zeitungen in der Tschechoslowakei, Ungarn, Rumänien und Jugoslawien. Die Jahre 1933 bis 1938* (=EHS, III.334). Frankfurt am Main u.a. 1987, S. 113; Rudolf M. Wlaschek: *Juden in Böhmen. Beiträge zur Geschichte des europäischen Judentums im 19. und 20. Jahrhundert* (=Veröffentlichungen des Collegium Carolinum, 66). München 1990, S. 11.

6 Wlaschek 1990, S. 11.

7 Ezra Mendelsohn: *The Jews of East Central Europe between the world wars*. Bloomington 1985, S. 133.

8 Mendelsohn 1983, S. 133; Heiko Haumann: Das jüdische Prag (1850–1914). In: *Die Juden als Minderheit in der Geschichte*. Hg. von Martin Bernd und Ernst Schulin. München ³1985, S. 209–230; hier S. 209; bereits vor 1848 gab es in Prag einen Kreis junger jüdischer Literaten („Junges Böhmen"), die in deutscher Sprache Gedichte verfaßten. – Immer noch maßgeblich zur Frage der Assimilation in Böhmen ist Wilma A. Iggers: The flexible national identities of Bohemian Jewry. In: *East Central Europe/L'Europe du Centre-Est*, 7 (1980) 39–48. – Sehr aufschlußreich auch Ruth Kestenberg-Gladstein: The Jews between Czechs ans Germans in the historic lands 1848–1918. In: *The Jews of Czechoslovakia. Historical Studies and Surveys*. Hg. von der Jewish Publication Society of America. New York, Bd. 1, 5728/1968, S. 21–71; *Die Juden in den böhmischen Ländern*. Vorträge der Tagung des Collegium Carolinum... (=Bad Wieesser Tagung des Collegium Carolinum.) München 1983.

9 Wlaschek 1990, S. 20. In Galizien betrug der Anteil der Juden zur gleichen Zeit 72,2 Prozent.

10 Kestenberg-Gladstein 1968, S. 34, spricht davon, daß sich viele Juden, v.a.in Prag und Pilsen, zunächst gegen die Tschechisierung zur Wehr gesetzt hatten. – Vgl. auch Jörg K. Hoensch: *Geschichte Böhmens. Von der slavischen Landnahme bis ins 20. Jahrhundert*. München 1987, S. 372; Wlaschek 1990, S. 47.

11 Nach Natalia Bergerová: Na křižovatce kultur. Historie československých Židů. Praha 1992, S. 48, gaben 1900 50 Prozent der böhmischen, aber erst 17 Prozent der mährischen Juden Tschechisch als Umgangssssprache an.

12 Wlaschek 1990, S. 50.

13 Hoensch 1987, S. 390. Die Christlich-Sozialen in Österreich warnten zu dieser Zeit zum Beispiel auch vor der angeblichen „judäo-magyarischen Clique" in Ungarn. – Dabei hatte die rechtsradikale Zeitung *Vaterland* zu den Gemeindewahlen von 1889 noch versucht, Deutsche und Slawen zur einer Front gegen den gemeinsamen Feind, die Juden, zu mobilisieren (Venus 1995, S. 201).

14 Simon Dubnow: *Weltgeschichte des jüdischen Volkes bis zur Gegenwart*. Bd. 10. Berlin 1929, S. 97.

15 Rieger im Reichsrat, 16. 2. 1882; zitiert bei Pulzer 1966, S. 118.

16 Hoensch 1987, S. 386f. Die Werbungen der Jungtschechen mündeten 1898 in die Gründung der „Národně sociální strana v Čechách, na Moravě, ve Slezsku a v Dolních a Horních Rakousích". Hier ist der etwas zu eindimensionalen Auffassung Mendelsohns zu widersprechen, bei den Tschechen habe es – anders als bei den Deutschen – kaum politischen, sondern überwiegend „populären Antisemitismus" gegeben (Ders. 1983, S. 138).

17 Hillel J. Kieval: *The making of Czech Jewry. National conflict and Jewish society in Bohemia 1870–1918.* New York, Oxford 1988, S. 66.

18 Mendelsohn 1985, S. 137 (Übers.).

19 Wlaschek 1990, S. 21.

20 Vilsmeier 1987, S. 118; Wlaschek 1990, S. 76.

21 *Šotek*, 10 (1882) Nr. 7, S. 165 („Čtenáři pražských časopisů"). – Ebenfalls auf einer Karikatur im *Šotek*, 12 (1884) Nr. 28, S. 112 („Německé dostihy") werden die deutschböhmischen Zeitungen personifiziert. Der Vertreter des *Prager Tagblatts* ist ein auf einem Schwein reitender Jude, der gerade die Hürde „Království české" nicht schafft.

22 *Šotek*, 12 (1884) Nr. 36, S. 143 („O sjezdu německého spisovatelstva v Praze").

23 *Paleček*, 12 (1884) Nr. 14, S. 109 („Vývin židovské literatury").

24 *Šotek*, 12 (1884) Nr. 6, S. 23.

25 *Šotek*, 12 (1884) Nr. 5, S. 19.

26 Haumann 1985, S. 211.

27 *Šibeničky*, 2 (1920) Nr. 40, S. 313.

28 Siehe auch Venus 1995, S. 205f.

29 *Figaro*, 31 (30. 4. 1887) Nr. 18, S. 72.

30 *Figaro*, 35 (12. 9. 1891) Nr. 37, S. 32.

31 *Figaro*, 41 (17. 7. 1897) Nr. 29, S. 115.

32 *Kikeriki*, Nr. 26 (29. 6. 1913), S. 1; reproduziert bei Venus 1995, S. 203, der auf den Zusammenhang mit dem böhmischen Löwen in der Bildunterschrift allerdings nicht verweist; der *Kikeriki*, 1862 in Wien gegründet, stand seit 1897 unter starkem christlich-sozialen Einfluß (Venus 1995, S. 202).

33 František Červinka: The Hilsner Affair. In: *Year Book of the Leo Baeck Institute*, 13 (1968) 142–157.

Tobias Weger

Cizinec v obraze Žida
Antisemitická karikatura v německo-českém diskurzu

Na temné ilustraci protižidovské knihy *Der Jude nach dem Talmud* („Žid podle Talmudu", 1926) zobrazil český grafik Karel Rélink[1] ve volné kompozici pražskou „Staronovou synagogu" a v pozadí radnici Josefského města spolu se stilizovanou Maiselovou synagogou. Vnější fasáda „Staronové synagogy" má rysy šklebící se ďábelské tváře. Kulatá okna synagogy s židovskou (Davidovou) hvězdou tvoří její oči, polovalné okno v přízemí ústa. Malý podpěrný pilíř má funkci „židovského nosu". Z okna podobajícímu se ústům se vznáší do noční oblohy obrovské strašidlo, jehož fyziognomie nese některé z charakteristických, předsudky zatížených znaků „židovského těla", zatímco se dva ďábelské pařáty jakoby řítily na pozorovatele. Hlava strašidla je orámována jakousi aureolou s nápisem „talmud". Tato karikatura v sobě sjednocuje antisemitické stereotypy, se kterými se setkáváme v Evropě od doby pozdního středověku: představa Žida jako tajemstvím obestřené, hrozivé kreatury, dle vnějších charakteristických znaků známého, leč nepolapitelného strašidla, obraz synagogy jako místa domnělého spiknutí. Ani české země nebyly prosté takovýchto stereotypních představ a obrazů.

Toto pojednání se však nemá zabývat „tradičním" antisemitismem v jeho uměleckém zpracování, který byl v minulosti již mnohokrát vědecky posouzen.[2] Podíváme-li se na vzájemné zobrazování Němců a Čechů v karikatuře mezi rokem 1848 a 1948, narazíme na nápadnou konstantu instrumentalizace antisemitských stereotypů v národní polarizaci obou národů. O této zvláštní části aspektu etnizace a nacionalizace ve střední Evropě pojednává tento příspěvek. Položíme-li si otázku, jakým způsobem je karikatura rozšiřována, narazíme na humoristickou publicistiku. Jak se před nedávnem podařilo demonstrovat Theodoru Venusovi, vedla tisková svoboda v Rakousku od roku 1848 ke vzniku velkého množství antisemitských listů nejrůznějších směrů.[3] V nich byly tyto obrazy hromadně rozšiřovány.

Židé v českých zemích mezi Němci a Čechy

Důsledkem revoluce v roce 1848, v jejímž průběhu docházelo ve Vídni, Praze a jiných městech k velkým pogromům[4], bylo poskytnutí práva na svobodnou volbu bydliště (Freizügigkeit) prvním ulehčením pro Židy Habsburské monarchie.[5] Teprve základní zákon z 21. prosince 1867 (prosincová ústava) přinesl však konečné právní zrovnoprávnění s ostatními občany.[6] Tento právní rámec urychlil proces emancipace Židů v českých zemích. Byla to právě mladší generace, která po úniku z těsného, zastaralého světa ghett a církevních zákonů usilovala o asimilaci. Mnoho Židů se tehdy vzdalo i v soukromém životě západní hebrejštiny.[7] Mediem židovské emancipace v Čechách 19. století se stala převážně němčina. Pro toto rozhodnutí lze uvést celou řadu důvodů. Zaprvé byla němčina určena císařským reskriptem Josefa II. z roku 1784 oficiálně za „univerzální jazyk" říše. Kdo se chtěl etablovat v oblasti správy, hospodářství nebo umění, kdo chtěl jako státní úředník nebo jako občan prokázat svou loyalitu vůči státu, musel používat privilegovaný a dominantní německý jazyk. Za druhé začala v některých ze sousedních německy hovořících států emancipace Židů již o několik desetiletí dříve. Tam již vznikla osvícená německo-židovská kultura, na kterou mohli Židé Čech a Moravy navázat. Reformované židovství s židovským osvícenstvím (Haskalah), spojené s politickým liberalismem, se prosadilo vůči židovství orthodoxnímu. Navíc se Židé ve vedoucích centrech, především v pražském Josefském městě, až do konce 19. století většinou stejně silněji orientovali směrem na západ než na východ.[8] Nejsilnější impulsy obdrželi přitom z německých a jiných západoevropských zemí. Židovské osvícenství obsahovalo snahy po vzdělání a kultuře, po emancipaci studiem a vědou, jakož i po politické a hospodářsky liberální a nábožensky tolerantní ústavě.

Počet Židů v Čechách se mezi vládou Josefa II. a revolucí z roku 1848 téměř zdvojnásobil na asi 85.000. Při sčítání lidu v roce 1857 udalo 13,9 procent Čechů a 6,7 procent Moravanů „židovské vyznání" jako náboženskou příslušnost.[9] Ve druhé polovině 19. století se zvýšil počet Čechů a Moravanů židovského vyznání o 10 procent. Jejich podíl na celkovém počtu obyvatel se však ve stejném časovém rozmezí snížil na polovinu a činil v Čechách roku 1900 ještě 7,57 procent. Příčinou toho nebyla snížená natalita, nýbrž silná migrace obyvatel tehdejší doby do západoevropských zemí, často dokonce do Spojených států amerických.

Sílící etnizace obyvatelstva před přelomem století byla příčinou toho, že se Židé v přibývající míře stávali obětí všech stran. Rostoucí hospodářský a rasový antisemitismus z německé strany byl od roku 1870 důvodem pro částečnou asimilaci velkého počtu Židů s českou kulturou a jazykem.[10] Přitom zůstali moravští Židé zprvu silněji vázáni na němčinu, nežli jejich spoluvěřící v Čechách.[11] Vztahy mezi českými a německými Židy nezůstaly bez napětí. V roce 1897 vypukly v Praze nepokoje, když čeští asimilovaní Židé chtěli na německých Židech vynutit doznání k českému nacionalismu.[12]

Antisemitismus se od roku 1870 stal politickým programem českých a německých politických stran a svazů. Německé buršácké spolky na pražské univerzitě zavedly pro přijetí nových členů klausule, které měly zabránit přístupu židovských studentů. U německých politických stran habsburské monarchie lze na přelomu století pozorovat tendence, spojující emancipační hnutí jednotlivých národů se židovskou teorií spiknutí. Tak spojovala např. Německá radikální strana založená v roce 1901 antisemitické výroky s obavami a strachem před „čechizací".[13] Pro národně orientované Němce bylo liberální „rakušanství" mnoha českých Židů zradou velkoněmeckých idejí. Na dovršení všeho se na Židy nahlíželo ještě i jako na domnělé zákulisní strůjce všeho zla, stojící za partikularistickými či dokonce panslavistickými tendencemi.

Na straně protivníka vidělo mnoho českých nacionalistů spojení mezi Němci a Židy a vykonstruovávalo odpovídající teorii spiknutí. Podle v literatuře dochovaného českého přísloví z 19. století mají být Němci i Židi upáleni na stejné hranici.[14] Vůdce staročechů, František L. Rieger, se pln posměchu tázal 16. února 1882 v Říšské radě, zda „Němci jsou pouze ti", „jejichž předkové měli svou kolébku na březích Jordánu".[15] Když se mladočeši od roku 1897 snažili získat veřejnost pro myšlenku „slovanského socialismu" dostali Němci a Židé společnou pečeť obětního beránka.[16] Hospodářská závist dovolila českým nacionalistům pohlížet na Židy jako na příslušníky německého tábora.[17] Nesnadné postavení, ve kterém se čeští Židé tenkrát nacházeli, charakterizuje trefně Ezra Mendelsohn:

„Němci odmítali Židy jako možné partnery pro jejich dominanci v českých zemích; Češi se na ně oproti tomu dívali často jako na „germanizátory", kteří nepřicházeli jako užiteční spojenci v boji proti německé nadvládě v úvahu."[18]

Po 1. světové válce pokračovala čechizace českých (böhmischer) Židů, která probíhala ruku v ruce s koncentrickou migrací, takže v roce 1930 žila polovina z nich v Praze.[19] Urbanizace odpovídala všeobecným tendencím ve střední Evropě; venkovské obce zanikaly ve prospěch městské židovské kultury. Nehledě k loyalitě Židů vůči novému československému státu přetrvával u mnohých českých extremistů obraz německo-židovského ohrožení. Zhanobili v roce 1920 radnici židovského města, přičemž byly zničeny cenné části archivu a především roličky tóry. I německá kulturní zařízení a redakce libráních novin *Bohemia* a *Prager Tagblatt* (Pražský deník) byly napadeny v nacionálně-antisemitickém šílenství.[20]

V 1. Československé republice začala krátká epocha politické tolerance, avšak pouze na povrchu. Stereotypní představy přetrvávaly zastřeně i nadále a živeny nacionální ideologií dosáhly v době německé okupace Československa svého vyvrcholení, když zde po stoletích ne vždy pokojného, avšak pro obě strany plodného soužití, přerval holocaust brutálním násilím symbiotický svazek židovsko-české kultury.

Antisemitické karikatury obou stran

Zjistili jsme, že při vyvrcholení německo-českého nacionálního střetu byli Židé zneužiti v politickém diskursu oběma stranami jako *Tertium comparationis*. Tato tendence se odráží i v publicistice této doby a v neposlední řadě také v karikatuře, která byla silně rozšířena v populárních tiskovinách. Český národní zábavný tisk se vysmíval židovsko-německé kultuře, angažmá Židů v tisku, literatuře a hospodářství. Relativně dominantním tématem byli židovští autoři a novináři píšící německy. Tak byli v roce 1882 charakterizováni v *Šotku* „čtenáři Pražských novin".[21] Každým novinám je přiřčen prototyp jejich abonenta, čtenář liberálního listu *Prager Tagblatt* je svým zevnějškem charakterizován jako Žid. Byl to také Šotek, který v roce 1884 reagoval na kongres německých spisovatelů v Praze.[22] Uprostřed obrázku stojí udivený český venkovan, kolem něho se ojediněle nebo v malých skupinkách pohybují postavy s neforemnými těly a zarputilými obličeji se zakřivenými nosy a vydutými rty. Popis obrázku, „Strýček z Prostějova jel dnes do Prahy a viděl tam samé známé tváře!!" vyjadřuje neporozumění vůči německo-židovské intelektuální kultuře v hlavním městě. *Paleček* v roce 1884 postavil na pranýř „židovskou literaturu" a mínil tím německy píšící židovské spisovatele.[23] Tak mají např. i tváře mnoha německých studentů na karikatuře uveřejněné v *Šotkovi* domnělé židovské rysy.[24] Na pořad přijde však i stereotyp „židovského spiknutí" v satirickém zobrazení všemocného bankéře Rothschilda.[25] Za vším tímto vězela v době industrializace a zvláště od hospodářské krize roku 1873 rozšířená myšlenka, že cizácké rozhodování o sebeurčení národa je navíc zesilováno i „cizím" kapitalistickým vykořisťováním.[26] Na karikatuře uveřejněné v *Šibeničkách* v roce 1920 se baví dva bohatí Židé.[27] Jeden z nich, nelidsky tlustý člověk, se pohodlně usadil na pohovce, v levé ruce drží tlustý doutník a jeho pravá ruka je hustě ověšená prsteny s drahokamy. Před ním stojí rovněž obtloustlý muž, nakreslený v profilu, aby vynikla silueta jeho „židovského těla". „Víš, proč antisemitismus v Čechách tak rychle roste?", ptá se tlustý muž na pohovce stojícího. „Proč?" odvětí tento a dostane se mu následující odpovědi: „Protože Češi nejsou za Boha schopni naučit se od nás praktiky a triky, které na nás nejvíc nenávidí." Československo se stalo mezitím samostatným státem, avšak pocit, že je země ovládána cizáky, u nacionalistů stále ještě neutuchal. A byli to zase Židé, kteří se stali terčem výčitek.

Němečtí nakladatelé a jejich kreslíři nebyli často o nic lepší než jejich české protějšky. I jejich výčitky byly namířeny proti liberálnímu „židovskému tisku", proti údajnému usilování o moc, jdoucímu ruku v ruce se světovým spiknutím, rozséváním neklidu a úmyslem svrhnout stávající státní řád, proti hospodářské moci a židovskému vlivu v kulturním a společenském životě.[28] Vídeňský *Figaro* se v dubnu 1887 chopil tématu panslavismu, rozdmýchávaného Ruskem.[29] Za znázorněním Ruska se skrývají malí, ale čilí a věčně zaměstnaní Židé jako domnělí zákulisní strůjci a muži v pozadí. Snaha slovanských národů po sebeurčení byla na základě toho interpretována jako součást „židovského spiknutí", která se zahalila do pláštíku nacionalismu, aby získala moc a vliv. A tím by nebyl odpor Čechů a ostatních slovanských národů Habsburské monarchie ničím jiným nežli výsledkem židovské politiky. Rovněž ve *Figarovi* byl v roce 1891 uveřejněn kreslený, komplexní portrét města Prahy.[30] Vedle početných příslušných atributů nechybí ani málo lichotivá narážka na Židy. Ještě důraznější byl Figaro v červenci 1897, když vedle sebe postavil vyhraněné typy Židů a Čechů jako satirické postavy karikatury.[31]

Na titulní straně časopisu *Kikeriki* z 29. června 1913[32] je symbolicky napíchnut Žid na ostré špičce autorova pera. Charakteristické je, že vedle Žida sedí mrzutý český lev se zavázanou hlavou a jeho dvojitý ocas je potřísněn černým inkoustem. Čtenáři se tímto způsobem sugeruje, že Židé a Češi jsou společnými nepřáteli Rakouska.

Zhodnocení a perspektiva

Závěrem se nabízí otázka, proč němečtí a čeští karikaturisté používali groteskního zobrazení Židů, aby charakterizovali Čechy či Němce. Z našeho rozboru lze odvodit následující výsledky:

1. Antisemitické stereotypy byly ve zde analyzované době využívány k těmto účelům oběma národy. Tvořily známý repertoár, po kterém mohli karikaturisté kdykoliv sáhnout. Byl napájen dílčí komponentou křesťanského antijudaismu – populárním antisemitismem – a živen nepřátelstvím vůči Židům, charakteristickým pro 19. století. Tento repertoár lze v případě potřeby rychle a jednoduše instrumentalizovat. Chápání se stávajícího ideologického systému, ačkoliv přizpůsobeného běhu času, vzbuzovalo dojem „trvalé platnosti".

2. Propagování předsudků bylo umožněno rapidním vývojem médií v důsledku tiskové svobody. Humoristické listy se staly v 19.století hromadným fenoménem, který již nebyl primárně vázán na stávající organizační formy (např. církev). Tím obdržel i antisemitismus, rozšiřovaný v těchto časopisech, novou kvalitu.

3. Nové na antisemitismu bylo od roku 1870, že si bral na mušku zrovna emancipované židovství, které bylo v národní soutěži o potlačení chápáno Němci stejně jako Čechy jako nevítaná konkurence. Za etnicko-nacionální motivy ustoupily do pozadí tradiční, spíše církevní předsudky.

4. Antisemitické stereotypy ulehčovaly polarizaci mezi Němci a Čechy tváří v tvář diferencované etnické situaci v českých zemích. Objektivně nebylo totiž možno oddělit od sebe přesně německé a české etnikum, tato pomyslná linie byla často stírána měnící se jazykovou hranicí a oboustranným prolínámím a ovlivňováním kultury.

5. Za oběť byla zvolena skupina, která měla sice silné nábožensky-kulturní, zpočátku však jen slabě formované národní vědomí. Nezafixovaná střední pozice Židů mezi německým a českým nacionalismem byla interpretována oběma stranami jako taktika. Na konci tohoto vývoje stál sionizmus jako odpověď Židů na nacionalismus „těch druhých". Není s podivem, že některé vůdčí osobnosti sionizmu pocházely právě z českých zemí.

6. Podvědomě vzbuzovalo používání obrazu nepřátel emocionání asociace. Karikaturistům se tím podařilo kanalizovat agrese. Ve skutečnosti se vybilo antisemitické napětí v době mezi 1848–1914 v celé řadě pogromů, rituálních vražd a jiných excesů.[33] V uvedených stoletích tím byla vytvořena i základna pro rasově-národní antisemitismus 20. století. Zdá se být chrakteristikým znakem středoevropských dějin, že stabilizace vlastní etnické skupiny funguje často jen pomocí izolace od jiné etnické skupiny, definované jako „cizí".

Poznámky

1 Karel Rélink/Röhling, nar. 3. 8. 1880, český malíř a ilustrátor (*Malý Ottův Slovník Naučný*, II. Praha 1906, str. 568). Rélinkova antisemitická karikatura byla uveřejněna dokonce v národně socialistickém „*Stürmeru*" číslo 28/1940.

2 Fuchs, Eduard: *Die Juden in der Karikatur. Ein Beitrag zur Kulturgeschichte*. Mnichov 1921 (v mnohém směru není prost předsudků): ve 24 tématických okruzích se zaměstnává tímto fenoménem Schoeps, Julius H., Joachim Schlör (vydavatel): *Antisemitismus. Vorurteile und Mythen*. Frankfurt/M. 1995, zde zvláštní příspěvek od Dittmara, Petera: Die antijüdische Darstellung. str. 41–53.

3 Venus, Theodor: Der Antisemitismus im österreichischen Pressewesen 1848–1938. Ve: *Die Macht der Bilder. Antisemitische Vorurteile und Mythen*. Vydáno Židovským muzeem města Vídně. Vídeň 1995, str. 192–211.

4 Pulzer, Peter G. J.: *Die Entsteheung des politischen Antisemitismus in Deutschland und Österreich 1867–1914*, Gütersloh 1966, str. 117.

5 Vilsmeier, Gerhard: *Deutscher Antisemitismus im Spiegel der österreichischen Presse und ausgewählter Zeitungen in der Tschechoslowakei, Ungarn, Rumänien und Jugoslawien. Die Jahre 1933–1938* (=EHS, III.334). Frankfurt am Main a další 1987, str. 113; Wlaschek, Rudolf M.: *Juden*

in Böhmen. Beiträge zur Geschichte des europäischen Judentums im 19. und 20. Jahrhundert (=Publikace Collegia Carolina,66). Mnichov 1990, str. 11.

6 Wlaschek 1990. str. 11

7 Mendelsohn, Ezra: *The Jews of east Central Europe between the world wars.* Bloomington 1985, str. 133.

8 Mendelsohn 1983, str. 133; Haumann, Heiko: Das jüdische Prag (1850–1914). Ve: *Die Juden als Minderheit in der Geschichte.* Vyd. Martinem Berndem a Ernstem Schulinem. Mnichov³ 1985. Str. 209–230; zde str. 209; již před rokem 1848 existoval v Praze kruh mladých židovských literátů („Junges Böhmen"), kteří psali poezii v německém jazyce. – Stále ještě rozhodující k otázce asimilace v Čechách je Iggers, Wilma A.: The Flexible national identities of Bohemian Jewry. Ve: *East Central Europe/L'Europe du Centre-Est,* 7 (1980) 39–48. – Velmi informativní též dílo od Kestenberg-Gladstein, Ruth: The Jews between Czechs ans German in the historic lands 1848–1918. Ve: *The Jews of Czechoslovakia. Historical Studies and Surveys.* Vyd. Jewish Publikation Society of Amerika. New York. sv. 1, 5728/1968, str. 21–71; *Die Juden in den böhmischen Ländern.* Vorträge der Tagung des Collegium Carolinum... Mnichov 1983.

9 Wlaschek 1990, str. 20. V Haliči činil ve stejné době podíl Židů 72,2 procent.

10 Kestenberg-Gladstein 1968, str. 34, hovoří o tom, že se mnoho Židů především v Praze a Plzni nejprve bránilo proti čechizaci. – srovnej též Hoensch, Jörg K.: *Geschichte Böhmens. Von der slawischen Landnahme bis ins 20. Jahrhundert.* Mnichov 1987, str. 372; Wlaschek 1990, str. 47.

11 Dle Bergerové Natalie: *Na křižovatce kultur. Historie československých Židů.* Praha 1992, str. 48, udalo v roce 1900 50 procent českých, avšak jen 17 procent moravských Židů češtinu jako komunikační jazyk.

12 Wlaschek 1990, str. 50

13 Hoensch 1987, str. 390. Příslušníci křesťansko-sociální strany v Rakousku varovali v této době např. i před údajou „judäo-magyarischen Clique" v Maďarsku. – Přitom se pravicově radikální noviny Vaterland v době obecních voleb před rokem 1889 ještě pokoušely mobilizovat Němce a Slovany do jedné fronty proti společnému nepříteli, Židům. (Venus 1995, str. 201).

14 Dubnow, Simon: *Weltgeschichte des jüdischen Volkes bis zur Gegenwart.* Sv. 10. Berlín 1929, str. 97.

15 Rieger v Říšské radě, 16. 2. 1882; citováno u Polzera 1966, str. 118.

16 Hoensch 1987, str. 386 a další. Snahy mladočechů vyústily v roce 1898 v založení „Národně sociální strany v Čechách, na Moravě, ve Slezsku a v Dolních a Horních Rakousích". Zde je nutno odporovat Mendelsohnovu poněkud jednodimensionálnímu chápání, že u Čechů existoval – jinak než u Němců – sotva politický, nýbrž převážně „populární antisemitismus" (Mendelsohn 1983, str. 138).

17 Kieval, Hillel J.: *The making of Czech Jewry. National conflict and Jewish society in Bohemia 1870–1918.* New York, Oxford 1988, str. 66.

18 Mendelsohn 1985. Str. 137 (překl.)

19 Wlaschek 1990. Str. 21.

20 Vilsmeier 1987, str. 118; Wlaschek 1990, str. 76.

21 *Šotek,* 10 (1882) číslo 7, str. 165 („Čtenáři pražských časopisů"). – Též na karikatuře v *Šotku,* 12 (1884) číslo 28, str. 112 („Německé dostihy") jsou perzonifikovány německo-české noviny. Zástupce novin *Prager Tagblatt* je Žid jedoucí na praseti, který právě nezvládá překážku „Království české".

22 *Šotek,* 12 (1884) číslo 36, str. 143 („O sjezdu německého spisovatelstva v Praze").

23 *Paleček,* 12 (1884) číslo 14, str. 109 („Vývin židovské literatury").

24 *Šotek,* 12 (1884) číslo 6 str. 23.

25 *Šotek,* 12 (1884) číslo 5 str. 19.

26 Haumann 1985, str. 211.

27 *Šibeničky,* 2 (1920) číslo 40, str. 313.

28 Viz též Venus 1995. Str. 205 a další.

29 *Figaro,* 31 (1887) číslo 18/30.04., str. 72

30 *Figaro,* 35 (1891) číslo 37/12.09., str. 32

31 *Figaro,* 41 (1897) číslo 29/17.07., str. 115

32 *Kikeriki,* číslo 26/1913, 29. 6. 1913, str. 1. Reprodukováno ve Venus 1995, str. 203, kde však v popisu obrázku není poukázáno na souvislost s českým lvem; Časopis *Kikeriki,* založen 1862 ve Vídni, stál od roku 1897 pod silným křesťansko-sociálním vlivem (Venus 1995, str. 202).

33 Červinka, František: The Hilsner Affair. V: *Year Book of the Leo Baeck Institute* 13 (1968) 142–157.

(Překlad: *Alena Gomoll*)

PETER BECHER

Das Bild der Tschechen in der deutschsprachigen Literatur
Schlaglichter auf ein literarisches Phänomen

Nicht so pointiert und zumeist auch nicht so boshaft wie in der Karikatur erscheint das Bild „der anderen" in der Literatur. Seine Funktion im Kommunikationsfeld zwischen Autor und Leser ist vielschichtiger und variabler, es dient nicht nur der Bloßstellung und Herabwürdigung, nicht nur der Absicht ideologischer und politischer Auseinandersetzung. Das literarische Bild ist in ein komplexes Textsystem eingefügt und reagiert auf einen literaturgeschichtlichen und ästhetischen Diskurs, der den jeweiligen Text weit überspannt.

Dennoch fällt es nicht schwer zu zeigen, wie das Bild der Tschechen in der deutsch-böhmischen und -mährischen Literatur, die seit 1918 häufig auch als sudetendeutsche bezeichnet wird, immer wieder in den Dienst aktueller politischer Auseinandersetzungen und einer tief empfundenen kulturellen Rivalität gestellt worden ist, - ebenso wie das Bild der Deutschen in der tschechischen Literatur[1].

In dem von Fritz Mauthner 1985 publizierten Roman *Der letzte Deutsche von Blatna* wird dem ehrlichen, unpolitischen und friedfertigen deutschen Protagonisten Anton Gegenbauer, der schlaue, fanatische und wendige Tscheche Zaboj Prokop gegenübergestellt, der es darauf abgesehen hat, alle Deutschen aus dem Dorf zu drängen[2]. Damit hat Mauthner ein Gegensatzpaar gezeichnet, das von seinen Nachfolgern immer wieder aufgegriffen wurde und über Jahrzehnte hinweg den Themenzusammenhang und die Figurenkonstellation des „Grenzlandromans" tradierte.

Ein ganzes Arsenal national definierter Figuren findet man in Hans Watzliks 1917 erschienenem Roman *O Böhmen!*[3]. Der weiche, versöhnlich gestimmte Deutsche wird hier von Walther Preinfalk dargestellt – „Sind nicht Deutsche wie Tschechen Menschen ..." (40) – demgegenüber der Tscheche Mojmir hart und fanatisch den Standpunkt vertritt: „Die Urheimat muß uns allein gehören ..." (71). Bis auf sein äußeres Erscheinungsbild schlägt diese Einstellung durch: „Sein knochiges Gesicht und der spitze Kinnbart ließen ihn dem Prediger Hus ähneln. Die Mongolenfalte an seinem ruhelosen Auge entstellte ihn./ Das also war der Streitführer und Hetzer Mojmir!/" (70).

An Härte ist ihm nur der Deutsche Jörg Markwart gewachsen: „Mit Faust und Ferse müssen wir Deutschen uns wehren, wenn wir in Böhmen bestehen wollen" (5). Zwischenpositionen gibt es nicht. Preinfalk lernt im Laufe des Romans seine Unentschiedenheit überwinden. Schlimm bestellt – bis in die Physiognomie hinein – ist es dagegen um Kinder aus gemischten Ehen: „Der vierte unter dem wölbenden Baum war ein schmächiger Jüngling, das Kind eines Slawen und einer Deutschen. Sein Antlitz war schwermütig und die dunklen Augen darin waren unstet wie zwei heimatlose Tiere. Er hieß Zwentibold Wlk." (7)

Auch in anderen Romanen werden tschechische Figuren bereits äußerlich negativ, bisweilen sogar abstoßend charakterisiert. Im *Schipkapaß* von Strobl, 1908 erstmals erschienen, 1953 unter dem Titel *Die Flamänder von Prag* neu aufgelegt[4], wird eine tschechische Frau folgendermaßen beschrieben: „Der Ausdruck ihres Mißtrauens war einfältig und plump, eine so ungeschickte Übersetzung des Gefühls in die Gebärde, wie sie etwa auf den Bildern alter Meister vorkommen mag, denen die Form noch nicht vollkommen gehorcht... die Anhäufungen der Sommesprossen zu beiden Seiten der Nase waren ausgedehnte braune Flekken. Ihre Häßlichkeit erinnerte Helene an die Negerweiber aus Dahomey, die sie einmal im ‚Baumgarten' gesehen hatte" (139). Nicht weniger unfreundlich wird ein tschechischer Mann geschildert: „Die merk-würdig leblosen Augen lagen unter überhängenden Brauen, doch waren sie meist nicht sichtbar, weil sie hinter den zusammengekniffenen Augenlidern verschwanden... Wenn dann die Augen wieder verschwanden, so zog sich zugleich damit immer die Oberlippe hinauf wie bei einem Kaninchen, dem man einen Grashalm vorhält... Der ganze Kopf saß auf einem roten Hals mit tiefen Hautfalten, die zusammengeschoben waren wie die Falten auf den Knien eines Elefanten." (275)

Charakterisierungen dieser Art sind jedoch nicht verbindlich für die nationale Wahrnehmung. In Wilhelm Pleyers 1934 publiziertem Roman *Der Puchner* wird der unerwartete und unerwünschte tschechische Schwiegersohn äußerlich sogar positiv geschildert: „Er war ja ein recht hübscher, hellhaariger Bursche, auch gesund und stark." (22)[5] Nicht überall sind Aussehen und Wesen so ineinander gespiegelt wie in Watzliks *O-Böhmen*-Roman. Oft bestehen Spannungen zwischen der Beschreibungs- und der Handlungsebene und nicht selten versteckt sich hinter den Figurenperspektiven eine weitaus differenziertere Erzählperspektive. Im Puchner-Beispiel tritt die negative Charakterisierung des tschechischen Schwiegersohns nicht auf der Beschreibungsebene, sondern auf der sprachlichen und situativen Ebene zutage, durch die Wiedergabe seiner zur Karikatur verfremdeten deutschen Ausdrucksweise und durch die Heftigkeit seines Auftretens, das besonders krass wirkt, weil er dem Zimmermeister in der Rolle des künftigen Schwiegersohnes gegenübertritt.

Zur Vorgeschichte: Resi, die Tochter des Zimmermanns Peter Puchner aus Kolletin hat in Dresden „bei einer Herrschaft" (22) Arbeit gefunden und dort die Bekanntschaft mit dem tschechischen Steinmetz Jaroslav Netschas gemacht. Der erste Besuch im Elternhaus gerät zur Katastrophe, nicht zuletzt deshalb, weil sie bereits in anderen Umständen ist. Die Eltern, vom Erzähler als Menschen geschildert, die „keine großen Verstellungskünstler sind" (22), „ließen... die Mundwinkel hängen, wie sie hingen, und zupften ihre bestürzten Mienen nicht zurecht..." (22-23). Der Vater sagte: „Ich bin ja kein Tschechenfresser ... aber als Schwiegersohn wär mir schon ein Deutscher lieber." (23) Und der künftige Schwiegersohn, auf sein Aussehen und auf Resis Verhalten anspielend, antwortete: „Tu ich arbeiten af Brut, gibt mi kaane gratis, wissen S', Dajtsche schenkte nic! Un blonde Haar, wissen S', gibte Herrgott un kaane Bund der Dajtschen von Bemmen, wissen S'! Un dajtsche Madel is af unneraane – su! su!" Und er machte aufspringend mit häßlich verzerrtem Gesicht die Gebärde gierigen Zugreifens." (22-23) Das Vorurteil des Vaters wird durch diese Ausdrucksweise ebenso bestätigt wie durch die Wertung des Erzählers.

Der Zimmermann schlägt schließlich vor, das Gespräch auf Tschechisch fortzusetzen. Dadurch fällt die karikaturhafte Verkürzung der Ausdrucksweise fort. Umso schärfer tritt die politische Einstellung des tschechischen Schwiegersohnes hervor: „O ja, er wisse schon, daß der Herr Zimmermeister auch tschechisch verstehe, er stecke ja manchen tschechischen Kreuzer und Gulden ein, und er küsse wegen eines Scheunentores oder gar eines Schweinestalles auf einem Meierhof recht gern dem Herrn Grafen die tschechische Hand, und dem Herrn Puchner sein Brot, sei manchmal ebenso tschechisch wie dem Jaroslav Netschas sein Brot in Dresden deutsch. Und das sei überhaupt alles tschechisches Gebiet, das von Dresden, und die Stadt habe nur Draschdjany zu heißen und nicht anders... und es werde gewiß noch einmal anders kommen, da werde noch mancher ein bissel Tschechisch lernen müssen, und da würden dann andere die Steine zuhauen, und da würden die in den großen, schönen Häusern wohnen, denen das Land gehöre!" (24). Kommentar des Erzählers: „Er redete wie ein Irrsinniger." (24)

Die negative Schilderung hängt also nicht zuletzt von der Art und Weise ab, wie der Autor eine Begegnung darstellt, als Zusammenspiel von Erzähler- und Figurenperspektive oder auch als Ineinandergreifen von äußerer Schilderung und innerem Monolog, wodurch dem Leser eine bestimmte Sichtweise und Empfindung nahegelegt wird. Dafür ein weiteres Beispiel:

In den bereits erwähnten *Flamänder(n) von Prag* schildert Karl Hans Strobl Szenen aus dem Prager Studentenleben. Im Mittelpunkt steht der 27jährige Jurastudent Hans Schütz, der bereits 8 Jahre lang studiert und neben dem Engagement für seine Verbindung das eigentliche Studium vernachlässigt hat. Die Sympathie des Erzählers gilt diesem Studenten. Mit seinen Augen werden nationale Gegensätze und tschechische Menschen gezeichnet. Zum Beispiel jene „Gruppe von jungen Männern", denen Schütz am Nepomukstag auf dem Weg zur Moldau begegnet, „tschechische Maler oder Dichter oder Musiker, kurz Leute, die es durch ihr Äußerliches darauf angelegt hatten, aller Welt deutlich anzuzeigen, daß sie es mit irgendeiner Kunst hielten." (25) Das Demonstrative ihrer Kleider und ihres Auftretens wird auch in der weiteren Schilderung betont: „Sie trugen kolossale Mähnen, die in gebrannten Locken bis auf die Schultern fielen, hatten verwegene Schlapphüte oder aber runde Kappen, die an irgendeine slawische Nationaltracht erinnern sollten, und sahen hinter schwarzgefaßten Zwickern glutvoll und herausfordernd jedem Mädchen ins Gesicht". Die ironisierende Übertreibung, „kolossale" Mähnen, „verwegene" Schlapphüte drückt die Ablehnung ebenso aus wie die spöttische Herabsetzung, daß die Kappen an „irgendeine Nationaltracht erinnern sollten". Hans Schütz empfindet aber nicht nur Abneigung. Er „ärgerte sich auch darüber, daß die Mädchen sich durch die Zurufe „wirklich geschmeichelt fühlten". In seine nationale Abneigung mischt sich ein Gefühl der Eifersucht, die „Erfolge der lauten Jünglinge (erregten) seinen Zorn, und rücksichtslos drängte er sich durch ihre Gruppe, um in einen anderen Arm des Stromes zu gelangen" (26). Von den so angerempelten heißt es: Sie „erkannten mit dem Ahnungsvermögen des Hasses den Feind und sendeten ihm einige Flüche und Drohungen nach" (26).

Äußere Schilderung und Empfindungen ergänzen sich nahtlos. Die Sympathieverteilung der Erzählperspektive legt dem Leser die Übernahme der Sichtweise von Hans Schütz nahe. Hält man sich dagegen allein an die mitgeteilten Fakten, so läßt sich auch eine andere Geschichte erzählen: Am Nepomuktag, dem „große(n) Feiertag des Landes", kommen die Leute „scharenweise nach der Hauptstadt". Am Abend gibt es auf der Moldau „immer ein festliches Feuerwerk", weshalb sich „Tausende von Menschen" auf den Ufern und „auf den Brücken" drängen. Auf dem Weg zur Moldau bewegt sich unter den schiebenden und drängenden Menschen auch eine „Gruppe von jungen Männern" mit langen Haaren, Schlapphüten und Kappen, offensichtlich „tschechische Maler oder Dichter", in bester Stimmung, laut lachend, den Mädchen herausfordernd nachschauend und zurufend. Ein junger Mann, offensichtlich ein deutscher Student, der eine zeitlang neben ihnen geht und „vorwärtsgeschoben" wird (25), drängt sich plötzlich „rücksichtslos ... durch ihre Gruppe", so daß sie ihm „einige Flüche und Drohungen" nachsenden (26), ohne sich weiter um ihn zu kümmern.

Die Beispiele mögen genügen, um das Wirken von negativen Stereotypen in der deutschböhmischen Literatur aufzuzeigen. Der damit einhergehende Verlust an Vielschichtigkeit der Erzählzusammenhänge und der Persönlichkeitsprofile wurde dabei von Autoren und Lesern immer wieder in Kauf genommen, womöglich gar nicht bemerkt. Ein Grund dafür mag darin liegen, daß die Kultur des anderen Volkes als existentielle Bedrohung wahrgenommen wurde. Diese Empfindung war mitunter so stark, daß ihr gegenüber alle ästhetischen Fragen zurücktreten mußten. Selbst in literaturwissenschaftlichen Kreisen wurde die These verteidigt, der Dichter dürfe als Diener seines Volkes ästhetische Werte nicht höher veranschlagen, sondern müsse sie stets den ethnischen Anforderungen unterordnen.

In dem Maße, in dem gegenüber einem so gearteten Verständnis- und Erfahrungshorizont differenzierende ästhetische und moralische Maßstäbe als Luxus oder Vernebelung oder einfach nur als Schwäche verstanden werden, geht jedoch auch das Einschätzungsvermögen für spezifisch literarische Qualitäten verloren. Der Verlust erscheint als bedeutungslos, die identitätsstärkende Wirkung als ausschlaggebend. Zu fragen bleibt allerdings, ob diese Verkürzungen bereits der Verwendung von Sterotypen und Vorurteilen an sich anzulasten sind oder ob sich die Verkürzungen erst aus der Funktion ergeben, welche das Sterotyp erhält.

Dieser Frage ist Emer O'Sullivan in seiner vielbeachteten Arbeit über *Das ästhetische Potential nationaler Stereotypen*[6] nachgegangen. Unter Rückgriff auf Hans-Georg Gadamers „Anerkennung der wesenhaften Vorurteilshaftigkeit alles Verstehens", plädiert er dafür,

Stereotypen und Vorurteile in literarischen Texten nicht pauschal zu disqualifizieren, sondern die ablehnende Frage nach ihrem Vorkommen durch die differenzierende Frage nach ihrer Verwendung zu ersetzen: „Wie geht der jeweilige Autor mit Stereotypen um?" (217). Anders gefragt: Sind Stereotypen von vorneherein negativ oder haben sie auch eine andere Funktion? Sind sie womöglich „eine Art schematischer Denk- und Wahrnehmungshilfen, derer sich jeder bedient"? (17) Ist es vielleicht so, daß der „nationale Charakter" eine Zuordnung darstellt, die weder angeboren, noch unwandelbar ist (31) und dennoch gemeinsame Eigenschaften, Verhaltensweisen, Gewohnheiten beschreibt, die in diskriminierender Weise verkürzt, aber auch zutreffend verallgemeinert werden können, um keine endlose Reihe von Einzelbeschreibungen geben zu müssen.

Und übertragen auf literarische Texte: Versuchen sie solche Eigenschaften mimetisch wiederzugeben oder fiktional zu setzen, greifen sie also „außerliterarische nationale Stereotype" auf oder setzen sie innerlitarische „Traditionen und Einflüsse" (37) fort? Müßte man bei der Untersuchung nationaler Stereotype nicht genauer unterscheiden, ob sie auf der Ebene der Autorintention, des Erzählers oder einer der dargestellten Figuren wiedergegeben werden? Müßte man nicht fragen, ob sie zu Zeiten gesellschaftlicher und kultureller Konfrontationen stärker ausgeprägt sind und zu Zeiten wirtschaftlicher und kultureller Entspannung differenzierter gehandhabt werden? Liegt womöglich der Darstellung eines nationalen Bildes in der Literatur oft nur eine Auswahl von Zitaten zugrunde, die ein vorhandenes Vorurteil bestätigt, nicht aber das Ergebnis einer systematisch auswertenden, Beispiele und Gegenbeispiele sorgfältig abwägenden Arbeit?

Tatsächlich läßt sich neben der Reihe negativer Stereotypen bis in die Gegenwart eine zweite Reihe aufzeigen, welche neutrale oder positive Bilder „der anderen" enthält. Diese Reihe ist lediglich weniger bekannt. Nicht nur in den Werken Adalbert Stifters und Marie von Ebner-Eschenbachs und in denen vieler deutschprager Autoren finden sich positive Bilder der Tschechen. Auch die Romane und Erzählungen des 1861 in Neuhaus bei Eger geborenen und später in Berlin lebenden Hans Nikolaus Krauß und des 1859 in Mährisch-Weißkirchen geborenen und später in Wien lebenden Jakob Julius David zeigen solche Tendenzen. 1934, im selben Jahr, in dem Pleyers *Puchner* erschien, wurde auch Josef Mühlbergers Erzählung *Die Knaben und der Fluß*[7] publiziert, welche die Freundschaft zwischen zwei tschechischen Jungen in einem mährischen Dorf schildert. Die Knaben Waschek und Jenjik sind unzertrennliche Freunde, bis das Mädchen Wjera in ihr Leben tritt. Beide werben um sie. Sie entscheidet sich schließlich für Waschek, indem sie einen von zwei verschlossenen Briefen verbrennt, in denen die Namen ihrer Verehrer stehen. Waschek jedoch wird mit dem Konflikt nicht fertig. Er bindet sich einen Stein an die Füße und springt in den Fluß. Viele der national ausgerichteten zeitgenössischen Rezipienten vermochten weder die sprachliche Qualität der Erzählung, noch ihre inhaltliche Tragödie zu schätzen. Ganz im Gegensatz zu Hermann Hesse, der sie „als schönste und einfachste junge Dichtung" bezeichnete, die er „seit langem gelesen habe"[8].

Gut 60 Jahre später schilderte Josef Holub in seinem Roman *Der rote Nepomuk*[9] wieder eine Knabenfreundschaft, diesmal nicht in einem mährischen Dorf, sondern in einer südböhmischen Kleinstadt angesiedelt. Nicht zwei tschechische, sondern ein deutscher und ein tschechischer Junge stehen im Mittelpunkt der Handlung, die ebenfalls tragisch endet, allerdings nicht mit dem Tod, sondern mit der durch die politischen Umstände bedingten Trennung – die Erzählung spielt im Jahr 1938. Begonnen hatte die Freundschaft im Streit. Gemeinsam mit einem Freund hat der deutsche Junge Josef den tschechischen Jungen Jirschi auf eine Eisplatte im Fluß gedrängt. Das hätte gefährlich enden können. Am Ostermontag kommt die Revanche: Jirschi fordert den Josef zum Zweikampf heraus und besiegt ihn. Seitdem treffen sie sich immer öfters, schließlich „sagt der Tschechenbub das erste Mal etwas. Er sagt, daß er Jirschi heißt ... / Ich sage, daß ich der Josef bin, ganz einfach der Josef ... Er schaut mich eine Weile an, dann meint er, du bist der Pepitschek, und das sagt er so weich, daß ich an einen gezogenen Apfelstrudel mit viel Zimt und Zucker denken muß" (58).

Zwischen diesen beiden Jungengeschichten liegen Bücher wie der 1963 publizierte Prag-Roman *Jarmila* von Franz Hauptmann, der eine differenzierte Studie der Prager Bevölkerung in den braunen Jahren darstellt[10], und der 1974 erschienene Pilsen-Roman von Gertrud Fussenegger *Das Haus der dunklen Krüge*[11], in dem die stille, souveräne Würde des tschechischen Mädchens Marie, das in eine deutsche Patrizierfamilie heiratet, alle anderen Figuren an Wärme und Sympathie überstrahlt.

Josef Mühlberger wurde 1935 angegriffen, weil er es gewagt hatte, seine Knabengeschichte in einem tschechischen Milieu anzusiedeln, und weil die Zuneigung der Knaben zueinander als angeblich homoerotische Darstellung abgelehnt wurde[12]. Josef Holub dagegen erhielt für seinen „roten Nepomuk" 1993 den Peter-Härtling-Preis für Kinderliteratur. Ein Beleg dafür, wie stark sich Vorurteile und Wahrnehmungen ändern können.

ANMERKUNGEN

1 Vgl. dazu Jan Jiroušeks Beitrag im vorliegenden Katalog sowie u.a. Anton Willimek: Die Gestalt des Tschechen in der sudetendeutschen Dichtung. In: *Volk an der Arbeit*. Reichenberg 1937, 293–297. – R. W.: Der Tscheche im deutschen Schrifttum. In: *Volk und Führung*. Reichenberg 1937, 556–559. – Franz Hiller: Das Bild der Deutschen im tschechischen Schrifttum. In: *Volk an der Arbeit. Kulturpolitische Monatsblätter*. Reichenberg 1938, 248–253. – Ružena Grebeničková: *Das Bild des Deutschen in der slavischen – vornehmlich tschechischen – und das Bild des Tschechen in der deutschen Literatur des 19. Jahrhunderts*. Mettmann 1976. – Georg R. Schroubek: Prag und die Tschechen in der deutschböhmischen Literatur. Volkskundliche Überlegungen zum nationalen Stereotyp. In: *Zeitschrift für Volkskunde*. Stuttgart, II/1979, 201–215. – Georg R. Schroubek: Die böhmische Köchin. Ihre kulturelle Mittlerrolle in literarischen Zeugnissen der Jahrhundertwende. In: *Dienstboten in Stadt und Land. Vortragsreihe zur Ausstellung „Dienstbare Geister"*. Berlin 1982. – Peter Drews: Das Bild der Deutschen in der tschechischen Literatur. In: *Sudetenland*. München 1985, 287–296. – Václav Maidl: Darstellung der deutsch-sprechenden Gestalten in der tschechischen Literatur nach 1945. Vortragsmanuskript. Treffen der Bibliothekare von Oberösterreich und Südböhmen. Strobl am Wolfgangssee. 3./4.12.1992. – Die im Text angeführten Zahlen in Klammer beziehen sich auf die jeweiligen Seiten im Buch. Václav Maidl und Georg R. Schroubek sei für ihre Hinweise besonders gedankt.

2 Fritz Mauthner: *Der letzte Deutsche von Blatna*. Mit einem Nachwort von Viktor Aschenbrenner. Reprint. München 1975.

3 Hans Watzlik: *O Böhmen!* Roman. 6.–8.Tausend. Leipzig 1918.

4 Karl Hans Strobl: *Die Flamänder von Prag*. Roman. Mit einem Vorwort von Mirko Jelusich. München 1953.

5 Wilhelm Pleyer: *Der Puchner. Ein Grenzlandschicksal*. München 1934.

6 Emer O'Sullivan: *Das ästhetische Potential nationaler Sterotypen in literarischen. Auf der Grundlage einer Untersuchung des Englandbildes in der deutschsprachigen Kinder- und Jugendliteratur nach 1960*. Tübingen 1989. Für den Hinweis auf dieses Buch danke ich Lew Zybatow, Bielefeld/Leipzig.

7 Josef Mühlberger: *Die Knaben und der Fluß*. Erzählung. Leipzig 1934.

8 Zitiert in Josef Mühlberger: Leben an Grenzen. Autobiographisches Nachwort. In J. M.: *Türkische Novelle*. Bad Wörishofen 1948. 74–75.

9 Josef Holub: *Der rote Nepomuk*. Roman. Vorwort von Peter Härtling. Weinheim und Basel 1993.

10 Franz Hauptmann: *Jarmila: Roman einer Stadt*. München 1963.

11 Gertrud Fussenegger: *Das Haus der dunklen Krüge*. Roman. München 1974.

12 Wilhelm Pleyer, in Will Vesper (Hg.): *Die Neue Literatur*. Leipzig, Heft 2, 1935, 109.

PETER BECHER

Obraz Čechů v německé literatuře

Literární fenomén pod lupou Obraz „těch druhých" v literatuře se nejeví tak pointovaně a většinou ani ne tak zlomyslně jako v karikatuře. Jeho role v komunikačním poli mezi autorem a čtenářem se odehrává v mnohem více rovinách a je daleko variabilnější, neslouží pouze odhalování slabin a zlehčování či pouze úmyslu ideologického a politického boje. Literární obraz je začleněn do komplexního textového systému a reaguje na literárně-historický a estetický diskurs, který dalece překračuje hranice příslušného textu.

Přesto není těžké ukázat, jak toto pojetí Čechů v německo-české a německo-moravské literatuře, označované od roku 1918 často za sudetoněmeckou, znovu a znovu sloužilo aktuálním politickým šarvátkám a hluboké kulturní rivalitě, – stejně jako obraz Němců v české literatuře[1].

V románě Fritze Mauthnera, publikovaném v roce 1985, *Der letzte Deutsche von Blatna* („Poslední Němec z Blatné") je čestný, apolitický a mírumilovný německý protagonista Anton Gegenbauer konfrontován s vychytralým, fanatickým a horlivým Čechem Záhojem Prokopem, který má za cíl, vyhnat všechny Němce z vesnice[2]. Tím vykreslil Mauthner protikladnou dvojici, na niž znovu a znovu navazovali jeho následníci a po desetiletí tradovali tématickou souvislost a konstelaci postav v „pohraničním románě".

Celý arsenál národně definovaných postav nalezneme v románu Hanse Watzlika *O Böhmen!* („Ó Čechy!")[3]. Měkký, smířlivě naladěný Němec je zde představován Waltherem Preinfalkem – „Nejsou Němci také lidé jako Češi …" (40) – v protikladu k němu stojí postava Čecha Mojmíra, který tvrdě a fanaticky zastává své stanovisko: „Naše pravlast musí patřit pouze nám samým…" (71). Toto stanovisko odráží i jeho zjev:

„Jeho kostnatý obličej a špičatá bradka vyvolávala představu kazatele Husa. Mongoloidní ráz jeho neklidných očí ho hyzdil. /To byl tedy hlavní aktér sváru a štváč Mojmír!/" (70)

V trvdosti se s ním mohl měřit jen Němec Jörg Markwart: „My Němci se musíme bránit rukama nohama, chceme-li v Čechách obstát." (5) Kompromis neexistuje. Preinfalk se naučí v průběhu románu překonávat svou nerozhodnost. Horší je to s dětmi ze smíšených manželství – tímto problémem je poznamenána i jejich fyziognomie: „Čtvrtým pod klenutým stromem byl vyzáblý mládenec, dítě Slovana a Němky. Z jeho zasmušilé tváře vyhlížely dvě neklidné, temné oči štvaného zvířete. Jmenoval se Zwentibold Wlk." (7)

I v jiných románech jsou české postavy charakterizovány již od pohledu negativně, někdy až odpudivě. V knize *Schipkapaß* („Průsmyk Šipka") od Strobla, která vyšla poprvé v roce 1908 a která byla nově vydána roku 1953 v Praze pod titulem *Die Flamänder von Prag* („Pražští flamendři")[4], najdeme následující popis české ženy: „Výraz její nedůvěry byl slabodušný a tupý, neobratný přenos citu do mimiky, asi jako na obrazech starých mistrů, kteří ještě zápasili s formou … nespočetné pihy po obou stranách nosu splývaly do rozplizlých hnědých skvrn. Její ošklivost připomínala Heleně černošku z Dahomey, kterou jednou viděla ve Stromovce" (139). Neméně negativně je popisován český muž: „Podivně strnulé oči ležely hluboko pod převislým obočím, většinou téměř neviditelné, protože se skrývaly za přivřenými víčky … A když oči potom opět zmizely, nakrčil se současně jeho horní ret jako u králíka, kterému se nabízí stéblo trávy … Hlava byla posazená na rudém krku s hlubokými vráskami, svrašťujícími se jako záhyby na koleně slona." (275)

Charakteristiky tohoto druhu nejsou však závazné pro národní vnímání. V románě Wilhelma Pleyerse *Der Puchner*, publikovaném roku 1934, je neočekávaný a nežádoucí český zeť líčen dokonce pozitivně: „Byl to vskutku hezký, světlovlasý mládenec, také zdravý a silný." (22)[5] Ne všude korespondují spolu zevnějšek a charakter tak, jako ve Watzlikově románu *O Böhmen* („Ó Čechy"). Často dochází k napětí mezi rovinou popisu a jednání a ne zřídka se skrývá za perspektivou postav daleko diferencovanější perspektiva vypravěčská. Tak se např. u „Puchnera" neobjevuje negativní charakteristika českého zetě v rovině popisu, nýbrž v rovině jazykové a situační, reprodukcí jeho až do karikatury zkresleného německého způsobu vyjadřování a intenzitou jeho vystupování, které působí zvláště drsně v okamžiku, kdy se setkává v roli budoucího zetě s mistrem tesařským.

K přechozímu ději: Resi, dcera tesařského mistra Petera Puchnera z Kolletina, našla práci v Drážďanech „u panstva" (22) a seznámila se tam s českým kameníkem Jaroslavem Netschasem. První návštěva v domě jejích rodičů skončila katastrofou, v neposlední řadě proto, že již byla v jiném stavu. Rodiče, kteří jsou vypravěčem líčeni jako „lidé, kteří neovládali dobře umění přetvářky" (22) svěsili ještě více koutky úst a nebyli ohromením schopni ovládnout svůj zděšený výraz ..." (22–23). Otec řekl: „Nejsem žádný čechožrout ... ale jako zeť by mi byl Němec milejší." (23) A budoucí zeť odpověděl s narážkou na svůj zevnějšek a Resino chování skomolenou němčinou: „Vydělávám si na chleba sám a nikdo mi nic nedá. Víte, Němci nikomu nic nedarují. A blond vlasy jsou od pána Boha ne od svazu Němců v Čechách, víte. A německý holky se na nás třesou, abyste věděl!" A s obličejem zhyzděným ohavnou grimasou vyskočil a chtivě vztáhl ruce v oplzlém gestu." (22–23) Jeho způsob vyjadřování potvrzuje předsudek otce, stejně tak jako hodnotící líčení vypravěče.

Tesař nakonec navrhuje, aby se v rozhovoru pokračovalo česky. Tím odpadne karikovaná zkratkovitost Netschasovi výrazové formy. Tím ostřeji však vystupuje do popředí politické přesvědčení českého zetě: „Ó ano, jistěže je mu známo, že mistr tesařský rozumí i česky, však si vstrčí do kapsy mnohý český krejcar či zlatku a kvůli vratům do stodoly nebo dokonce do prasečníku velkostatku rád líbá českou ruku pana hraběte, a chleba pana Puchera je někdy stejně český jako chleba Jaroslava Netschase v Drážďanech německý. A stejně je to všecko české území, okolo města Drážďan, a Dresden se má jmenovat jenom Drážďany a nijak jinak ... a určitě to bude jednou jinak, leckdo se bude muset naučit trochu česky, a pak budou jiní tesat kameny, a ve velkých, krásných domech budou bydlet ti, jimž země skutečně patří!" (24). Komentář vypravěče: „Mluvil jako šílenec." (24)

Toto negativní líčení nezávisí tedy pouze na způsobu, kterým autor zobrazuje setkání, jako souhru vypravěčské perspektivy a perspektivy postav nebo jako zasahování vnějšího líčení a vnitřního monologu do sebe, čímž je čtenáři naznačován jistý způsob náhledu a cítění. Pro to další příklad:

V již zmíněném románu *Die Flamänder von Prag* líčí Karl Hans Strobl scény z pražského studentského života. V centru dění stojí sedmadvacetiletý student práv Hans Schütz, který studuje již osm let a pro své angažmá v buršáckém spolku zanedbává vlastní studium. Vypravěč sympatizuje s tímto studentem. Jeho očima jsou vykreslovány národní protiklady a české obyvatelstvo. Tak např. ona „skupina mladých mužů", které potká Schütz na cestě k Vltavě ve svátek Jana Nepomuckého, „čeští malíři, básníci nebo hudebníci, zkrátka lidé, kteří svým zevnějškem chtějí celému světu zřetelně demonstrovat, že jsou zástupci světa umění." (25) Nápadné prvky jejich oblečení a jejich vystupování jsou zdůrazňovány i v jejich dalším líčení: „Měli kolosální hřívy, které jim padaly v naondulovaných loknách na ramena, odvážné širáky nebo kulaté čapky, které měly upomínat na jakýsi slovanský národní kroj a vysílali zpoza černě orámovaných cvikrů palčivé a vyzývavé pohledy do tváří všech kolemjdoucích dívek". Ironizující nadsázka „kolosální" hřívy a „odvážné" širáky vyjadřuje odmítavý postoj stejně tak jako posměšné, zlehčující tvrzení, že čapky „měly upomínat na jakýsi národní kroj". Hans Schütz nepociťuje však pouze odpor. Popuzovalo také to, že děvčata se těmito výkřiky cítila vskutku polichocena". Do jeho národní averze se mísil i pocit žárlivosti, „úspěchy hlučných mladíků v něm vyvolávaly zlost, a bezohledně se prodíral jejich skupinou, aby se dostal na druhou stranu proudu" (26). O osobách, do nichž vrážel, říká: „Instinktem nenávisti vytušili nepřítele a vyslali za ním řadu kleteb a výhružek" (26).

Líčení vnějších okolností a emoce se doplňují bez přechodu. Rozložení sympatií z perspektivy vypravěče vede čtenáře k převzetí náhledů Hanse Schütze. Kdybychom se však drželi pouze sdělených faktů, dal by se vyprávět také zcela jiný příběh: Na svatého Nepomuka, v den „největšího svátku celé země", přicházejí lidé „houfně do hlavního města". Večer se u Vltavy vždy pořádá „slavnostní ohňostroj", a proto se na březích „a mostech" tlačí „tisíce lidí". Cestou k Vltavě se mezi valícím davem pohybuje také „skupina mladých mužů" s dlouhými vlasy, širáky a čapkami, zřejmě „čeští malíři nebo básníci", v jiskřivé náladě – hlasitě se smějí, vyzývavě se dívají za děvčaty a pokřikují na ně. Jakýsi mladý muž, zřejmě německý student, který jde určitou dobu vedle nich a je „sunut davem vpřed" (25) se náhle začne „bezohledně prodírat ... jejich skupinou", takže za ním vyšlou „několik kleteb a výhružek" (26), aniž by se o něho dále starali.

Tyto příklady jistě postačí k demonstraci působení stereotypů v německo-české literatuře, jejichž pomocí je zprostředkováván negativní obraz Čechů. S tím spojená ztráta mnohovrstevnosti vypravěčských souvislostí a profilů osobností byla při tom autory i čtenáři znovu a znovu akceptována, mnohdy nebyla dokonce ani zpozorována. Důvod pro tuto skutečnost lze možná hledat i v tom, že kultura druhého národa byla chápána jako ohrožení vlastní existence. Toto cítění bylo někdy tak silné, že v konfrontaci s ním musely ustoupit do pozadí veškeré estetické otázky. Dokonce i v literárněvědeckých kruzích byla obhajována téze, že básník jako služebník svého národa nesmí stavět estetické hodnoty výše nežli etnické, jejichž požadavkům je musí podřídit.

Ve stejné míře, ve které jsou od takovéhoto druhu horizontu porozumění a zkušeností odlišná estetická a morální měřítka považována za luxus, zamlžování nebo mnohdy pouze za slabost, se ztrácí i schopnost ocenění specificky literární kvality. Tato ztráta se zdá být bezvýznamnou a rozhodující je účinek posilující identitu. Zbývá však otázka, zda vinu za tuto zkratkovitost nese používání stereotypů a předsudků jako takových nebo zda tato zkratkovitost vyplývá teprve z funkce, kterou tento stereotyp obsahuje.

Touto otázkou se zabýval Emer O'Sullivan ve své pozoruhodné práci o „Estetickém potenciálu národních stereotypů"[6]. S ohledem na dílo Hans-Georga Gadamerse *Anerkennung der wesenhaften Vorurteilshaftigkeit alles Verstehens* („Uznání podstaty předsudkovitosti všeho chápání") se zasazuje o to, aby nedocházelo k paušální kvalifikaci stereotypů a předsudků v literárních textech, nýbrž aby zamítavá otázka po jejich výskytu byla nahrazena diferencující otázkou po jejich použití: „Jak zachází se stereotypem příslušný autor?" (217). Jinými slovy: Jsou stereotypy od prvopočátku negativní nebo mají i jinou funkci? Mohou být popřípadě i „jakýmsi druhem schematického pomocného prostředku myšlení a vnímání, kterého může kdokoli využít"? (17) Nebo je to tak, že „národní charakter" představuje jakousi klasifikaci, která není ani vrozená ani změnitelná (31) a přesto popisuje společné vlastnosti, způsob chování a zvyky, které mohou být diskriminujícím způsobem zkracovány, ale i výstižně zevšeobecňovány, aby nedocházelo k nekonečným řadám jednotlivých popisů.

Přeneseno na literární texty: Pokouší se mimeticky reprodukovat takovéto vlastnosti nebo je fiktivně vymezit, zachycují tedy „mimoliterární národní stereotypy" nebo pokračují ve vnitřně literárních „tradicích a vlivech" (37)? Nemělo by se při zkoumání národních stereotypů přesněji rozlišovat, zda jsou reprodukovány v rovině autointence, v rovině vypravěče či v rovině zobrazované postavy? Neměli bychom si položit otázku, zda se v dobách společenské a kulturní konfrontace projevují silněji a zda se s nimi v dobách hospodářského a kulturního uvolnění zachází diferencovaněji? Spočívá vykreslení národního obrazu v literatuře často jen na výběru citátů potvrzujících stávající předsudek a ne výsledek systematicky vyhodnocující práce, pečlivě zvažující pozitivní i negativní příklady?

Ve skutečnosti lze vedle zmíněné řady negativních stereotypů zasahujících až do současnosti prezentovat ještě řadu druhou, obsahující neutrální či dokonce pozitivní obraz „těch druhých". Tato řada je pouze méně známá. Není to jen v dílech Adalberta Stiftera a Marie von Ebner-Eschenbach, ale i u mnohých dalších německých autorů, kde nalezneme pozitivní obraz Čechů. I romány a povídky Hanse Nikolause Krauße narozeného 1861 v Chaloupkách u Chebu a žijícího později v Berlíně a Jakoba Julia Davida narozeného 1859 v Bílem Kostele nad Nisou a žijícího později ve Vídni ukazují takovéto tendence. V roce 1934, tedy ve stejném roce, ve kterém vyšel Pleyersův *Puchner*, byla publikována i povídka Josefa Mühlbergera *Die Knaben und der Fluß* („Chlapci a řeka")[7], která líčí přátelství mezi dvěma českými chlapci v malé moravské vesnici. Waschek a Jenjik jsou nerozlučnými přáteli, dokud do jejich života nevstoupí dívka Wjera. Oba se o ni ucházejí. Wjera se nakonec rozhodne pro Waschka tím způsobem, že spálí jeden ze zalepených dopisů obsahujících jména jejích ctitelů. Waschek se však nemůže s tímto konfliktem vyrovnat. Přiváže si na nohy kámen a skočí do řeky. Velké množství národně orientovaných recipientů tehdejší doby nebylo schopno ocenit ani jazykovou kvalitu povídky ani její obsahovou tragédii. Zcela v rozporu s Hermannem Hessem, který ji označil za „nejkrásnější a nejprostší mladé poetické dílo", jaké „již dlouho nečetl."[8]

O dobrých 60 let později líčí Josef Holub ve svém románě *Der rote Nepomuk* („Červený Nepomuk") opět chlapecké přátelství, tentokrát ne na moravské vesnici, nýbrž ho situuje do jihočeského maloměsta. Ústředními postavami zde nejsou dva čeští chlapci, nýbrž jeden německý a jeden český. Povídka skončí rovněž tragicky, i když ne smrtí, nýbrž rozchodem podmíněným politickými okolnostmi – děj se odehrává totiž v roce 1938. Přátelství začalo hádkou. Německý chlapec Josef zahnal totiž společně se svým kamarádem českého kluka Jiřího na ledovou kru v řece. To mohlo špatně skončit. Na velikonoční pondělí došlo k odvetě: Jiří vyzve Josefa na zápas a porazí ho. Od té doby se stále častěji schází, a nakonec „český chlapec poprvé promluví. Řekne, že se jmenuje Jiřík ... / Já řeknu, že jsem Josef, zkrátka Josef... Chvíli se na mne dívá a potom odvětí – ty jsi Pepíček, a řekne to tak měkce, že se mi vybaví voňavý jablkový závin se spoustou cukru a skořice" (58).

Mezi těmito dvěma povídkami ze života chlapců jsou knihy o Praze jako např. román *Jarmila* Franze Hauptmanna, vydaný v roce 1963, který je diferencovanou studií pražského obyvatelstva v období tzv. „hnědých let"[10], tedy doby nacistické okupace, a román z plzeňského prostředí *Das Haus der dunklen Krüge* („Dům tmavých džbánů")[11] od Gertrud Fussenegger, ve kterém tichá a přirozená důstojnost české dívky Marie, která se přivdá do německé patricijské rodiny, stejně jako její něha a sympatie, které vyzařuje, zastíní všechny ostatní postavy. Josef Mühlberger byl v roce 1935 kritizován za to, že se odvážil situovat svou povídku o chlapeckém přátelství do českého prostředí a jejich vzájemná náklonost byla odmítnuta jako homoerotická[12]. Oproti tomu obdržel Josef Holub za svého „Červeného Nepomuka" v roce 1993 cenu Petra Härtlinga za dětskou literaturu. Doklad toho, jak silně se mohou změnit předsudky a názory.

Poznámky

1 Srovnej příspěvek Jana Jirouška v tomto katalogu a mezi jinými Antona Willimka: Die Gestalt des Tschechen in der sudetendeutschen Dichtung V: *Volk an der Arbeit*. Liberec 1937. 293-297. – R. W.: Der Tscheche im deutschen Schrifttum. V: *Volk und Führung*. Liberec 1937, 556-559. – Franz Hiller: Das Bild der Deutschen im tschechischen Schrifttum. V: *Volk an der Arbeit. Kulturpolitische Monatsblätter*. Liberec 1938, 248-253. – Ružena Grebeničková: *Das Bild des Deutschen in der slavischen – vornehmlich tschechischen – und das Bild des Tschechen in der deutschen Literatur des 19. Jahrhunderts*. Metmann 1976. – Georg R. Schroubek: Prag und die Tschechen in der deutschböhmischen Literatur. Volkskundliche Überlegungen zum nationalen Stereotyp. V: *Zeitschrift für Volkskunde*. Stuttgart. II/1979, 201-215. – Gerog R. Schroubek: Die böhmische Köchin. Ihre kulturelle Mittlerrolle in literarischen Zeugnissen der Jahrhundertwende. V: *Dienstboten in Stadt und Land. Vortragsreihe zur Ausstellung „Dienstbare Geister"*.

Berlín 1982. – Peter Drews: *Das Bild der Deutschen in der tschechischen Literatur.* V: *Sudetenland.* Mnichov 1985, 287–296. – Václav Maidl: Darstellung der deutschsprechenden Gestalten in der tschechischen Literatur nach 1945. Manuskript k přednášce. Setkání knihovníků z Horního Rakouska a jižních Čech. Strobl am Wolfgangsee. 3./4.12.1992. – V textu uvedená čísla v závorkách se vztahují na příslušné strany v knize. Děkujeme zvláště Václavu Maidlovi a Gerogu R. Schroubkovi za jejich pokyny.

2 Fritz Mauthner: *Der letzte Deutsche von Blatna.* S doslovem od Viktora Aschenbrennera. Reprint. Mnichov 1975.

3 Hans Watzlik: *O Böhmen!.* Román. 6.–8. tisíc. Lipsko 1918.

4 Karl Hans Strobl: *Die Flamänder von Prag.* Román. S předmluvou od Mirka Jelusicha. Mnichov 1953.

5 Wilhelm Pleyer: *Der Puchner. Ein Grenzlandschicksal.* Mnichov 1934.

6 Emer O'Sullivan: *Das ästhätische Potential nationaler Stereotypen. Auf der Grundlage einer Untersuchung des Englandbildes in der deutschsprachigen Kinder- und Jugendliteratur nach 1960.* Tübingen 1989. Za upozornění na tuto knihu děkuji Lwu Zybatowi, Bielefeld/Leipzig.

7 Josef Mühlberger: *Die Knaben und der Fluß.* Povídka. Lipsko 1934.

8 Citováno v Josefu Mühlbergerovi: *Leben an Grenzen. Asutobiographisches Nachwort.* V: J. M.: *Türkische Novelle.* Bad Wörishofen 1948. 74–75

9 Josef Holub: *Der rote Nepomuk.* Román. Předmluva od Petra Härtlinga. Weinheim a Basilej 1993.

10 Franz Hauptmann: *Jarmila: Roman einer Stadt.* Mnichov 1963.

11 Gertrud Fussenegger: *Das Haus der dunklen Krüge.* Román. Mnichov 1974.

12 Wilhelm Pleyer, v Will Vesper (vyd.): *Die Neue Literatur.* Lipsko, sešit 2, 1935, 109.

(Překlad: *Alena Gomoll*)

JAN JIROUŠEK

Báseň a polopravda. Ke komickému obrazu Němce v české literatuře

„Němci jsou prazvláštní lidé. Líbí se jim jejich krajané v Alpách, kteří jsou volatí až jedna radost, jedí arsenik a jodlují. Jsou nadšeni, když jejich synové, studující na univerzitě, jezdí v nábytkovém voze na malém německém městě a vevnitř vozu mají sud piva a hulákají. Němcům se líbí Mnichov, ne snad kvůli obrazárně i jiným vynikajícím budovám, ale proto, poněvadž je tam 52 pivovarů. [...] Každý Němec má rád uniformu. Od cidiče stok v Německu až po štábní důstojníky. [...] Jsou čtenáři románů, které končí smutně, myslí, že Goethe a Schiller jsou nejslavnějšími básníky vůbec na celém světě, kteří se kdy zrodili. [...] Němci o sobě tvrdí, že jsou nejkulturnějším národem, a proto v Německu se ještě popravuje sekerou." – Nebyl to nikdo menší než Jaroslav Hašek, kdo napsal tyto řádky: V povídce (vydané v r. 1911) o *Adele Thoms z Haidy, německé učitelce*[1], která po své prázdninové cestě Bavorskem a Rakouskem zavítá do Prahy, aby s podivem zjistila, jak se tu český živel rozmáhá. „To je divné", říká vypravěči, „jak úřady trpí češtinu. Vždyť ještě před dvaceti lety byla Praha úplně německá. Byl o tom článek v ‚Reichenberger Zeitungu'. Před dvaceti lety se jinak nemluvilo v Praze než německy; z toho je vidět, že v Praze jsou samí počeštění Němci. Četla jsem od Strobla román ‚Schipkapass'.[2] A to je přece hrozné, co vy vyvádíte s Němci. [...] Vy Češi musíte přece uznat, že v Čechách jste jen přistěhovalci a že osadili jste starou německou provincii. Ale vy nyní na to zapomínáte a chcete nás počeštit." A vypravěč na to pohotově odvětí: „Samo sebou se rozumí, slečno, [...] Prahu jsme již počeštili. Olomouc a Brno octne se zanedlouho v našich rukách. Pak přijde Vídeň na řadu. Ta bude za pár let úplně česká. Němci ve Vídni nebudou smět mít německé školy, a které mají dosud v Praze, ty jim zavřeme. Pak potáhneme na Berlín." – Nemělo by valného smyslu oponovat Haškovi v jeho poznámkách, které činí na adresu Němců: například,

že to jistě není jen těch dvaapadesát pivovarů, ale právě i Pinakotéka a jiné vynikající budovy, které v Mnichově Němci postavili, aby v tomto městě našli své zalíbení. Neboť tu máme co činit nejen obecně s literární fikcí a uměleckou licencí, nýbrž také s určitou tvůrčí oblastí, v jejímž rámci je znázorněná realita výrazně a záměrně deformována. Zvelíčení jednoho, potlačení druhého, zjednodušení a neúměrnost celku utvářejí pitvorný obraz, který si dobírá, kritizuje a vysmívá se: karikaturu.

Že karikatura není výsadou výtvarného umění, ukazují celé literární dějiny. Že si karikatura bere na mušku také národy, jejich zástupce či jejich kulturu a jazyk, dokládají vydatně její novodobé dějiny. Že tento historicky podmíněný nacionální příp. nacionalistický akcent vrcholí v posledních dvou stoletích, ukazují nejen německé a české příklady. Jelikož se však vzhledem k tomuto půvabnému tématu nacházíme v oblasti česko-německých/německo-českých, tedy vpravdě sousedských vzájemných protislužeb, a jelikož je mým úkolem se zmínit o české literární reflexi Němců/němectví, začal jsem hned citátem z Haškovy povídky, citátem, který může být zrovna tak reprezentativním jako zavádějícím.

Reprezentativním proto, že ztělesňuje v dosti komprimované podobě negativní představy o Němcích, které se zdají být poplatné některým konvencím ba stereotypům, fungujícím v českém kontextu: Nedostatek kritické sebereflexe, přeceňování všeho, co je považováno za vlastní, a tudíž i podceňování toho, co tímto vlastním není, případně být nechce, suverénní netaktnost ba bezohlednost, necitlivost kompenzovaná bodrostí na jedné a afektovanou sentimentalitou na druhé straně, intolerance, expanzivita, xenofobie, nepřirozenost, křečovitost, přehnaná systematičnost a hlavně fetišizace pořádku a kázně... takto by se asi dalo začít s výčtem negativních vlastností, o kterých se v této souvislosti často mluví. Nechci rozvádět otázku, nakolik se na tvorbě a udržování těchto či podobných představ podílela sama literatura; jejich příznaky tu však přítomny jsou – přirozeně s přihlédnutím k časové a místní variabilitě konkrétních podob a při užití mnohdy daleho mírnějšího a více diskurzního výraziva než jak je tomu v případě citovaného Haškova textu.

Celou řadu dokladů bychom našli právě v literatuře 19. století, kdy referovaná skutečnost, její problematika, charakterizace postav a prostředí, jsou často národně definovány – a kdy pojem české identity je artikulován na pozadí antagonismu s němectvím. Vlastenecká satira, zaměřená proti německému živlu, neměla však vzhledem k cenzurním zásahům vždy stejné možnosti; mnohdy se uchylovala do nepřímého náznaku, příp. alegorie, anebo byla publikována se značným zpožděním. Tak byla např. postižena část epigramatické tvorby Františka Ladislava Čelakovského z 30. a 40. let (za zmínku tu stojí pochopitelně ty texty, které jsou protiněmecky zaměřené): V epigramu *Další vývod* jde o motiv dubu jakožto Němci užité metafory německého jazyka: „‚Jak silný dub jest jazyk náš!' / Tak sami doktoři jejich brebentí. / I rád věřím, a ještě k tomu – Že plod jest podle stromu, / A podle plodu konsumenti."[3] Epigram *Německé knihkupectví* je ironickou chválou a přáním: „Jak plesá srdce podivem / Nad tím literárním stavivem, / Jakého Němci nakopili. / Bůh jen jich práci k cíli veď, / V krajích duchův by dostavili, / Kterou tak šťastně založili, / Věž Babelskou a čínskou zeď."[4] *Šiřitelé osvěty* je kritikou teze, podle níž by Němci mohli šířit kulturu ve slovanském prostředí, neboť jejich vlastní kultura je prý „výpadem ze břidké žumpy". Na slovní hříčce je postaven epigram *Valhala*: „Věčně duším kde se váleti jest a zaháleti, trefně / Místo to rozkošné Valhala zůve Němec"[5].

V souvislosti s tímto žánrem nelze opomenout Karla Havlíčka Borovského. Jeho epigramy psané na různá témata a k různým příležitostem se dotýkají i vztahu k Němcům: *Umgang mit den Menschen*: „Také tobě, N**, radu dám: / nemluv před lidmi o sobě sám. / Neboť jest to proti zdvořilosti / mluvit o neřádu ve společnosti" (1845)[6]. Jindy je tu objektem posměchu německá věda, politika a především pak dobové germanizační tendence. Podobné postoje Havlíček vyjadřuje v krátkých satirických článcích, vydávaných časopisecky koncem 40. let. Např.: O události v Lipsku (*Jak Němci v Lipsku hudbě rozumějí*), kdy byl prý publikem omylem vypískán kus J. S. Bacha, prezentovaný jako „symfonie z časů Gottschedových"[7]; anekdotu o Němci, Angličanu a Francouzi, kteří měli nakreslit velblouda: Francouz i Angličan pracovali podle skutečnosti, zatímco Němec „zalezl do svého pokoje, rýpal se v knihách, přemýšlel, počítal, porovnával, aby po několikaletém pilném bádání zkonstruovati mohl velbloudí bytost dle hlubokých názorů a z takového stanoviska, jaké prapramen všeho bytí v souměrných řádech veškerenstva velbloudovi byl vykázal. – Od té doby minulo již dvacet let, Francouz i Angličan již oba umřeli, ale Němec pořád ještě konstruuje velblouda."[8] Satirická glosa *Aristoteles a Quintilián jsou vlastně Němci* míří mj. na soudobý stav Karlovy univerzity, o níž jeden učenec „ve své nadšenosti" pravil, „že jest naše univerzita nejstarší německá univerzita, což my po něm takto opakujeme: že jest nejstarší, nyní německá univerzita. Bylať ona arci někdy také: nejstarší česká univerzita"[9]. Panovačnost a aroganci vůči Čechům Havlíček připisuje i německému liberálnímu tisku: Ve stati *Úvod k zeměpisu české země* s podtitulem „Jak by na základě rovnoprávnosti dle některých německých časopisů vypadal" (1849) najdeme tyto ironické poznámky: „Čechové pocházejí z kmene Slovanů, z kmene polobarbarského, poněvadž ještě surového, který ani pravé svobody schopen není. Čechové milují svůj národ a blouzní mnoho o taknazvané rovnoprávnosti, kterou však jen na papíře mají. Jejich řeči velmi těžko jest se naučiti, obzvláště pro ty, kteří se jí ani přiučit nechtí. Oni tuto řeč nadevšecko milují a dali by všecko všanc, kdyby přišla řeč v nebezpečenství. Není však tato láska nebezpečná, nebo patří jen mezi taknazvané Nationalitätsliebhaberei. Němec v Čechách přebývající miluje svobodu více než řeč a národnost, jemu na národnosti a řeči (rozuměj slovanské) nic nezáleží, proto také chce, aby se všichni Češi k jeho národnosti přiznati museli následkem svobody. Mimo mnohonásobné vady a chyby, které se Čechoslovanům vším právem přičítají, přirostla v nejnovějším čase ještě znamenitá vada, která již až na hranici zločinu sahá. A to jest taknazvaný Übergriff. V češtině se nedá tato subtilní vada ani pojmenovat, nýbrž jen příkladem vysvětlit: kupř. kdyby Češi chtěli, aby všichni úředníci v Čechách uměli česky i německy, anebo kdyby se purkmistr pražský opovážil říci, že Praha je hlavní město Čechie, jako skutečně jedenkráte v Übergriffu se opovážil."[10]

Nikoli bez komiky působí v této souvislosti cestopisy Jana Nerudy ze 60. a 70. let: „,Proč potlačujete v Čechách Němce?', tázal se poctivý Báděňák, když jsem mu řekl, že jsem Čechem. ,A odkud víte, že je v Čechách potlačujem?' ,Což myslíte, že nečtem noviny?' – Tak tedy noviny, a to se rozumí, že německé, a to je jisto, že korespondencemi našich milých, nejlaskavějších spolukrajanů. [...] ,Sie sollen ihn nicht haben, den alten deutschen Rhein –' zanotoval obchodník, když jsme jeli [...] mostem z Kehlu do Francouz. ,A proč zpíváte ,alten', proč ne ,den freien Rhein?' ,Den freien Rhein,' odpověděl chytrácky, ,zpívá u nás strana pokroku, my zpíváme tedy ,alten'! ,Bravo!' – –"[11]. Zrovna tak stojí za zmínku Nerudova reflexe z Berlína (1875): „Je to tatáž snaha německá po přílišnosti, která také hudbu jejich svedla k tomu, že chce podrobně vyjádřit i to, co se pouhým tónem a rytmem vyjádřit nikdy nedá. [...] Co žije mimo kasárny, není ,národ'. [...] Poslouchal jsem v hostinci, jak se u stolu několik Prušáků bavilo s dvěma Vídeňáky. Neznali se. ,Jste ze Sas, nebo z Bavor?' ptal se náhle Prušák. ,Verzeihen Sie, wir sind Österreicher,' odvětil Vídeňák ostýchavě. Verzeihen Sie! Velkomyslný Prušák bavil se s nimi dál, podobalo se, že jim odpustil."[12] Anebo (pro srovnání s citátem z Haška): „Mnichovan je v potřebách svých skrovný, jen v pití piva ne. Pivo je nejhlavnějším předmětem jeho rozmluvy, pivo a hospodský život nahražují život rodinný. [...] Mnichovan je zajisté konzervativní, až hrůza konzervativní, čemuž již historická špína ,dvorního pivovaru' nasvědčuje; ... [...] Myslete sobě nejšpinavější pražský nákladnický dům ještě jednou tak špinavý, a máte pak mlhavý dojem o ,dvorní' špíně; myslete sobě nejžíznivějšího Pražana ještě pětkrát tak žíznivého, a máte pak embryo ,dvorního' pijáka." – „Hrubiánství se jmenuje v bavorském dialektu ,Gemütlichkeit'. Zde je každý gemütlich ten, který z vás na ulici duši vyrazí, i ten, u kterého něco kupujete, i ten, který vás obsluhuje. Jedna sklepnice, která mě na zlatník nazpět dávala, měla mezí tím s vedle mne sedícím hostem, který se svým známým mluvil, následující rozhovor: ,Což pak nemůžete držet hubu, když počítám? Já se nenechám vašimi hloupými řečmi plést!' Poroučel jsem se jí co nejponíženěji, opovážil se jí dát šesták zpropitného, a hned byla ungemütlich; rozevřela široká ústa k úsměvu a řekla mně: ,Kummen's bald wieder!' Host tam bručel něco, co vypadalo jako: ,Wegen so an lumpigen Ausländer! S'ischt so a Pollakke!'"[13]

Na tomto místě je však již nutné přerušit výčet podobných výpovědí a vrátit se k výchozí poznámce ohledně možné reprezentativnosti citátu z Haškovy povídky: totiž k tomu, co v rámci daného tématu může být též zavádějícím. Mám na mysli nebezpečí dezinterpretace těchto textů coby přímých dokladů národní nesnášenlivosti jakož i nebezpečí dezinterpretace obrazu Němce v české literatuře vůbec. Předně je si třeba uvědomit, že se tu jedná o literární projevy, řídící se převážně vlastními pravidly, v jejichž rámci logická či empirická pravdivost nemusí hrát tu nejdůležitější roli. Navíc máme dočinění se satirou či vůbec komikou, pro kterou obecně platí, že pracuje s nadsázkou a s predikací především záporných vlastností či funkcí (tzn. těch, s nimiž se neidentifikujeme). Mluvíme-li tedy o komickém znázornění, nezachycujeme tím komplexní obraz Němce/němectví. Ten je v české literatuře 19. a 20. století tak rozsáhlý, mnohotvárný a mnohoznačný, že by přehled jeho hlavních příznaků vyžadoval dosti objemnou monografii, která by mimo jiné (pokud by byla jen trochu objektivní) musela postihnout celou řadu reflexí, vedených ideou vzájemné úcty a porozumění – a to i v těch případech, kde vlastenecké hledisko evidentně dominuje. Tím se ale dostáváme k dalšímu problému, souvisejícímu s nebezpečím dezinterpretace jak uvedených citátů, tak samotného tématu: Vzhledem k daným historickým reáliím by bylo přece jen poněkud povrchní a naivní mluvit o „obrazu Němce v české literatuře" (byť komickém) a přitom nediferencovat jeho konkrétní nositele – a funkce. Jednou jsou „Němci" definováni podle kritéria jazykového a kulturního, tzn. jako příslušníci německého etnika i v zemích rakouských a v Čechách, jindy zase podle kritérií geografických, tzn. na základě příslušnosti k zemi či státu (samozřejmě s přihlédnutím k historické proměnlivosti; tady někdy dochází k výraznému rozlišování: např. Neruda v citovaném článku o Berlíně píše: „Opakuji: není to zvláštní německý, je to zvláštní pruský ráz"[14]). Nejpozději od druhé poloviny 19. století – vlastně s postupující vnitřní diferenciací české společnosti a kultury – však přibývají na váze různá kritéria ideová resp. ideologická, rozlišující předmět reflexe podle vztahu k tomu či onomu politickému proudu, a hlavně sociální, řídící se podle identifikace daného nositele s určitou společenskou vrstvou. V těchto případech není vždy rozhodující samotné čistě národní hledisko: obraz „Němce" (včetně jeho komických podob) aktualizuje pak v první řadě určité projevy, které sice jsou nebo mohou být predikované německému prostředí, které však nemají primární funkci postihovat německý národní/kulturní celek. Přesto, že i tady existují obecně rozšířené, stereotypní představy, nemusí v této souvislosti zvolený motiv nutně zastupovat samotnou národnost: Němec nebo německé ‚reálie' nejsou prezentovány jen proto, že jde o záležitosti německé. Prostě řečeno, kritizují-li se politické, hospodářské nebo kulturní poměry v německých zemích, není to vždy proto, že jde o německé země, kritizuje-li se např. Richard Wagner, Otto von Bismarck či císař Vilém, není to vždy proto, že jsou Němci. Z mnoha takto pojatých reflexí lze sotva přímo vyvozovat závěry s ohledem na jakýsi „obraz Němce/němectví". Takový automatismus by byl zrovna tak scestný, jako hovořit generelně o negativních stereotypech na adresu Němců v případě soudů nad nacionálním socialismem či Adolfem Hitlerem.

Rigorózní a zevšeobecňující soudy v citovaném Haškově textu mohou být zrovna tak provokantní nadsázkou, namířenou především proti německým šovinistům, zejména co se týče jejich postojů vůči Čechům. Nadsázka je ostatně patrná právě v odpovědi vypravěče, důsledně ‚ad absurdum' rozvádějící představu německé učitelky o českém expanzionismu: Po Praze, Olomouci a Brně bude počeštěna i Vídeň, a nakonec přijde na řadu samotný Berlín. Podobné provokující postupy jsou ostatně pro Haškův humor zcela typické; můžeme je najít v celém jeho díle, a to nejen ve vztahu k Němcům jakož i k mnoha jiným národům a národnostním skupinám, včetně Čechů samotných. Hašek je ve svém posměchu takřka univerzální a ve výsledném efektu vlastně nestranný: neobstojí před ním žádný národ, žádná vláda, politická strana, církev, žádná autorita, ani kolektiv ani jednotlivec – a často přitom autor nešetří ani sám sebe.

Také Havlíček Borovský napadá spíše germanizující tendence v tehdejší politice a kultuře, reprezentované jak velkoněmeckými nároky tak rakouským centralismem. Že přitom nepřejímá pouze jakési národní stereotypy, dokládá celá řada jeho textů, kritizujících projevy českého nacionalismu a panslavismu. Ostatně dlužno zdůraznit, že česká, a to vlastenecká satira, dotýkající se vztahu k Němcům/němectví, míří často daleko více na nešvary vlastního národa. Zvláště nemilosrdnou je totiž k Čechům, kteří ve snaze o privilegované postavení či o zdání jakési ‚vyšší' kulturní úrovně ze sebe dělají Němce.[15] – Ve 20. a 30. letech 19. stol. jsou to např. Alois Vojtěch Šembera, který pod pseudonymem Mudromil Mejtský otiskuje epigramy proti lhostejným Čechům: *Jmenokroutitelům:* „Již přestaňte, prosím, Nečeši, svá hyzditi jména, / roztaženým rsch, tsch przniti jednoduchost: / Na zmar všecko to jest, Čech jen přcds vždy z toho kouká, / sám pak i nestranný vysměje Vám se Němec." (1829)[16] – anebo Boleslav Klatovský (Karel Boleslav Štorch) s epigramem *Šťastná matka:* „‚Tak se přec se mnou zaraduj, mužínku!' / ‚Nu, a což je s náma?' / ‚Nany nenazývá mě víc paňmaminku, / říká už: Frau Mama.'" (1832)[17]. Německé zkomolení českého vlastního jména představuje v zásadě komický prvek i v dílech jinak vážného tónu: Vzpomeňme např. povídku *V zámku a podzámčí* Boženy Němcové (1856), v níž figuruje zbohatlická dáma „Skočdopolová", která donutila svého manžela koupit šlechtický přídomek „von Springenfeld"[18]. Podobných příkladů bychom našli velké množství nejen v literatuře 19. století, ale např. i po r. 1945, kde jsou takovým způsobem pojmenováni nacističtí kolaboranti. Komickým a současně charakterizačním prvkem je i česko-německá ‚makarónština' v jazyce městského prostředí, především samotné (malo-)městské ‚honorace': viz např. text z románu ve verších *Magdalena* (1894) od

Josefa Svatopluka Machara: „‚Bubenstück,' dí Frau von Janík, / ‚od Jiřího! Inu, Praha! / Prager Leben!' Paní domu / Zdvihla ruku k svojí dceři: / ‚Clotild, geh' jetzt in die Küche. / Tohle není pro tvé uši.' / 'Aber Mama!' 'Clotild!' Nyní / Clotild vyšla, bouchla dveřmi."[19] Podobnými způsoby bývá v české literatuře zejména druhé poloviny 19. a prvních desetiletí 20. stol. charakterizováno i prostředí židovské. V této souvislosti je třeba poznamenat, že obraz Žida tu často splývá s obrazem Němce, případně ‚rádoby-Němce', přičemž jeho kritické či komické zpodobnění není prosto antisemitických tendencí. Samotná jazyková komika tu ovšem nemusí být projevem antisemitismu; najdeme ji ostatně i v tvorbě židovských autorů, např. v díle Karla Poláčka z 30. let.

Diferencovaný pohled na konkrétní nositele negativního „obrazu Němce" by byl dokonce vhodný i tam, kde lze mluvit nikoli o zlehčující komice, nýbrž o gestu uraženého citu a vášnivého odporu, jakož i o výpovědi s generalizující tendencí: Tak reaguje v r. 1897 Antonín Sova na poněkud stupidní avšak ve své době dosti skandální protičeský článek Theodora Mommsena[20] básní, v níž jsou tato slova: „Ale již jednou, dávno, / nepřijavše rozměklého rozumu tvého Luthera, / reformátora klidu spokojeně tloustnoucích měšťáků, / plodících děti s bohabojnými samicemi, / svobodu potlačujících, / nepříjímáme ani tvého surového, senilního rozumu!"[21]. Nadsázka je tu především „zhrdavou odvetou, vyvřelou na smutném poli zdeptané přítomnosti"[22], rozhořčenou reakcí na Mommsenův šovinistický výpad.

Sledujeme-li komické obrazy Němců/němectví v české literatuře 20. století, pak právě ona zmíněná problematika konkrétních nositelů a funkce takovýchto reflexí vystupuje daleko více do popředí, než víceméně staticky artikulovaná otázka paradigmat národních stereotypů. Našli bychom tu opět celou řadu příkladů, avšak rozhodující většina z nich vyjadřuje spíše jiné aktuální problémy, než vyloženě nacionalisticky definovanou motivaci. Jestliže Karel Čapek v *Továrně na Absolutno* (1922) nechá vystupovat na mezinárodní schůzce „Nejvyšší Velemocenské Rady" – mezi jinými komickými figurami – „císařského německého kancléře dr. Wurma", který všechny přítomné ujišťuje, že například narozdíl od takových Čechů, se v Německu „Absolutno" chová jako státotvorný činitel, jako „höhere Verordnung, verstehen sie mich?"[23] – pak tu možná užívá jistých konvenčních představ o německém smyslu pro jednotný systém, organizaci a pořádek; současně tu však skicuje historicky známou pruskou ideu státu. Jestliže Jiří Voskovec a Jan Werich ve hře *Rub a líc* (1936) najdou skladiště zbraní a v něm ruční granát, který omylem pokládají za konzervu: „Která firma to vyrábí, takový neřád?" – „Krupp-Essen. Aha, essen, k jídlu to je." – „Ovšem Krupp-essen, jezte kroupy! To bude asi šoulet." – „Made in Germany – tak to nebude šoulet."[24] – pak se sotva anebo nanejvýš jen ironicky dotýkají jistých stereotypů, např. o solidnosti německých produktů. Daleko zřetelněji napadají zcela konkrétní situaci tehdejšího Německa: militarismus, zbrojení a legalizovaný antisemitismus. Místo jídla – zbraně, tedy přesněji: místo šouletu – ruční granát.

Samozřejmě se komický obraz Němců, především však nacistické expanzivity množí ve vztahu k období okupace: např. v nesčetných anekdotách (za které býval v ‚Protektorátu' i trest nejvyšší). Převážná většina takových textů byla zveřejňována pochopitelně teprve po r. 1945, např. satirická báseň Vítězslava Nezvala *Švábi*, napsaná již v r. 1939 (na ukázku dvě strofy): „Pokud bude špína v žlabech, / bude v těchto hnusných švábech / rozpínavá touha žít, / dotud nebudem mít klid. // Také nebylo by divem, / kdyby omámení pivem, / kolem něhož drží sněm, / sami utonuli v něm."[25] – Po komunistickém převratu v únoru 1948 (kdy se staly trestné zase jiné anekdoty a satiry) nastává – v oficiální tvorbě – ovšem nová éra oživování a upevňování prostonárodních představ na téma Němec-nepřítel – přes všechen znovu a znovu proklamovaný internacionalismus; éra, která by vzhledem k svému politickému kontextu vyžadovala zcela zvláštní pozornosti. Není mým záměrem dále rozebírat, jak se podobné obrazy vyvíjely v rámci období tzv. reálného socialismu. Chtěl bych jen upozornit na to, že i tady hraje jednu z rozhodujících rolí satira a komika, zesměšňující též samotné české stereotypy. Jako jeden příklad za všechny ostatní tohoto druhu lze uvést text k operetní hře Divadla Járy Cimrmana (u Járy Cimrmana se jedná o fiktivní, parodickou postavu českého – zneuznaného – génia z přelomu století) *Úspěch českého inženýra v Indii* (1973), v které vystupuje jako protihráč hlavní postavy německý inženýr Wagner: V úvodním „Slovu dirigenta" nabádá „Prof. Pavel Vondruška" publikum k ukázněnosti a připomíná: „Také bych nerad, aby došlo zase k jinému extrému, totiž k projevům nenávisti vůči německému inženýru Wagnerovi. Pravda, inženýr Wagner je postava negativní, ale za to jeho představitel kolega Brukner nemůže. On musí hrát roli tak, aby působil odpudivě, ale jinak, v soukromém životě, je to člověk nesmírně laskavý, až slušný."[26] Tato veskrze ironická poznámka výrazně zpochybňuje a zesměšňuje jak dané stereotypy tak jejich možnou aktuálnost; i když právě proto, že je ironická – úplně nepopírá jejich možnou existenci v kulturní paměti svého publika.

Tím bych chtěl svůj – vzhledem k danému tématu krátký a nesystematický – příspěvek ukončit. Příspěvek, který jsem nazval „Báseň a polopravda" především proto, že tu máme co činit s texty, které mohou – ale nemusí – vypovídat o národnostně podmíněných animozitách, doprovázených stereotypními představami o ‚tom druhém'. Některé příklady navíc ukazují, že se přitom nejedná vždy o ‚toho druhého': nejen proto, že zaznamenávají jevy, které mohou jakousi zpětnou projekcí signalizovat problematiku vlastního zorného úhlu, ale především z toho důvodu, že zřetelně poukazují na negativa vlastního kontextu. Nakolik, příp. zda vůbec či v jakém smyslu jsou přitom ‚pravdivými' ony obrazy Němce/němectví, jaký poměr je tu vlastně mezi předsudkem a zkušeností, ponechám raději k úvaze historikům – a čtenářovi samotnému. Nebezpečí „polopravdy" by však rozhodně nastalo tehdy, kdyby se tu automaticky kladlo rovnítko mezi reflexí literární/uměleckou a mezi referovanou skutečností – jakož i vůbec mimouměleckým kontextem díla. – Pozoruhodné v tomto ohledu ovšem je, že bychom v rámci našeho tématu dosti těžko sledovali příklady, kdy si autor dobírá třeba německý sklon k sebepodceňování či příslovečnou německou nepořádnost a ledabylost ... Tady má česká literatura, příp. satira značné rezervy – doufejme, že v budoucnu najde dost příležitosti tento deficit napravit.

POZNÁMKY

1 Jaroslav Hašek, Adele Thoms z Haidy, německá učitelka, in: *Veselá Praha* 7 (1. 9. 1911), č. 9; cit. z: týž, *Črty, povídky a humoresky z cest*, Praha 1955, str. 433–435.

3 František Ladislav Čelakovský: *Knihy šestery*, Praha 1847, str. 274.

4 Tamtéž.

5 Tamtéž, str. 270.

6 Karel Havlíček Borovský: *Dílo I*, Praha 1986, str. 191.

7 Tamtéž, str. 238.

8 Tamtéž, str. 239.

9 Tamtéž, str. 241.

10 In: *Šotek* 18.2.1849, cit. z Karel Havlíček Borovský, op. cit., str. 261.

11 Jan Neruda, Do Straspurku, in: *Hlas* 25. 6. 1863. Cit. z týž, *Sebrané spisy*, ed. Ladislav Quis, d. XVI. *Z domova i ciziny. Za války roku 1866*, Praha 1911, str. 96–99; cit. ze str. 96–97.

12 Jan Neruda, Berlín, in: *Národní listy* 2., 4., 10., 15., 20. 12. 1876 a 5. 1. 1877. Cit. z týž, *Sebrané spisy*, ed. Ignát Herrmann, d. VII. *Menší cesty*, Praha 1910, str. 102–124; cit. ze str. 106, 108, 110–111.

13 Jan Neruda, Mnichov, in: *Hlas* 10., 12., 14. 5. 1863. Cit. z týž, *Sebrané spisy*, ed. Ladislav Quis, d. XVI. *Z domova i ciziny. Za války roku 1866*, Praha 1911, str. 71–83; cit. ze str. 75–76, 74.

14 Jan Neruda, Berlín, in: *Národní listy* 2., 4., 10., 15., 20. 12. 1876 a 5. 1. 1877. Cit z týž, *Sebrané spisy*, ed. Ignát Herrmann, d. VII. *Menší cesty*, Praha 1910, str. 102–124; cit. ze str. 111.

15 Podobné charaktery vystupují často i ve ‚vážné' literatuře: Již Josef Jungmann ve svém prvním rozmlouvání „O jazyku českém" (*Hlasatel* I. 1803) líčí poněmčelého Čecha jako nepřítele obrozenských snah.

16 In: *Jindy a nyní* (1829), 2. pol. str. 4. Cit. z Květuše Sgallová-Hofbauerová, „Havlíček epigramatik a jeho místo ve vývoji obrozenského epigramu", in: František Buriánek a kol. (ed.), *O České satiře. Sborník statí*, Praha 1959, str. 38–79; cit. ze str. 53.

17 In: *Čech* (1832): 66. Cit. z Květuše Sgallová-Hofbauerová, „Havlíček epigramatik a jeho místo ve vývoji obrozenského epigramu", in: František Buriánek a kol. (ed.), *O České satiře. Sborník statí*, Praha 1959, str.38–79; cit. ze str. 54.

18 Božena Němcová: *Pohorská vesnice. V zámku a podzámčí*, Praha 1981, str. 219. (1. vyd. in: *Koleda na rok 1857*, 7. roč., Brno 1856.)

19 Josef Svatopluk Machar: *Magdalena*, Praha 1906, str. 155.

20 Th[eodor]. M[ommsen]., An die Deutschen in Oesterreich, in: *Neue Freie Presse* (31. 10. 1897).

21 Antonín Sova, Theodoru Mommsenovi, in: týž, *Básně*, Praha 1953, str. 324–326; cit. ze str. 325.

22 Tamtéž, str. 326.

23 Karel Čapek: *Továrna na Absolutno*, Praha 1975, str. 107.

24 Jiří Voskovec, Jan Werich, Rub a líc, in: J. V. & J. W., *Hry Osvobozeného divadla*, Praha 1982, str. 593–594.

25 Vítězslav Nezval: *Švábi*, Praha 1945, str. 16.

26 Ladislav Smoljak, Zdeněk Svěrák: *Divadlo Járy Cimrmana*, Praha 1987, str. 215.

Jan Jiroušek

Dichtung und Halbwahrheit. Zum komischen Bild des Deutschen in der tschechischen Literatur

„Die Deutschen sind ein uriges Volk. Sie finden Gefallen an ihren Landsleuten in den Alpen, die kropfig sind, wie man es sich nicht besser wünschen könnte, Arsenik essen und jodeln. Sie sind begeistert, wenn ihre Söhne, die an der Universität studieren, durch die deutsche Kleinstadt in einem Möbelwagen fahren, drinnen ein Bierfaß haben und grölen. Den Deutschen gefällt München, nicht etwa wegen der Pinakothek und anderer hervorragender Bauten, sondern deshalb, weil es da 52 Bierbrauereien gibt. [...] Jeder Deutscher mag die Uniform. Vom Kanalräumer in Deutschland bis zu den Stabsoffizieren. [...] Sie sind Leser von Romanen, die traurig enden, sie meinen, Goethe und Schiller seien die berühmtesten Dichter überhaupt auf der ganzen Welt, die jemals geboren wurden. [...] Die Deutschen behaupten über sich selbst, sie seien die Kulturnation ohnegleichen, und deshalb werden in Deutschland die Hinrichtungen noch durch das Beil vollzogen." – Es war kein geringerer als Jaroslav Hašek, der diese Zeilen schrieb: In einer (1911 erschienenen) Erzählung über *Adele Thoms aus Haida, deutsche Lehrerin*[1], die nach ihrer Ferienreise durch Bayern und Österreich Prag besucht, um mit Befremden festzustellen, wie sich in dieser Stadt das tschechische Element ausbreitet. „Es ist merkwürdig", sagt sie dem Erzähler, „wie die Behörden das Tschechische dulden. Noch vor zwanzig Jahren war doch Prag ganz und gar deutsch. Es gab darüber einen Artikel in der ‚Reichenberger Zeitung'. Vor zwanzig Jahren wurde in Prag nicht anders als deutsch gesprochen; daraus sieht man, daß in Prag lauter tschechisierte Deutsche sind. Ich las den Roman ‚Schipkapaß' von Strobl[2]. Das ist doch schrecklich, was ihr mit den Deutschen anrichtet. [...] Ihr Tschechen müßt doch einbekennen, daß ihr in Böhmen nur Einwanderer seid und daß ihr eine alte deutsche Provinz besiedelt habt. Doch ihr vergeßt das und wollt uns tschechisieren." Worauf der Erzähler schlagfertig erwidert: „Das versteht sich von selbst, mein Fräulein, [...] Prag haben wir bereits tschechisiert. Olmütz und Brünn geraten bald in unsere Hände. Dann kommt Wien an die Reihe. Es wird in ein paar Jahren vollkommen tschechisch sein. Die Deutschen in Wien werden keine deutschen Schulen haben dürfen, und die sie in Prag besitzen, die werden wir ihnen schließen. Dann ziehen wir gegen Berlin." – Es wäre nicht besonders sinnvoll, Hašek in seinen an die Adresse der Deutschen gerichteten Bemerkungen zu opponieren: zum Beispiel, daß es sicherlich nicht nur die zweiundfünfzig Bierbrauereien, sondern gerade auch die Pinakothek und andere hervorragende Bauten sind, die in München die Deutschen erbaut haben, um an dieser Stadt ihren Gefallen zu finden. Denn wir haben hier nicht nur mit literarischer Fiktion und künstlerischer Freiheit im allgemeinen, sondern auch mit einem bestimmten Schaffensbereich zu tun, in dessen Rahmen die dargestellte Realität deutlich und absichtlich deformiert ist. Überbetonung des einen, Verdrängung des anderen, Vereinfachung und Disproportionalität des Ganzen gestalten ein Zerrbild, das neckt, kritisiert und verspottet: die Karikatur.

Daß Karikatur kein Privileg der bildenden Künste ist, zeigt die gesamte Literaturgeschichte. Daß die Karikatur auch Nationen, ihre Vertreter oder ihre Kultur und Sprache ins Visier nimmt, zeigt ergiebig ihre neuzeitliche Geschichte. Daß dieser historisch bedingte nationale bzw. nationalistische Akzent im 19. und 20. Jahrhundert gipfelt, zeigen nicht nur die deutschen und die tschechischen Beispiele. Da wir uns aber bezüglich dieses reizenden Themas im Bereich der tschechisch-deutschen/deutsch-tschechischen, d.h. fürwahr nachbarschaftlichen Gegenleistungen befinden, und da es meine Aufgabe ist, etwas über die literarische Reflexion des Deutschtums bei den Tschechen zu erwähnen, habe ich gleich mit dem Zitat aus der Erzählung von Hašek angefangen, das genauso repräsentativ wie auch irreführend sein kann.

Repräsentativ deshalb, weil es in einer ziemlich komprimierten Gestalt negative Vorstellungsbilder von den Deutschen verkörpert, die einigen Konventionen, ja Stereotypen viel zu verdanken scheinen, welche im tschechischen Kontext fungieren: Mangel an kritischer Selbstreflexion, Überschätzung all dessen, was für das Eigene gehalten wird, und daher auch Unterschätzung dessen, was dies nicht ist, gegebenenfalls nicht sein will, souveräne Takt- ja Rücksichtslosigkeit, Unempfindsamkeit, die einerseits durch Biederkeit und andererseits durch affektierte Sentimentalität kompensiert wird, Intoleranz, Expansivität, Xenophobie, Unnatürlichkeit, Verkrampftheit, übertriebener Systemzwang und insbesondere Fetischisierung der Ordnung und Disziplin... auf diese Weise etwa könnte man mit der Aufzählung der negativen Eigenschaften beginnen, von denen man in diesem Zusammenhang häufig spricht. Die Frage, inwieweit an der Entstehung und Erhaltung dieser oder ähnlicher Vorstellungsbilder die Literatur allein beteiligt war, möchte ich nicht weiter ausführen; doch ihre Merkmale sind hier präsent – freilich mit Rücksicht auf die zeit- und ortsbedingte Variabilität konkreter Darstellungen und bei Verwendung häufig milderer und diskursiverer Ausdrucksweise, als dies im Falle des zitierten Textes von Hašek geschieht.

Eine ganze Reihe von Belegen würden wir eben in der Literatur des 19. Jahrhunderts finden, wo die referierte Wirklichkeit, ihre Problematik, die Charakterisierung der Gestalten und des Milieus oft national definiert werden – und wo der Begriff der tschechischen Identität aufgrund eines Antagonismus mit dem Deutschtum artikuliert wird. Die gegen das deutsche Element gerichtete patriotische Satire hatte jedoch hinsichtlich der Zensureingriffe nicht immer die gleichen Möglichkeiten; häufig wandte sie sich zu indirekter Andeutung bzw. Allegorie, oder sie wurde mit erheblichen Verzögerungen veröffentlicht. Derart betroffen wurde z.B. ein Teil der epigrammatischen Dichtung František Ladislav Čelakovskýs aus den 30er und 40er Jahren (erwähnenswert sind hier freilich die deutschfeindlich orientierten Texte): Im Epigramm *Další vývod* (Weitere Folgerung) geht es um das Motiv der Eiche als einer von den Deutschen verwendeten Metapher der deutschen Sprache: „‚Gleich kräft'ger Eiche uns're Sprache ist!' / So plappern ihre Hochgelehrten / Das glaub' ich gern, und dazu noch – / Die Frucht ist nach dem Baume doch, / Und nach der Frucht die Konsumenten."[3] Das Epigramm *Německé knihkupectví* (Deutsche Buchhandlung) stellt ironisch ein Lob und einen einen Wunsch dar: „Wie jauchzt das Herz voll Freude / Über das Literaturgebäude / das Deutsche aufgestapelt haben. / Gott möge ihr Tun zu dem Ziel nur führen, / in Ländern der Geister das zu vollbringen, / was sie bereits erfolgreich anfingen, / Chinesische Mauer, den Turm von Babel."[4] *Šiřitelé osvěty* (Kulturträger) stellt eine Kritik der These dar, nach der die Deutschen im slawischen Milieu die Kultur verbreiten könnten, denn ihre eigene Kultur sei „ein Ausguß aus einem ekelhaften Sumpf". Auf einem Wortspiel basiert das Epigramm *Walhalla*: „Ewig wo die Seelen zu wälzen und zu faulenzen haben, trefflich / nennt Walhalla den wonnigen Ort der Deutsche."[5]

Im Zusammenhang mit diesem Genre kann man Karel Havlíček Borovský nicht außer acht lassen. Seine zu verschiedenen Themen und Anlässen verfaßten Epigramme berühren auch das Verhältnis zu den Deutschen: *Umgang mit den Menschen* [deutsch im Original]: „Auch dir, D**, möcht' ich den Rat geben: / sprich nicht von sich selbst von Leut' umgeben, / weil es gegen die Höflichkeit ist / in der Gesellschaft zu sprechen vom Mist." (1845)[6]. Ein andermal werden zum Objekt des Spotts die deutsche Wissenschaft, Politik und vor allem die zeitgemäßen Germanisierungstendenzen. Ähnliche Positionen bringt Havlíček in kurzen satirischen Zeitschriftenaufsätzen zum Ausdruck, die gegen Ende der 40er Jahre herausgegeben wurden. Z.B.: über ein Ereignis in Leipzig (*Jak Němci v Lipsku hudbě rozumějí* / Wie die Deutschen in Leipzig Musik verstehen), wo angeblich ein Stück von J. S. Bach, als „Symphonie aus Gottscheds Zeiten" präsentiert, vom Publikum irrtümlicherweise ausgepfiffen wurde[7]; Anekdote über einen Deutschen, einen Engländer und einen Franzosen, die ein Kamel zeichnen sollten: der Franzose und der Engländer arbeiteten nach der Wirklichkeit, während der Deutsche „sich in seine Stube verkroch, sich durch die Bücher wühlte, überlegte, berechnete, Vergleiche zog, um nach mehrjährigem emsigen Erforschen das Kamelwesen gemäß tiefgründiger Ansichten und von einem solchen Standpunkt aus zu konstruieren, den die Urquelle alles Daseins in gleichmäßigen Ordnungen des Alls dem Kamel zugewiesen hatte. – Seit der Zeit vergingen bereits zwanzig Jahre, der Franzose und der Engländer sind schon gestorben, doch der Deutsche konstruiert immer noch das Kamel."[8] Die satirische Glosse *Aristoteles a Quintilián jsou vlastně Němci* (Aristoteles und Quintilian sind eigentlich Deutsche) zielt u.a. auf die damalige Situation der Karlsuniversität, über die ein Gelehrter „in seinem Enthusiasmus" sagte, „daß unsere Universität die älteste deutsche Universität ist, was wir ihm folgend wiederholen: daß sie die älteste, derzeit deutsche Universität ist. War sie doch einmal auch: die älteste böhmische Universität"[9]. Rechthaberei und Arroganz gegenüber den Tschechen schreibt Havlíček auch der deutschen liberalen Presse zu: Im Aufsatz *Úvod k zeměpisu české země* (Einführung zur Geographie des böhmischen Landes) mit dem Untertitel „Wie diese aufgrund der Gleichberechtigung nach manchen deutschen Zeitschriften aussehen würde" (1849) finden wir folgende ironische Bemerkungen: „Die Tschechen kommen vom Stamm der Slawen her, von einem halbbarbarischen und daher auch rohen Stamm, der einer echten Freiheit nicht einmal fähig ist. Die Tschechen lieben ihr Volk und phantasieren sehr viel von einer sogenannten Gleichberechtigung, die sie jedoch nur auf dem Papier haben. Es ist sehr schwierig, ihre Sprache zu erlernen, insbesondere für diejenigen, die dies nicht einmal wollen. Jene lieben diese Sprache über alles und würden alles preisgeben, wenn die Sprache in Gefahr käme. Es ist jedoch keine gefährliche Liebe, denn sie gehört bloß unter sogenannte ‚Nationalitätsliebhaberei' [deutsch im Orig.]. Der sich in Böhmen aufhaltende Deutsche liebt die Freiheit mehr als die Sprache und Nationalität, es liegt ihm nichts an der Nationalität und Sprache (verstehe: der slawischen), deshalb will er auch, daß sich die Tschechen infolge der Freiheit zu seiner Nationalität bekennen. Zu den vielfachen Mängeln und Fehlern, die dem Tschechoslawen mit allem Recht angerechnet werden, kam in der neuesten Zeit noch ein betrefflicher Defekt hinzu, der bereits bis an die Grenze des Verbrechens reicht: ein sogenannter ‚Übergriff' [deutsch im Orig.]. Im Tschechischen kann man diesen subtilen Fehler nicht einmal benennen, sondern nur durch ein Beispiel erklären: z.B. falls die Tschechen wollten, daß alle Beamten in Böhmen Tschechisch und Deutsch könnten, oder wenn der Prager Bürgermeister zu sagen wagte, Prag sei die Hauptstadt von Tschechien, wie er sich es tatsächlich einmal im ‚Übergriff' unterstand."[10]

Nicht ohne Komik wirken in diesem Zusammenhang die Reiseberichte von Jan Neruda aus den 1860er und 70er Jahren: „‚Warum unterdrückt ihr die Deutschen in Böhmen?', fragte ein ehrlicher Badener, als ich ihm sagte, daß ich Tscheche bin. ‚Und woher wissen Sie, daß wir sie in Böhmen unterdrücken?' ‚Meinen Sie wohl, wir lesen keine Zeitung?' – Zeitungen also, und es versteht sich, daß es deutsche Zeitungen sind, und sicher ist es auch, durch die Korrespondenzen unserer lieben, allerfreundlichsten Landsleute. […] ‚Sie sollen ihn nicht haben, den alten deutschen Rhein –' [deutsch im Orig.] stimmte der Geschäftsmann an, als wir […] über die Brücke aus Kehl nach Frankreich fuhren. ‚Und warum singen Sie ‚alten', warum nicht ‚den freien Rhein'?' ‚Den freien Rhein,' antwortete er pfiffig, ‚singt bei uns die Partei des Fortschritts, wir singen also den ‚alten'! ‚Bravo!' – "[11]. Ebenso erwähnenswert ist die Reflexion Nerudas aus Berlin (1875): „Es ist dasselbe deutsche Streben nach dem Übertriebenen, das auch ihre Musik dazu führte, sogar dasjenige ausführlich zum Ausdruck zu bringen, was durch den bloßen Ton und den Rhythmus nie geäußert werden kann. […] Was außerhalb der Kaserne lebt, ist keine ‚Nation'. […] In einer Gaststätte hörte ich zu, wie sich am Tisch einige Preußen mit zwei Wienern unterhielten. Sie kannten einander nicht. ‚Kommen Sie aus Sachsen, oder aus Bayern?' fragte plötzlich der Preuße. ‚Verzeihen Sie, wir sind Österreicher,' [deutsch im Orig.], erwiderte der Wiener geniert. Verzeihen Sie! [deutsch im Orig.] Der großmütige Preuße unterhielt sich mit ihnen weiter, es schien, er hätte es ihnen verziehen."[12] Oder (für den Vergleich mit dem Zitat aus Hašek) folgendes: „Der Münchner ist in seinen Bedürfnissen bescheiden, nur im Biertrinken nicht. Das Bier ist der allerwichtigste Gegenstand seines Gesprächs, das Bier und das Wirtshaus ersetzen das Familienleben. [...] Der Münchner ist sicherlich konservativ, entsetzlich konservativ, was der historische Schmutz des ‚Hofbräuhauses' bezeugt; [...] Stellen Sie sich das schmutzigste Prager Bierverlegerhaus noch einmal so schmutzig vor, und Sie haben dann einen matten Eindruck von dem ‚Hof'-Schmutz; stellen Sie sich den durstigsten Prager noch fünfmal so durstig vor, und Sie haben dann den Embryo eines ‚Hof'-Trinkers." – „Grobheit heißt in bayerischem Dialekt ‚Gemütlichkeit' [deutsch im Orig.]. Hier ist jedermann gemütlich [deutsch im Orig.], der Ihnen auf der Straße die Seele ausschlägt, bei dem Sie etwas einkaufen, oder der Sie bedient. Eine Kellnerin, die mir auf einen Gulden Restgeld zurückgab, hatte mit einem neben mir sitzenden Gast, der mit seinem Bekannten sprach, folgendes Gespräch: ‚Können'S denn net s'Maul holten, wenn i zähle? I loß mi net von Ihren dummen Reden irre moch'n!' Ich empfahl mich bei ihr demütigst, erdreistete mich, ihr einen Sechser Trinkgeld zu geben, und gleich wurde sie ‚ungemütlich'; sie machte ihren breiten Mund auf und sagte mir lächelnd: ‚Kummen's bald wieder!' [deutsch im Orig.] Der Gast brummte da was, das in etwa so klang, wie: ‚Wegen so an lumpigen Ausländer! S'ischt so a Pollakke!' [deutsch im Orig.]"[13]

Doch auf dieser Stelle ist es bereits notwendig, die Aufzählung ähnlicher Aussagen zu unterbrechen und zu der Ausgangsbemerkung hinsichtlich der möglichen Repräsentativität jenes Zitats aus Hašeks Erzählung zurückzukehren: nämlich dazu, was im Rahmen des gegebenen Themas auch irreführend sein kann. Damit meine ich die Gefahr der Fehlinterpretation solcher Texte, indem diese als direkte Beweise über nationale Unduldsamkeit betrachtet werden, wie auch die Gefahr der Fehlinterpretation des Bildes von dem Deutschen in der tschechischen Literatur überhaupt. Vor allem ist es zur Kenntnis zu nehmen, daß es sich hier um literarische Äußerungen handelt, die eigene Regeln haben, in deren Rahmen die logische oder die empirische Wahrhaftigkeit nicht immer die wichtigste Rolle spielen müssen. Darüber hinaus haben wir es mit Satire oder überhaupt mit Komik zu tun, für die gilt, daß sie mit Hyperbel und mit Prädikation vor allem negativer Eigenschaften oder Funktionen (d.h. derjenigen, mit denen wir uns nicht identifizieren) arbeitet. Wenn wir also von der komischen Darstellung sprechen, erfassen wir damit kein komplexes Bild des Deutschen/Deutschtums. Dieses ist in der tschechischen Literatur des 19. und 20. Jahrhunderts von einem solchen Umfang, dermaßen vielgestaltig und vieldeutig, daß die Übersicht seiner wichtigen Merkmale eine ziemlich voluminöse Monographie erfordern würde, die unter anderem (wenn sie vielleicht nur ein bißchen objektiv sein sollte) eine ganze Reihe von Reflexionen aufgreifen müßte, die von der Idee der gegenseitigen Achtung und des Verständnisses geführt sind – auch dann, wenn der patriotische Aspekt offensichtlich dominiert. Damit gelangen wir aber zu einem weiteren Problem, das mit der Gefahr der Fehlinterpretation sowohl der angeführten Zitate als auch des gesamten Themas zusammenhängt: Angesichts historischer Realien wäre es doch etwas oberflächlich und naiv, vom „Bild des Deutschen in der tschechischen Literatur" (selbst wenn dieses komisch sein sollte) zu sprechen, und dabei seine konkreten Träger – und Funktionen – nicht zu differenzieren. Einmal werden doch die „Deutschen" nach dem Sprach- und Kulturkriterium, d.h. als Angehörige des deutschen Ethnikums auch in den österreichischen Ländern und in Böhmen, ein andermal wiederum nach geographischen Kriterien, d.h. aufgrund ihrer Landes- und Staatszugehörigkeit definiert (freilich unter Berücksichtigung der historischen Variabilität; hier kommt es manchmal zu deutlichen Unterscheidungen: z.B. Neruda schreibt im zitierten Aufsatz über Berlin: „Ich wiederhole: Es ist nicht ein besonders deutsches, sondern ein besonders preußisches Gepräge"[14]. Spätestens seit der zweiten Hälfte des 19. Jahrhunderts – eigentlich im Zusammenhang mit der fortschreitenden inneren Differenzierung der tschechischen Gesellschaft und Kultur – nehmen jedoch verschiedene Ideen- bzw. ideologische Kriterien, die den Gegenstand der Reflexion je nach seinem Bezug auf diese oder jene politische Strömung unterscheiden, und insbesondere soziale Kriterien an Gewicht zu, die sich nach der Identifizierung des jeweiligen Trägers mit einer bestimmten Gesellschaftsschicht richten. In solchen Fällen ist der rein nationale Aspekt nicht immer der entscheidende: Das Bild des „Deutschen" (einschließlich seiner komischen Fassungen) aktualisiert dann in erster Linie bestimmte Erscheinungen, die dem deutschen Milieu zwar prädiziert werden oder werden können, die jedoch nicht die primäre Funktion haben, den deutschen National-/Kulturkontext zu betreffen. Obwohl auch hier die allgemein verbreiteten, stereotypen Vorstellungsbilder vorhanden sind, muß das in diesem Zusammenhang gewählte Motiv die Nationalität allein nicht unbedingt vertreten: Der Deutsche oder die deutschen ‚Realien' werden nicht bloß darum präsentiert, weil es sich um deutsche Angelegenheiten handelt. Einfach gesagt: Werden die politischen, wirtschaftlichen oder kulturellen Zustände in deutschen Ländern kritisiert, dann geschieht es nicht bloß deshalb, weil es um deutsche Länder geht, werden z.B. Richard Wagner, Otto von Bismarck oder der Kaiser Wilhelm kritisiert, dann geschieht es nicht bloß deshalb, weil sie Deutsche sind. Aus manchen derart aufgefaßten Reflexionen lassen sich Schlüsse bezüglich irgendeines „Bildes des Deutschen/Deutschtums" kaum direkt deduzieren. Ein solcher Automatismus wäre genauso abwegig, wie von negativen Stereotypen an die Adresse der Deutschen im Falle der Urteile über den Nationalsozialismus oder Adolf Hitler generell zu sprechen.

So können die rigorosen und verallgemeinernden Urteile im zitierten Text Hašeks genauso eine provokante Hyperbel darstellen, die vor allem gegen die deutschen Chauvinisten gerichtet ist, insbesondere was deren Haltungen den Tschechen gegenüber betrifft. Die Hyperbel zeigt sich übrigens deutlich in der Antwort des Erzählers, die die Vorstellung der deutschen Lehrerin über den tschechischen Expansionismus ‚ad absurdum' führt: Nach Prag, Olmütz und Brünn wird auch Wien tschechisiert, und letztendlich kommt allein Berlin an die Reihe. Ähnlich provozierende Verfahren sind übrigens typisch für den Humor Hašeks; wir können sie in seinem gesamten Werk finden, nicht nur in bezug auf Deutsche oder auch auf viele andere Völker und Volksgruppen, einschließlich der Tschechen selbst. Mit seinem Spott ist Hašek sozusagen universal und im Endeffekt eigentlich unparteiisch: keine Nation, keine Regierung, politische Partei, Kirche, keine Autorität, weder das Kollektiv noch der einzelne bleiben vor ihm sicher – wobei der Autor oft auch sich selbst nicht schont.

Auch Havlíček Borovský greift eher die Germanisierungstendenzen in der damaligen Politik und Kultur an, die sowohl von großdeutschen Ansprüchen als auch vom österreichischen Zentralismus repräsentiert wurden. Daß er dabei nicht bloß irgendwelche nationale Stereotypen übernimmt, beweist eine ganze Reihe seiner Texte, die die Erscheinungen des tschechischen Nationalismus und Panslawismus kritisieren. Übrigens ist zu betonen, daß die tschechische, patriotische Satire, die die Beziehung zum Deutschtum betrifft, oft vielmehr auf die Mißstände im eigenen Volk hinzielt. Besonders gnadenlos äußert sie sich nämlich denjenigen Tschechen gegenüber, die sich in ihrem Trachten nach privilegierten Positionen oder nach dem Schein eines ‚höheren' Kulturniveaus als Deutsche aufspielen.[15] – In den 20er und 30er Jahren des 19. Jhs. sind es z.B. Alois Vojtěch Šembera, der unter dem Pseudonym Mudromil Mejtský Epigramme gegen national gleichgültige Tschechen veröffentlicht: *Jmenokroutitelům* (An die Namensverdreher): „Hört doch schon auf, bitte, ihr Nichttschechen, die Namen zu entstellen, / durch ausgedehnte rsch, tsch die Einfachheit zu schänden: / Sinnlos ist das alles, Tscheche guckt daraus doch immer, / selbst für die Deutschen wird dies dann nur komisch klingen." (1829)[16], – oder Boleslav Klatovský (Karel Boleslav Štorch), der das Epigramm *Šťastná matka* (Die glückliche Mutter, 1832) schreibt: „‚Freu' dich mit mir doch, mein liebster Gemahl!' / ‚Nun, was gibt's da, sag' mal!' / ‚Nany nennt mich nicht mehr ‚paňmaminka' / sie sagt schon: ‚Frau Mama' [deutsch im Orig.]"[17]. Die deutsche Entstellung des tschechischen Eigennamens bedeutet ein grundsätzlich komisches Element auch in den Werken dar, in denen sonst ein ernsthafter Ton herrscht: Erinnern wir z.B. die Erzählung *V zámku a podzámčí* (Im Schloß und unterhalb des Schlosses) von Božena Němcová (1856), in der die neureiche Dame „Skočdopolová" figuriert, die ihren Ehegatten dazu zwang, ein Adelsprädikat „von Springenfeld" zu kaufen[18]. Ähnliche Beispiele könnten wir sehr oft in der tschechischen Literatur nicht nur des 19. Jahrhunderts, sondern z.B. auch nach 1945 finden, wo auf diese Weise Nazi-Kollaborateure benannt werden. Ein komisches wie auch charakterisierendes Element stellt auch das tschechisch-deutsche ‚Makkaronische' in der Sprache des Bürgermilieus, insbesondere der ‚Honoratioren' der (Klein-)Stadt dar: siehe z.B. den folgenden Text aus dem Versroman *Magdalena* (1894) von Josef Svatopluk Machar (die im Originaltext deutschsprachigen Ausdrücke werden hervorgehoben): „‚*Bubenstück*,' sagt Frau von Janík, / ‚ist's von Jiří! Typisch Prag! Das / *Prager Leben!*' Hausherrin dann / Hob die Hand zu ihrer Tochter: / ‚*Clotild*, geh' jetzt in die Küche. / Dies ist nicht für deine Ohren.' / ‚*Aber Mama!*' ‚*Clotild!*' Also / *Clotild* ging 'raus, schlug die Tür zu."[19] Ähnlich wird in der tschechischen Literatur insbesondere der zweiten Hälfte des 19. und der ersten Jahrzehnte des 20. Jahrhunderts auch das jüdische Milieu gekennzeichnet. In diesem Zusammenhang ist zu bemerken, daß das Bild des Juden hier oft mit dem des Deutschen, ev. des ‚Möchtegern-Deutschen' verschmilzt, wobei seine kritischen oder komischen Darstellungen nicht frei von antisemischen Tendenzen sind. Doch allein die Sprachkomik muß hier nicht unbedingt einen Antisemitismus markieren; wir finden sie nämlich auch in den Werken jüdischer Autoren, z.B. bei Karel Poláček in den 1930er Jahren.

Eine differenzierte Betrachtungsweise gegenüber den konkreten Trägern eines negativen „Bildes des Deutschen" wäre angebracht auch da, wo man bestimmt nicht von herabsetzender Komik, sondern von einer Geste beleidigten Gefühls und leidenschaftlichen Widerstandes wie auch von einer Aussage mit generalisierender Tendenz sprechen kann: Auf diese Weise reagiert 1897 Antonín Sova auf den etwas stupiden, jedoch damals reichlich skandalösen tschechenfeindlichen Artikel von Theodor Mommsen[20], mit einem Gedicht, in dem sich folgende Worte befinden: „Doch einmal bereits, seit langem / den zerweichten Verstand deines Luther, / Reformators der Ruhe selbstvergnügter, dickleibig werdender Spießbürger, / die Kinder mit gottesfürchtigen Weiberchen zeugen, / die Freiheit der Unterdrückenden nicht angenommen, / lehnen wir auch deinen groben, senilen Verstand ab!"[21] Die Hyperbel stellt hier vor allem eine „verachtende Vergeltung, die auf dem traurigen Felde niedergeschlagener Gegenwart hervorgebrodelt"[22], eine Reaktion der Erbitterung über den chauvinistischen Angriff Mommsens, dar.

Verfolgen wir die komischen Bilder der Deutschen/des Deutschtums in der tschechischen Literatur des 20. Jahrhunderts, dann wird die erwähnte Problematik der konkreten Träger und der Funktion derartiger Reflexionen noch deutlicher, als eine mehr oder weniger statisch artikulierte Frage nach den Paradigmen nationaler Stereotypen. Man könnte hier wieder eine ganze Reihe von Beispielen finden, doch die entscheidende Mehrheit von ihnen betrifft vielmehr andere aktuelle Probleme als ausgesprochen nationalistisch definierte Motivationen. Wenn Karel Čapek in *Továrna na Absolutno* (Die Fabrik des Absoluten, 1922) an einem Treffen des „Höchsten Großmächterats" – unter anderen komischen Figuren – den „Kaiserlichen deutschen Kanzler Dr. Wurm" auftreten läßt, der allen Anwesenden gegenüber beteuert, daß sich zum Beispiel im Unterschied etwa zu den Tschechen das „Absolutum" in Deutschland als staatsbildender Faktor verhält, als eine „höhere Verordnung, verstehen sie mich?" [deutsch im Orig.][23] – dann verwendet der Autor vielleicht gewisse konventionelle Vorstellungen vom deutschen Sinn für System, Organisation und Disziplin; gleichzeitig skizziert er hier jedoch auch die historisch bekannte preußische Staatsidee. Wenn Jiří Voskovec und Jan Werich in dem Bühnenstück *Rub a líc* (Kehrseite und Oberseite, 1936) ein Waffenlager – und da eine Handgranate finden, die sie irrtümlicherweise für eine Konserve halten: „Welche Firma erzeugt das, so einen Mist?" – „,Krupp-Essen'. Aha, ‚essen', zum Essen ist es.' – Freilich, ‚Kruppessen', eßt Graupen! [„Krupp" wird als deutscher Ausdruck für „Kroupy"/„Graupen" verstanden – Anm. J. J.] Das wird wohl ein Tscholent sein." – „Made in Germany – also das wird kein Tscholent sein"[24] – dann berühren sie kaum oder höchstens nur ironisch bestimmte Stereotypen, z.B. über die Zuverlässigkeit deutscher Produkte. Viel deutlicher greifen sie völlig konkrete Umstände im damaligen Deutschland an: den Militarismus, die Kriegsrüstung und den legalisierten Antisemitismus. Statt Essen – Waffen, oder genauer: statt Tscholent – Handgranate.

Freilich erlebt das komische Bild der Deutschen, vor allem aber der nationalsozialistischen Expansivität, eine Hochkonjunktur in bezug auf die Jahre der NS-Okkupation: z.B. in den unzähligen Anekdoten (für die es während der ‚Protektorat'-Zeit auch die Höchststrafe gab). Die meisten Texte wurden verständlicherweise erst nach 1945 veröffentlicht, z.B. das satirische Gedicht *Švábi* (Die Schaben) von Vítězslav Nezval, geschrieben bereits 1939 (zur Ansicht folgende zwei Strophen): „Solange bleibt Schmutz im Laden, / bleibt in ekelhaften Schaben / expansiver Lebensmut, / solange geht's uns nicht gut. // Überraschend wär's nicht hier, / wenn sie dann betäubt vom Bier, / bei dem sie so gerne tagen / in ihm selbst ertrunken lagern."[25] – Nach dem kommunistischen Umsturz im Februar 1948 (als wiederum andere Anekdoten und Satiren strafbar wurden) beginnt – in der offiziellen Sphäre – allerdings eine neue Ära der Belebung, und der Festigung volkstümlicher Vorstellungen zum Thema „Deutscher, der Feind" – trotz allem immer wieder proklamierten Internationalismus; eine Ära, die in Anbetracht ihres politischen Kontextes besondere Aufmerksamkeit erfordern würde. Es ist nicht meine Absicht, weiter aufzuführen, wie sich ähnliche Bilder im Rahmen der Zeitperiode des sog. realen Sozialismus entwickelten. Ich möchte nur darauf aufmerksam machen, daß auch hier eine der wichtigsten Rollen diejenige Satire und Komik spielen, die auch die tschechischen Stereotypen allein lächerlich machen. Als ein Beispiel für alle anderen dieser Art kann man einen Text zum Operettenstück des „Jára-Cimrman-Theaters" (bei „Jára Cimrman" handelt es sich um eine fiktive, parodistische Gestalt eines tschechischen – verkannten – Genies aus der Zeit der Jahrhundertwende), *Úspěch českého inženýra v Indii* (Der Erfolg des tschechischen Ingenieurs in Indien, 1973), in dem als Gegenspieler des Protagonisten der deutsche Ingenieur Wagner auftritt: Im einleitenden „Wort des Dirigenten" ermahnt „Prof. Pavel Vondruška" das Publikum zur Disziplin und bemerkt dabei folgendes: „Ich hätte es auch ungern, wenn es wieder zu einem anderen Extrem kommen würde, nämlich zu Haßausbrüchen, gegen den deutschen Ingenieur Wagner. Sicher, Ingenieur Wagner ist eine negative Figur, doch dafür kann ihr Darsteller, Kollege Brukner nichts. Er muß die Rolle so spielen, damit er abstoßend wirkt, doch sonst, im privaten Leben, ist er ein enorm netter, fast anständiger Mensch."[26] Diese durchaus ironische Bemerkung macht nicht nur die gegebenen Stereotypen, sondern auch deren mögliche Aktualität äußerst bedenklich und lächerlich; selbst wenn sie – eben darum, weil sie ironisch ist – deren mögliche Existenz im Kulturgedächtnis ihres Publikums nicht völlig bestreitet.

Damit möchte ich meinen – in Anbetracht des gegebenen Themas kurzen und unsystematischen – Beitrag abschließen. Einen Beitrag, den ich „Dichtung und Halbwahrheit" vor allem deshalb betitelte, weil wir hier mit Texten zu tun haben, die eine Aussage über national bedingte Animositäten, die von stereotypen Vorstellungen über ‚den anderen' begleitet sind, treffen können – aber nicht müssen. Darüber hinaus zeigen einige Beispiele, daß es sich dabei nicht immer um ‚den anderen' handelt: nicht nur deshalb, weil sie Phänomene verzeichnen, die durch eine Art Rückblende die Problematik des eigenen Sehwinkels signalisieren können, sondern insbesondere aus dem Grunde, daß sie auf die Negativa des eigenen Kontextes deutlich aufmerksam machen. Inwieweit bzw. ob überhaupt und in welchem Sinne dabei jene Bilder des Deutschen/Deutschtums die ‚Wahrheit' betreffen, welches Verhältnis es hier eigentlich zwischen Vorurteil und Erfahrung gibt, überlasse ich lieber den Überlegungen der Historiker – und dem Leser selbst. Doch die Gefahr der „Halbwahrheit" würde gewiß dann entstehen, wenn hier zwischen der literarischen/künstlerischen Reflexion und zwischen der referierten Wirklichkeit – wie auch überhaupt dem außerkünstlerischen Kontext des Werks – automatisch ein Gleichheitszeichen gesetzt würde. – Beachtenswert in dieser Hinsicht allerdings ist, daß wir im Rahmen unseres Themas nur sehr schwer diejenigen Beispiele verfolgen könnten, wo sich der jeweilige Autor etwa über den deutschen Hang zu Selbstunterschätzung oder über die sprichwörtliche deutsche Schlamperei lustig macht ... Hier hat die tschechische Literatur bzw. Satire beträchtliche Reserven –

wollen wir hoffen, daß sie in Zukunft genug Gelegenheit findet, dieses Defizit gutzumachen.

ANMERKUNGEN

1 Jaroslav Hašek, Adele Thoms z Haidy, německá učitelka, in: *Veselá Praha* 7 (1. 9. 1911), Nr. 9; Zit. in: ders., *Črty, povídky a humoresky z cest*, Praha 1955, S. 433–435.

2 Vgl. den Beitrag von Peter Becher in diesem Band.

3 František Ladislav Čelakovský: *Knihy šestery*, Praha 1847, S. 274.

4 Ebda.

5 Ebda., S. 270.

6 Karel Havlíček Borovský: *Dílo I*, Praha 1986, S. 191.

7 Ebda., S. 238.

8 Ebda., S. 239.

9 Ebda., S. 241.

10 In: *Šotek* 18. 2. 1849, Zit. aus Karel Havlíček Borovský, a.a.O., S. 261.

11 Jan Neruda, Do Straspurku, in: *Hlas* 25. 6. 1863. Zit. aus ders., *Sebrané spisy*, Hg. Ladislav Quis, Bd. XVI. *Z domova i ciziny. Za války roku 1866*, Praha 1911, S. 96–99, zit. S. 96–97.

12 Jan Neruda, Berlín, in: *Národní listy* 2., 4., 10., 15., 20. 12. 1876 und 5. 1. 1877. Zit. aus ders., *Sebrané spisy*, Hg. Ignát Herrmann, Bd. VII. *Menší cesty*, Praha 1910, 102–124; zit. S. 106, 108, 110–111.

13 Jan Neruda, Mnichov, in: *Hlas* 10., 12., 14. 5.1863. Zit. aus ders., *Sebrané spisy*, Hg. Ladislav Quis, Bd. XVI. *Z domova i ciziny. Za války roku 1866*, Praha 1911, 71–83, zit. S. 75–76, 74.

14 Jan Neruda, Berlín, in: *Národní listy* 2., 4., 10., 15., 20. 12. 1876 und 5. 1. 1877. Zit. aus ders., *Sebrané spisy Jana Nerudy*, Hg. Ignát Herrmann, Bd. VII. *Menší cesty*, Praha 1910, 102–124; zit. S. 111.

15 Ähnliche Charaktere treten auch oft in der ‚ernsthaften' Literatur auf: Bereits Josef Jungmann in seiner ersten Unterredung „O jazyku českém" („Über die tschechische Sprache", *Hlasatel* I. 1803) schildert den eingedeutschen Tschechen als einen Feind der Bestrebungen nationaler Wiedergeburt.

16 In: *Jindy a nyní* 1829, 2. Hälfte der S. 4. Zit. aus Květuše Sgallová-Hofbauerová, „Havlíček epigramatik a jeho místo ve vývoji obrozenského epigramu", in: František Buriánek u. a. (Hg.), *O České satiře. Sborník statí*, Praha 1959, S. 38–79, zit. S. 53.

17 In: *Čech* 1832: 66. Zit. aus Květuše Sgallová-Hofbauerová, „Havlíček epigramatik a jeho místo ve vývoji obrozenského epigramu", in: František Buriánek u. a. (Hg.), *O České satiře. Sborník statí*, Praha 1959, S. 38–79, zit. S. 54.

18 Božena Němcová, *Pohorská vesnice. V zámku a podzámčí*, Praha 1981, S. 219. (1. Ausg. in: *Koleda na rok 1857*, 7. Jahrg., Brno 1856.) – „Skočdopole" heißt auf Deutsch „Spring-ins-Feld".

19 Josef Svatopluk Machar, *Magdalena*, Praha 1906, S. 155.

20 Th[eodor]. M[ommsen]., An die Deutschen in Oesterreich, in: *Neue Freie Presse* (31. 10. 1897).

21 Antonín Sova, Theodoru Mommsenovi, in: ders., *Básně*, Praha 1953, S. 324–326; zit. S. 325.

22 Ebda., S. 326.

23 Karel Čapek, *Továrna na Absolutno*, Praha 1975, S. 107.

24 Jiří Voskovec, Jan Werich, *Rub a líc*, in: J. V. & J. W., *Hry Osvobozeného divadla*, Praha 1982, S. 593–594.

25 Vítězslav Nezval, *Švábi*, Praha 1945, S. 16.

26 Ladislav Smoljak, Zdeněk Svěrák, *Divadlo Járy Cimrmana*, Praha 1987, S. 215.

Eduard Mikušek

„Kramářská píseň" o Badeniho krizi podle obstrukčních pohlednic ze sbírky litoměřického muzea

> Motto:
> *Es braust ein Ruf wie Donnerhall,*
> *wie Schwertgeklirr und Wogenprall:*
> *Zum Rhein, zum Rhein, zum deutschen Rhein!*
> *Wer will des Stromes Hüter sein?*
> *Lieb Vaterland, magst ruhig sein:*
> *Fest steht und treu die Wacht, die Wacht am Rhein!*

Motto, které předznamenává tento příspěvek, je pouze nedostatečnou náhradou hudebního doprovodu, bez něhož je skutečná kramářská píseň neodmyslitelná. Jak však naznačuje doprovodný text na první pohlednici naší „kramářské písně", který hymnu německého nacionalismu, píseň *Wacht am Rhein*, z uvedeného motta parafrázuje, nejedná se v tomto případě o německý Rýn, ale o české Labe. Výslovně to dokládá zpráva *Leitmeritzer Zeitung* z 6. října 1897, která k této pohlednici přináší autentický výklad: „Pohled znázorňuje germánského hrdinu, stojícího ve zbrani na pahorku nad Labem. Z výšin podél labských břehů dávají planoucí ohně znamení do temné noci. Hrdina duje do svého rohu a svolává české Němce k obraně jejich vlasti." Máme tedy před sebou jednu z mnoha tak zvaných „obstrukčních pohlednic", které sehrály jako prostředek politické propagandy určitou roli v událostech Badeniho krize. Jejich význam nelze jistě přeceňovat, avšak každopádně představují výmluvný pramen, pomáhající porozumět době jejich vzniku.

Seznámit se s obsahem jazykových nařízení hraběte Kasimira Badeniho ještě před jejich publikováním měl spolu s několika dalšími politiky, které ministerský předseda pozval do Vídně, též litoměřický starosta, zemský a říšský poslanec dr. Alois Funke.[1] Na druhém pohledu ho vidíme ve společnosti dalších předáků pokrokářské a lidové strany včetně všeněmců Georga Schönerera a K. H. Wolfa. Toto seskupení koryfejů německé nacionální politiky v Rakousku, po staročesku řečeno „její výtečníci", použil nedávno na obálce své habilitační práce Lothar Höbelt.[2] Avšak pravděpodobně jen málo čtenářům Höbeltovy knihy bude známo, že se vlastně jedná o reprodukovanou pohlednici, kterou vydal, stejně tak jako pohled s germánským hrdinou nad Labem, Eduard Strache ve svém nakladatelství a tiskárně ve Varnsdorfu.

Obstrukční pohlednice však měly i jiné vydavatele. Základní práce o Badeniho jazykových nařízeních, dvouvazkové dílo Bertholda Suttera, například uvádí kromě Ústí nad Labem a české Lípy i nakladatelství ve štýrském Cilli.[3] Avšak předmětem našeho zájmu nejsou ani nakladatelství a tiskárny, odkud obstrukční pohlednice vycházely, ani problematika jejich dochování v rozličných sbírkách našich muzeí, kde těmto pramenům s didakticky vysokou poznávací hodnotou byla dosud věnována malá pozornost. Tento fakt potvrzuje i zkušenost se sbírkou pohlednic v litoměřickém okresním muzeu, v níž se obstrukční pohlednice nacházely roztroušeny mezi jinými pohledy a fotografiemi. Svým původem však představují jednotný soubor, u jehož vzniku stál předválečný ředitel muzea Heinrich Ankert, jak o tom ještě bude řeč.[4]

Litoměřický rodák dr. Funke, který ve svém rodišti strávil celý život a roku 1897 dosáhl věku třiašedesáti let, po návratu od ministerského předsedy prorocky velice přesně předpověděl budoucnost, když charakterizoval jazyková nařízení z 5. dubna jako manifest odporu vůči státní autoritě. Politický zápas v parlamentě, známé znemožnění jeho normální práce prostředky technické a později i divoké, neomezené obstrukční činnosti, získal velkou oporu v lidovém hnutí, jehož charakteristickým projevem byla rozmanitá manifestační shromáždění. Z nich snad největší pozornost vzbudilo v čechách lidové shromáždění *(Volkstag)*, svolané na 11. července do Chebu, při němž došlo po zákroku vojska k četným zraněním. Litoměřický starosta náležel k vůdčím účastníkům, byl zvolen jeho předsedou a byl hlavním řečníkem při takzvané chebské přísaze na nádvoří chebské radnice. Zde totiž shromáždění poslanci a další účastníci pozvedli ruce k slavnostní přísaze, že ve svém do nejzazších důsledků vedeném odporu nepřestanou, dokud vláda svá jazyková nařízení nezruší. Tato scéna je zobrazena na pohlednici číslo IV.

To vše společně s parlamentní obstrukcí na jarním zasedání znamenalo jen skromné předznamenání věcí, které měly následovat po znovuotevření říšské rady v září 1897. Hned v počátku tohoto podzimního zasedání došlo k činu, do té doby nepředstavitelnému, totiž k souboji na pistole mezi ministerským předsedou hrabětem Badenim a poslancem K. H. Wolfem, při kterém byl Badeni lehce poraněn na pravé paži. I tato událost přirozeně nalezla svůj pohlednicový ohlas, který jen dál šířil již beztak značnou Wolfovu popularitu. (II)

Podobně získal trvalé potvrzení pomocí pohlednic i řečnický výkon sekretáře brněnské obchodní a živnostenské komory dr. Otto Lechera. Pokrokář dr. Lecher totiž poslaneckou sněmovnu „obšťastnil" dvanáct hodin trvajícím projevem, což plně dostačovalo, aby jeho sláva byla zvěčněna hned na dvou pohlednicích. (V a XV)

Ani náš litoměřický starosta dr. Funke nechtěl zůstat pozadu za svým mladším kolegou, několik dní později řečnil ve sněmovně nepřetržitě celých osm hodin a dosáhl tak dvojího výsledku: jednak bylo zrušeno večerní zasedání rozpočtového výboru, jednak mohlo nakladatelství Fritz Rasch v Cilli na pohlednici hlásat Funkeho slávu do celého světa. (VI)

Obzvláštní pozornost věnovali nakladatelé a vydavatelé těchto pohledů samozřejmě samotnému ministerskému předsedovi, a proto máme v zásobě řadu pohlednic s tématem jeho pádu. Badeni na houpacím koni má bezpochyby vyjadřovat skutečnost, že jeho pozice je již vratká. (VII) Německý obrat „in der Tinte sein", znamenající totéž co české „být v bryndě", charakterizuje v kreslířském provedení obtížnou situaci, do níž hrabě Badeni v důsledku svých jazykových nařízení upadl, na dvou dalších pohlednicích. (IX a X) Třetí pak ukazuje, jak „uctivě" se německý Michl ministerského předsedy konečně zbavil. (XI) Chudáku Badenimu tak nezbylo nic jiného, než se slzami v očích a kontušovkou v polní lahvi se vydat nazpět do Haliče. (VIII)

„Tichou poslaneckou sněmovnu", které dává sbohem, nám v její skutečné rušné podobě podzimního zasedání roku 1897 zpřítomňuje „parlamentní zátiší" na pohlednici číslo XII. Bez vysvětlivek, co jednotlivé předměty tohoto „zátiší" připomínají, by dnes ovšem zůstávalo sotva srozumitelné. Snad pouze skutečnost, že s divokou obstrukcí bylo spojeno házení kalamářem, náleží ke známým charakteristikám rakouského parlamentarismu. Pistole samozřejmě připomíná souboj Badeni – Wolf a zvonek náčiní předsedy sněmovny k ukázňování poslanců; Georg Schönerer se ho však zmocnil a bouřil s ním na protest, když mu předseda Abrahamowicz odpíral udělit slovo. Znetvořený obličej znázorňuje snad samotného Davida Abrahamowicze, jak by naznačovala polská čapka u jeho hlavy. Zkřížená ptačí pera mohou připomínat univerzitního profesora dr. Emila Pferscheho, poslance za Teplice a Ústí nad Labem, jenž při vzniklé pranici vytáhl na obranu svůj perořízek. Peroucí se poslance se pokoušel vodou ze sifonové láhve zklidnit Moritz Vetter hrabě z Lilie, který tak projevil věrnost svému mandátu za moravskou „Mittelpartei". Jediným místem parlamentního klidu pak zůstal pavučinou zatažený kout, kde v zapomenutí spočinula ústava, porušovaná tajnými výnosy a změnami jednacího řádu i denního pořádku jednání.

Do veřejného života nepřinesl klid ani Badeniho pád, neboť nyní vyšli do ulic Češi a jejich demonstrace byly spojeny s násilnostmi a rabováním německých, obzvláště židovských obchodů. O to vítanější byl v politickém zápolení pro německé nacionalisty jiný příklad českého násilnictví, který v září podalo obecní zastupitelstvo z pražských Vršovic, tehdy ještě samostatné obce: navzdory německým protestům měl být jako nepovolená stavba zbourán dvorní trakt tamní soukromé německé školy. Ačkoliv celá záležitost nebyla dosud nejvyšším správním soudem rozhodnuta, začali čeští dělníci pod dohledem člena obecního zastupitelstva 18. září o páté hodině ráno s demoliční prací. Jakou práci odvedli, neboli jak napsaly německé litoměřické noviny, „jaký výsledek měla ničivá zuřivost českého obecního zastupitelstva, jíž byl dán celou jednu hodinu volný průběh," ukazuje další pohlednice, odeslaná již jedenáct dní po samotné události. (XIII) Zajímavé je však nejenom její datum, nýbrž i doprovodný text, zejména poslední věta: „Doufám, že brzo nastane čas, kdy se takovéto pohlednice budou moci volně posílat poštou". To nás totiž upozorňuje na důležitou skutečnost, že posílání obstrukčních pohlednic bylo zakázáno a jejich poštovní přeprava se uskutečňovala pouze v obálkách. Smýšlení odesilatele je přitom ve vyjádřeném přání vysloveno zcela jednoznačně.

Častým cílem českých útoků v Praze byly vedle výkladních skříní německých obchodů němečtí studenti, organizovaní v buršáckých spolcích, neboť jejich vystupování s tradičními odznaky, čepicemi a šerpami, Češi pociťovali jako provokaci. Na úřední zákaz nošení čepic cerevisek s barvami studentských spolků, buršenšaftů, odpověděli němečtí vysokoškoláci stávkou (XIV) a požadavkem na přenesení vysokých škol z Prahy do německého sídelního území v pohraničí. K městům, nabízejícím se k přijetí německé univerzity a techniky, patřily i Litoměřice v čele se starostou dr. Funkem. Svůj vstřícný postoj ke studentským požadavkům dali zdejší měšťané najevo při akademickém sjezdu 29. února 1898, kdy se do Litoměřic sjelo přes tisíc německých vysokoškolských studentů a asi čtyřicet jejich profesorů. (XVI a XVII)

Po dvou měsících se tak Litoměřicím a jejich starostovi opět naskytla příležitost celozemsky či dokonce celorakousky se zviditelnit. Podobná nacionální slavnost se zde totiž odehrála též počátkem ledna, kdy se Litoměřice staly místem setkání německých poslanců zemského sněmu. Sešli se zde k poradě, zda obeslat sněm svolaný na 9. ledna do Prahy, či nikoliv. (XVIII) Jednomyslné rozhodnutí sněm obeslat přivedlo německé poslance do obávané Prahy, kde se pověstný Karl Hermann Wolf nechal doprovázet policejní ochranou. (XIX) Tento jejich pražský pobyt však netrval dlouho, neboť již 26. února podali své prohlášení k holdovací adrese císaři, která svým požadavkem českého státního práva pro ně byla nepřijatelná, a „v naprostém klidu" jak píše *Leitmeritzer Zeitung*, opustili další jednání. Stejně klidný průběh však neměla schůze předchozího dne 25. února, na níž Karl Hermann Wolf opakovaně usiloval o možnost v sněmovním plénu k holdovací adrese promluvit. To však nebyl předsedající nejvyšší maršálek kníže Jiří Lobkowicz na žádný pád ochoten dopustit a Wolf proto své marné pokusy obdržet slovo a výkřiky z pléna zakončil makaronským výrokem, možným a srozumitelným pouze v dvojjazyčných Čechách: „*Slavný sněme, pack'mer z'samm' und geh'me*". (XX)

Již úvodem zazněla zmínka o řediteli litoměřického muzea Heinrichu Ankertovi, jehož sběratelská píle zachránila tyto obstrukční pohlednice pro muzeum, a tím i pro budoucnost. Nebyl však sám, kdo takové pohledy sbíral. Některé ze zmíněných pohlednic se v muzejní sbírce vyskytují ještě v druhém exempláři, s textem psaným Ankertem jeho snoubence Marii Paudlerové. Byla neteří zasloužilého vlastivědného pracovníka profesora Amanda Paudlera z české Lípy a roku 1897 pracovala jako učitelka ve Varnsdorfu. Výše popisované „parlamentní zátiší" přináší i výslovné potvrzení, že též ona začala se sbíráním pohlednic. Podepsaný „věrně oddaný Ankert Heinrich" píše z Litoměřic 9. listopadu: „Velectěná slečno! Je to ku podivu, co všechno za pohlednice dnes vychází. Každopádně jste je začala sbírat v tu nejšťastnější dobu. Tento pohled je jeden z nejzajímavějších a lze si při něm hodně myslet!" (XII)

Poslední pohlednice naší sbírky ukazuje na závěr nejenom německého Michla a květy chrpy, symbolizující obdiv k vilémovskému Německu, ale současně dává Ankertovým sdělením snoubence příklad milostné korespondence z doby před sto lety. Můžeme zde číst: „Ústí 29/9 97, ráno 7 hodin. Myslím na Vás již při procitnutí. Měl jsem krásný sen, ve kterém jste hrála hlavní roli. Bohužel to byl jen sen. Jak šťastný bych byl, kdyby to byla skutečnost. S tisíci pozdravy Váš nejoddanější Ankert Heinrich" (XXI).

Naše „kramářská píseň" by podle jiných osvědčených literárních vzorů mohla nyní končit sňatkem, neboť 7. června 1905 došlo v kostele svatého Kříže v české Lípě skutečně k uzavření manželství Heinricha Ankerta s Marií Paudlerovou. S ní se tak Ankertovy pohledy vrátily k jejich odesilateli do Litoměřic, kde už zůstaly až do dnešního dne. Heinrich Ankert a jeho manželka museli naproti tomu Litoměřice po 2. světové válce jako Němci opustit a zemřeli daleko od své vlasti v hesenské Fuldě.

POZNÁMKY:

1 Narozen 5. ledna 1834 v Litoměřicích, zemřel 24. ledna 1911 tamtéž. Bližší údaje přinášejí do tisku odevzdané Dějiny Litoměřic v kapitole Litoměřice 1848 – 1914, sepsané autorem tohoto příspěvku, a příslušném životopise v biografické části knihy. Samostatné podrobné zpracování Funkeho biografie bohužel dosud chybí.

2 L. Höbelt: *Kornblume und Kaiseradler. Die deutschfreiheitlichen Parteien Altösterreichs 1882–1918.* Wien, München 1993.

3 B. Sutter: *Die Badenischen Sprachenverordnungen von 1897, ihre Genesis und ihre Auswirkungen vornehmlich auf die innerösterreichischen Alpenländer.* Díl II., Graz, Köln 1965, str. 47, pozn. 95.

4 Narozen 17. května 1870 v Litoměřicích, zemřel 19. května 1954 ve Fuldě. Naposledy tiskem připomenut při příležitosti 120. výročí narození v časopise „*Leitmeritzer Heimatbote*" 42, 1990, č. 5, str. 31n. vydávaném ve Fuldě a autorem tohoto příspěvku v „*Prager Volkszeitung*" 40, 1990, č. 25, str.5. Důkladnější ocenění jeho rozsáhlé vlastivědné produkce však dosavad chybí.

3

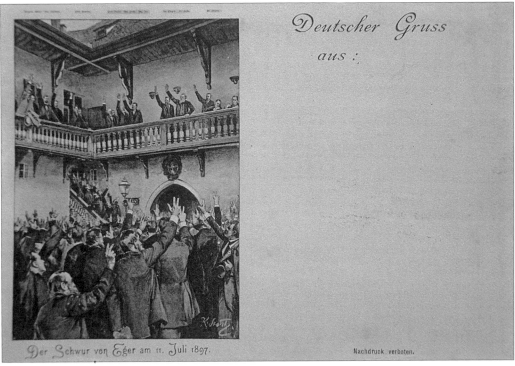

4

5

6

7

8

9

10

11

12

13

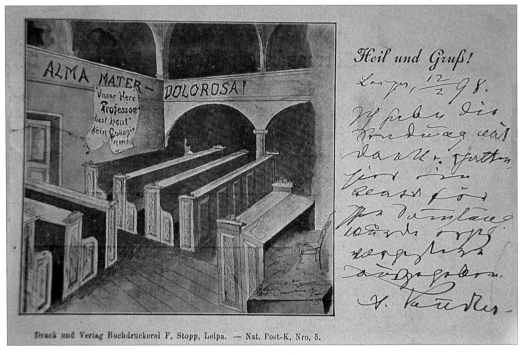

14

106

17

18

19

20

109

EDUARD MIKUŠEK

Der „Bänkelsang" über die Badenikrise nach den Obstruktionskarten aus der Leitmeritzer Sammlung

Es braust ein Ruf wie Donnerhall,
wie Schwertgeklirr und Wogenprall:
Zum Rhein, zum Rhein, zum deutschen Rhein!
Wer will des Stromes Hüter sein?
Lieb Vaterland, magst ruhig sein:
Fest steht und treu die Wacht, die Wacht am Rhein!

Diesem Beitrag, den man gleichsam als Bänkelsang verstehen kann, fehlt leider die gewünschte musikalische Untermalung, die die vorangestellten Verse, wenn auch nur ungenügend, ersetzen wollen. Der Fluß auf der ersten Ansichtskarte in unserem „Bänkelsang" ist aber nicht der Rhein, sondern die Elbe, wie schon der begleitende Text, eine Paraphrase auf die „Wacht am Rhein", vermuten läßt: „Deutschböhmerland, magst ruhig sein, fest steh'n und treu für Dich wir ein". Eine Auslegung dazu gibt dann die Mitteilung der *Leitmeritzer Zeitung* vom 6. Oktober 1897, die den Inhalt dieser Ansichtskarte folgendermaßen beschreibt: „Die Karte stellt einen in Wehr und Waffen auf einer Anhöhe der Elbegegend stehenden germanischen Recken dar. Von den Höhen der Elbufer lodern die Flammenzeichen in die dunkle Nacht. Der Recke stößt in sein Horn und ruft zum Schutze der deutschböhmischen Heimat auf." Es handelt sich um eine der vielen sogenannten „Obstruktionskarten", die als propagandistisches Kampfmittel in den Ereignissen der Badenikrise eine gewisse Rolle spielten. Obwohl ihre Bedeutung nicht überschätzt werden darf, stellen sie doch eine beredte Quelle zum Verständnis dieser Zeit dar.

Zur Bekanntmachung der Sprachverordnungen, oder genauer gesagt deren Grundsätze, wurde unter anderen auch der Leitmeritzer Bürgermeister, Landtags- und Reichsratsabgeordnete Dr. Alois Funke zum Ministerpräsidenten Badeni nach Wien eingeladen.[1] Auf dem zweiten Bild unserer Sammlung sehen wir ihn in der Gemeinschaft anderer Spitzen der Fortschritts- und Volkspartei sowie der Alldeutschen Georg Schönerer und Karl Hermann Wolf. Diese Zusammenstellung der Koryphäen deutscher nationaler Politik in Österreich, tschechisch würde man von ihnen sagen: „naši výtečníci", ist unlängst durch den Umschlag der Habilitationsschrift von Lothar Höbelt bekannt geworden.[2] Wahrscheinlich dürften aber nur wenige unter Höbelts Lesern wissen, daß das Bild auf dem Buchumschlag ursprünglich eine Ansichtskarte war, die von der Verlagsdruckerei Eduard Strache in Warnsdorf herausgegeben wurde, genauso wie der germanische Recke über der Elbe auf der vorherigen Karte.

Es war aber nicht allein der Verlag und die Druckerei Eduard Strache, der die Obstruktionskarten herausgab. Das grundlegende, zweibändige Werk über die Badenischen Sprachverordnungen von Berthold Sutter nennt z.B. neben Aussig und Leipa noch den Verlag im steiermärkischen Cilli.[3] Der Gegenstand unseres Interesses sind aber weder Verlage und Druckereien, die die Obstruktionskarten verfertigten, noch die Problematik der Aufbewahrung in verschiedenen Sammlungen unserer Museen, wo diesen didaktisch sehr aufschlußreichen Quellen bisher nur wenig Aufmerksamkeit gewidmet wurde. Diese mangelnde Aufmerksamkeit bestätigt auch die Erfahrung mit der Sammlung der Ansichtskarten im Leitmeritzer Kreismuseum, wo die Obstruktionskarten verstreut unter anderen Fotos und Ansichtskarten lagen. Was aber ihren Ursprung betrifft, handelt es sich um eine einheitliche Sammlung, deren Entstehung mit dem Vorkriegsdirektor des Museums Heinrich Ankert verbunden ist, worauf noch die Rede kommen wird.[4]

Dr. Funke, ein geborener Leitmeritzer, der sein ganzes langes Leben in dieser Stadt verbracht hat und 1897 dreiundsechzig Jahre alt war, sah nach der Rückkehr vom Ministerpräsidenten prophetisch sehr richtig die Zukunft voraus, als er die Sprachverordnungen vom 5. April mit dem Wort „Aufruhrakte" charakterisierte. Der politische Kampf im Parlament, die bekannte Verhinderung der Normalarbeit des Abgeordnetenhauses durch Mittel der technischen und später auch wilden, uneingeschränkten Obstruktion, fand großen Rückhalt in der Volksbewegung, die sich vor allem auf verschiedenen Volkstagen manifestierte. Unter diesen Volksversammlungen in Böhmen erregte vielleicht der Volkstag in Eger am 11. Juli die größte Aufmerksamkeit, wo Militär eingriff und es zu mehreren Verletzten kam. Der Leitmeritzer Bürgermeister gehörte zu den führenden Teilnehmern dieses Zusammentreffens. Er wurde zum Vorsitzenden des Volkstages gewählt und war auch der Hauptredner bei dem sogenannten Egerer Schwur im Hof des Egerer Rathauses. Hier haben nämlich die versammelten Abgeordneten und andere Teilnehmer die Hand zum feierlichen Schwur erhoben, ihren „rücksichtslosesten Widerstand" nicht früher zu beenden, bis die Regierung die Sprachverordnungen wieder aufheben würde. Diese Szene ist auf unserer Ansichtskarte Nr. 4 abgebildet.

Dies alles bedeutete zusammen mit der parlamentarischen Obstruktion in der Frühlingssession nur ein bescheidenes Vorzeichen der Ereignisse, die nach der Wiedereröffnung des Reichsrates im September 1897 nachfolgen sollten. Gleich zu Beginn dieser Herbstsession kam es zu einer bisher unvorstellbaren Tat, zum Pistolenduell zwischen dem Ministerpräsidenten Grafen Badeni und dem Abgeordneten Karl Hermann Wolf, wobei Badeni leicht am Arm verletzt wurde. Auch dieses Ereignis fand natürlich seine Resonanz auf den Ansichtskarten, wodurch die ohnehin schon hohe Popularität Wolfs sich weiter verbreiten konnte (Nr. 2).

Ähnlich gewann auch die rednerische Leistung des Brünner Gewerbekammersekretärs Dr. Lecher ihre dauerhafte Bestätigung durch Ansichtskarten. Der Fortschrittler Dr. Lecher hatte nämlich das Abgeordnetenhaus durch eine zwölfstündige Rede beglückt. Dies genügte, um seinen Ruhm gleich auf zwei Ansichtskarten zu verewigen (Nr. 5 und 15).

Aber auch unser Leitmeritzer Bürgermeister Dr. Funke wollte hinter seinem jüngeren Kollegen nicht zurückstehen und sprach einige Tage später im Abgeordnetenhaus 8 Stunden lang. Dies hatte zwei Ergebnisse zur Folge: zum einen mußte die Abendsitzung des Budgetausschusses aufgelöst, zum anderen konnte vom Kunstverlag Fritz Rasch in Cilli Funkes Ruhm mit Ansichtskarten in die Welt verkündet werden (Nr. 6).

Die besondere Aufmerksamkeit der Verleger und Herausgeber dieser Ansichtskarten richtete sich natürlich auf den Ministerpräsidenten selbst. So steht uns eine ganze Reihe von Karten zur Verfügung, die den Sturz von Badeni zum Hauptthema haben. Badeni auf dem Schaukelpferd bedeutet zweifelsohne, daß die Lage des Ministerpräsidenten sich schon im Wanken befand (Nr. 7). Mit Hilfe der Redewendung „in der Tinte sein" ist dann diese schwierige Lage, in die Graf Badeni durch seine Sprachverordnungen geraten war, auf zwei weiteren Ansichtskarten charakterisiert (Nr. 9 und 10). Wie der deutsche Michel den Ministerpräsidenten „gefeuert" hat, das zeigt uns dann die nachfolgende Karte (Nr. 11). Und so ist dem armen Badeni nichts anderes übriggeblieben, als mit Tränen in den Augen und Kontussowka in der Feldflasche sich wieder auf den Weg nach Galizien zu begeben (Nr. 8).

Wie sich aber das Leben im „stillen Abgeordnetenhaus" während der Herbstsession 1897 wirklich abspielte, das ist durch ein „Parlamentarisches Stilleben" auf der Ansichtskarte Nr. 12 dokumentiert. Ohne Erklärung, an welche Ereignisse die einzelnen Gegenstände erinnern, bleibt dieses „Stilleben" heute natürlich nur kaum verständlich. Daß die wilde Obstruktion mit einem Tintenfässerschleudern verbunden war, gehört vielleicht zu den bekannten Charakteristiken des österreichischen Parlamentarismus; die Pistole soll natürlich an das Duell Badeni-Wolf erinnern, und die Glocke ist das Werkzeug des Vorsitzenden: Georg Schönerer bemächtigte sich ihrer und machte Krawall, als ihm vom Präsidenten Abrahamowicz das Wort verweigert wurde. Das weitentstellte Gesicht stellt vielleicht Abrahamowicz selbst dar, wie die polnische Mütze andeutet, und die gekreuzten Federn können an Herrn Universitätsprofessor Dr. Emil Pfersche, den Abgeordneten für Teplitz und Aussig, erinnern, der sich in der entstandenen Schlägerei mit seinem Federmesser zu wehren suchte. Mit Wasser aus dem Siphon versuchte Moritz Vetter Graf von der Lilie die raufenden Abgeordneten zu beruhigen. So blieb er seinem Mandat für die mährische Mittelpartei treu. Die „Stille" herrschte nur in einem Spinnenwinkel, wo die durch geheime Erlässe, Geschäfts- und Tagesordnungsänderungen verletzte Verfassung ruhte.

In das öffentliche Leben brachte selbst Badenis Sturz keine Ruhe, denn jetzt gingen die Tschechen auf die Straße. Ihre Demonstrationen waren dabei mit Gewalttaten und Plünderungen der deutschen, besonders aber der jüdischdeutschen Geschäfte verbunden. Um so willkommener für die deutschen Nationalisten mußte in dem politischen Kampf ein anderes Beispiel der tschechischen Gewalttätigkeit sein, das die Gemeindevertretung von Vršovice, einem Stadtviertel von Prag, das damals aber noch einen selbständigen Ort bildete, schon im September geliefert hatte: Der Hoftrakt einer dortigen deutschen Privatschule sollte nämlich als ein unbewilligter Bau trotz deutscher Proteste abgetragen werden. Obwohl die ganze Sache noch unentschieden bei dem Verwaltungsgerichtshof lag, hatten tschechische Arbeiter unter der Aufsicht eines Mitgliedes der Gemeindevertretung mit der Demolierungsarbeit am 18. September gegen 5 Uhr morgens begonnen. Was für Arbeit sie geliefert hatten, oder mit Worten der *Leitmeritzer Zeitung,* „welches Ergebnis die Zerstörungswut der tschechischen Gemeindevertretung hatte, der eine Stunde freier Lauf gelassen war", zeigt unsere weitere Ansichtskarte, die schon elf Tage später abgesandt worden ist (Nr. 13). Von Interesse ist aber nicht nur ihr Datum, sondern auch ihr Text, besonders der letzte Satz: „Hoffentlich wird bald die Zeit kommen, wo man derartige Karten offen auf der Post senden kann." Das erinnert uns nämlich an die wichtige Tatsache, daß der Postverkehr mit den Obstruktionskarten untersagt war und deshalb nur in Umschlägen erfolgen konnte. Über die Gesinnung des Absenders spricht sich dieser Wunsch natürlich auch ganz unzweideutig aus.

Neben den Schaufenstern der deutschen Geschäfte wurden in Prag deutsche Couleur-Studenten zum häufigen Ziel der tschechischen Angriffe, deren traditionelles Farbentragen von den Tschechen als Provokation empfunden wurde. Auf das Amtsverbot, ihre Kappen zu tragen, antworteten die deutschen Hochschüler in Prag mit einem Streik (Nr. 14) und erhoben zugleich die Forderung nach Verlegung der deutschen Hochschulen aus Prag in eine Stadt des deutschen Siedlungsgebietes. Zu den Städten, die die deutsche Universität und Technische Hochschule aufzubauen bereit waren, gehörte auch Leitmeritz mit dem Bürgermeister Dr. Funke an der Spitze. Leitmeritzer Bürger konnten ihre Zustimmung für dieses Vorhaben dann beim Akademikertag bekunden, bei dem am 29. Februar in die Stadt mehr als Tausend Studenten und gegen 40 Hochschulprofessoren gekommen waren (Nr. 16 und 17).

Nach zwei Monaten war dies für Leitmeritz und dessen Bürgermeister wieder eine gewünschte Gelegenheit, sich landes- oder sogar reichsweit bemerkbar zu machen. Ein ähnliches Nationalfest spielte sich nämlich in Leitmeritz schon Anfang Januar ab, als die Stadt zum Ort der Zusammenkunft der deutschen Landtagsabgeordneten wurde (Nr. 18). Der Zweck ihres Zusammentreffens damals war eine Beratung über die Frage, ob der am 9. Januar nach Prag einberufene böhmische Landtag beschickt werden sollte oder nicht. Der einstimmige Entschluß, den Landtag zu beschicken, brachte zwar die Abgeordneten in das gefürchtete Prag, wo der berüchtigte Karl Hermann Wolf von der Polizei in Schutz genommen werden mußte (Nr. 19). Dieser Aufenthalt in Prag währte jedoch nicht lange, denn schon am 26. Februar unterbreiteten sie ihre Erklärung zur Huldigungsadresse an den Kaiser, die mit der Forderung des böhmischen Staatsrechtes für sie unannehmbar war, und entfernten sich, wie die *Leitmeritzer Zeitung* schrieb, „in völliger Ruhe".

Einen so ruhigen Verlauf hatte allerdings nicht die Sitzung am Vortag, dem 25. Februar, als sich Karl Hermann Wolf sich wiederholt bemühte, das Wort zur Huldigungsadresse zu erhalten. Dies zuzulassen, war der Oberstlandesmarschall Fürst Georg von Lobkowitz jedoch auf keinen Fall bereit. Seine vergeblichen Versuche und Zwischenrufe hat Wolf mit einem makkaronischen Ausspruch beendet, der nur im zweisprachigen Böhmen möglich und für Zuhörer verständlich war: „Slavný sněme, pack'mer z'samm' und geh'me" (Nr. 20).

Eingangs wurde der Leitmeritzer Museumsdirektor Heinrich Ankert erwähnt, dessen Sammlerfleiß diese Obstruktionskarten für das Museum und somit auch für die Zukunft gerettet hatte. Er war aber nicht der einzige, der die Ansichtskarten sammelte. Einige der vorgeführten Karten kommen in der Sammlung des Leitmeritzer Museums noch in einem zweiten, mit einem Text beschriebenen Exemplar vor, das von Ankert an seine Braut Maria Paudler gesandt worden war. Sie war die Nichte des um die nordböhmische Heimatkunde hochverdienten Professors Amand Paudler aus Böhmisch Leipa und wirkte im Jahre 1897 als Lehrerin in Warnsdorf. Das schon erwähnte „Parlamentarische Stilleben" bringt eine ausdrückliche Bestätigung, daß auch sie die Ansichtskarten zu sammeln begonnen hatte. Der unterzeichnete „treu ergebene Ankert Heinrich" schreibt aus Leitmeritz am 9. November: „Sehr geehrtes Fräulein! Es ist erstaunlich, was alles für Ansichtskarten jetzt ans Tageslicht kommen. Sie haben jedenfalls in der glücklichsten Zeit angefangen Karten zu sammeln; eine der interessantesten ist diese, man kann sich sehr viel dabei denken!" (Nr. 12).

Die letzte Ansichtskarte unserer Sammlung zeigt schließlich nicht nur den deutschen Michel und die Kornblumen, die die Bewunderung für das Wilhelminische Deutschland symbolisieren sollen, sondern sie ist zugleich in Ankerts Mitteilung an seine Braut auch ein Beispiel einer Liebeskorrespondenz vor genau hundert Jahren. Wir können hier lesen: „Aussig 29/9 97, früh 7 Uhr. Beim Erwachen gedenke bereits Ihrer. Hatte einen sehr schönen Traum, bei dem Sie die Hauptrolle spielten. Leider aber war es nur ein Traum. Wie glücklich wäre ich, wenn derselbe wahr wäre. Mit tausend Grüßen, Ihr ergebenster Ankert Heinrich" (Nr. 21).

Nach bewährten literarischen Mustern könnte jetzt dieser „Bänkelsang" mit der Eheschließung enden, denn am 7. Juni 1905 fand in der Kreuzkirche zu Böhmisch Leipa wirklich Ankerts Trauung mit Maria Paudler statt. Die an sie gesandten Ansichtskarten kehrten so mit ihr wieder zu deren Absender nach Leitmeritz zurück, wo sie bis heute bleiben sollten. Heinrich Ankert und seine Frau hingegen mußten Leitmeritz nach dem 2. Weltkrieg verlassen und starben weit von ihrer Heimat in Fulda.

ANMERKUNGEN

1 Geboren am 5. Januar 1834 in Leitmeritz, gestorben am 24. Januar 1911 daselbst. Näheres bringt die im Druck liegende Geschichte der Stadt Leitmeritz in dem vom Autor dieses Beitrags verfaßten Kapitel „Leitmeritz 1848–1914" und Funkes Lebensbeschreibung im biographischen Teil dieser Stadtgeschichte. Eine selbständige Bearbeitung seiner Biographie bleibt bisher leider aus.

2 L. Höbelt: *Kornblume und Kaiseradler. Die deutschfreiheitlichen Parteien Altösterreichs 1882–1918*, Wien/München 1993.

3 B. Sutter: *Die Badenischen Sprachverordnungen von 1897, ihre Genesis und ihre Auswirkungen vornehmlich auf die innerösterreichischen Alpenländer*, Bd. II, Graz/Köln 1965, S. 47 (Anm. 95).

4 Geboren am 17. Mai 1870 in Leitmeritz, gestorben am 19. Mai 1954 in Fulda. Zuletzt wurde er bei der Gelegenheit seines 120. Geburtstages in dem in Fulda herausgegebenen *Leitmeritzer Heimatboten* 42, 1990, Nr. 5, S. 31f. und vom Verfasser dieses Beitrags in der *Prager Volkszeitung* 40, 1990, Nr. 25, S. 5, erinnert, doch eine eingehendere Bewertung seines umfangreichen heimatkundlichen Werkes fehlt noch immer.

MONIKA GLETTLER

„Böhmische Schwalben": Von Ammen und Ziegelschupfern in Wien

„Wenn der Wiener gerne Witze über die Tschechen macht, so ist das gar nicht bös gemeint – es ist mehr ein zärtlicher Spott. Die Tschechen sind nämlich unfreiwillige Komiker. Komisch ist der ewige Singsang ihrer Sprache, den sie auch haben, wenn sie Deutsch reden [...] komisch sind auch die Gesichter der Tschechen mit ihren dicken Nasen, den immer zerrauften, in die Stirn hängenden Haaren und den dicken Schnurrbärten [...] Nichts ist schwerer, als einen tschechischen Diener zu eleganter Erscheinung zu erziehen. Die härteste Arbeit ist ihm lieber. Viele lernen es nie. Beim Militär kostet es viel Mühe, ihnen tadellose Adjustierung beizubringen und das freundliche Grinsen beim Salutieren abzugewöhnen [...], ihr Schritt ist unregelmäßig, schlurfend, hinkend, und manchmal ist eine Art von Sprung darin. Man kennt den Tschechen sofort an diesem drolligen Gang. Der Komiker Eisenbach hat dieses ‚Böhmakeln mit den Füßen' auf die Bühne gebracht [...]. Hunderttausende Tschechen leben in Wien. Jeder dritte Wiener stammt von Tschechen ab – nützliche, kleine Leute, die niemandem zur Last fallen [...] So wie das Jüdeln zum Witzeerzählen, so gehört das Böhmakeln zum Parodieren. Es ist ein unentbehrlicher Bestandteil im Arsenal der schauspielerischen Mittel des Wieners."[1]

Eine Bestätigung dieser Aussage findet sich bis in unsere Tage in der deutschsprachigen, oft zu nostalgischer Verklärung neigenden Viennensia-Literatur[2], ebenso in Couplets und im Spruchschatz des Weana „Hamur".[3] War das „die Märchenstadt" um 1900?

Aus der tschechischen Perspektive – etwa im Urteil Fedor Soldans, des Biographen von Joseph Svatopluk Machar (1864–1942), der in Wien fast 30 Jahre lang seinem ungeliebten Brotberuf als Bankbeamter nachging, lautet das Urteil weniger „zärtlich": „Der Tscheche ist in Wien an der Wende der achtziger Jahre zu den neunziger Jahren nur ein Bürger zweiter Klasse, auf dessen Kosten sich die Mitarbeiter humoristischer Blätter und die Komiker von Vorstadtbühnen unterhalten."[4]

Von allen diesen Zeugnissen hat die Karikatur bisher am wenigsten Eingang in den klassischen Quellenkanon des Historikers gefunden. In der Tat stehen jedoch der Forschung wenig andere Dokumente von solcher Aussagekraft und Unmittelbarkeit zur Verfügung wie diese kritischen Bildkunstwerke. Die Enthüllung der Wirklichkeit in Form der Zeichnung ist ein spontaner und daher unverfälschter Ausdruck des Alltagslebens in der habsburgischen Vielvölkermetropole vor dem Ersten Weltkrieg.

Das historische Nahverhältnis der Tschechen zu Wien verstärkte sich vor allem Mitte des 19. Jahrhunderts, als aus wirtschaftlichen Gründen eine Massenzuwanderung von Arbeitskräften aus den böhmischen Ländern einsetzte, besonders aus jenen Gebieten mit über 90 Prozent Bevölkerung tschechischer Umgangssprache.[5] Meist warteten – den damaligen Großstadtverhältnissen entsprechend – sehr mißliche Lebens- und Arbeitsbedingungen auf die vorwiegend aus dem ländlichen Raum kommenden Zuwanderer; hinzu kam eine speziell auf die „Bem"[6] abzielende Fremdenfeindlichkeit der Wiener und ihrer städtischen Behörden. Die magnetische Anziehungskraft Wiens wurde aber dadurch nicht abgeschwächt, so daß sich bereits in den 1860er Jahren rund 100.000 Böhmen und Mährer und 20.000 Slowaken hier aufhielten. Um 1900 galt Wien dann mit 103.000 *amtlich* registrierten Einwohnern „böhmisch-mährisch-slowakischer Umgangssprache" bei einer Gesamtbewohnerzahl von 1.675.000 Personen als die größte tschechische Stadt der damaligen Zeit (wobei eine Schätzzahl von 300.000 Tschechen und Slowaken sicherlich nicht zu hoch gegriffen ist).[7]

Aus dieser massiven Präsenz der Tschechen in Wien, das als Sitz des Österreichischen Reichsrates, d.h. des Zentralparlamentes für Zisleithanien auch die tschechischen Abgeordneten und ihre Klubs beherbergte, läßt sich schließen, daß die humoristischen Zeitschriften *Figaro*, *Kikeriki*, *Die Muskete* dies mit Stift und Schrift kommentiert haben.[8]

Der tschechische „Wenzel" (seltener „Powidl") wird zumeist als Symbolfigur des ganzen tschechischen Volkes vorgestellt. Mit Ausnahme František Palackýs (als böhmische Köchin, siehe unten) schien offenbar kein tschechischer Politiker prominent genug, für seine Nationalität mit einem besonderen Attribut „ausgezeichnet" zu werden. „Wenzel" tritt – allein oder in Vielzahl – als dummdreister, gelegentlich gewalttätiger Bauerntölpel mit affenähnlichem „böhmischen Dickschädel" auf. Die ihm beigegebenen Musikinstrumente (meistens „Blech-") spielen auf die sprichwörtliche Musikalität der „böhmischen Musikanten" an und erinnern häufig an die lautstarke Obstruktionspolitik im Wiener Reichsrat.[9]

Der tschechische Bauernkittel versinnbildlicht diskriminatorisch Grobheit und Dreck, im Gegensatz zur „angestammten Kulturüberlegenheit" der Deutschen[10]; umgekehrt verletzte gerade diese Akzentsetzung die hohe Wertschätzung des Bauernstandes in der tschechischen nationalen Ideologie. Ähnliches gilt für das böhmische Staatsrechtsprogramm und die hl. Wenzelskrone: Sie ist bisweilen verächtlich als dreifüßiges „Leimpfanderl" auf dem Kopf des böhmischen Löwen oder als Requisit bei anderen „Urwesen des Slawentums" zu sehen.[11]

Auch der Löwe, das doppelschwänzige böhmische Wappentier als nationale Tiermetapher, wird abschätzig charakterisiert: ohne majestätische, Furcht einflößende Merkmale, eher als bettelnder, schweifwedelnder „Wauwau".

Bedrohlich, als „böhmische Brut im wacherlwarmen Nest Wien", werden die Tschechen nur als Masse, meist randalierend dargestellt. Diese Bilder reflektieren die deutschnationale und christlichsoziale Phobie vor der „Gefährdung des deutschen Charakters der Stadt Wien", die erst um 1900 unter Bürgermeister Karl Lueger um sich griff.[12]

Bis dahin zeigen die Karikaturen eher Anzeichen eines paternalistischen Oberschichtenhumors, der dem wachsenden Ansturm der böhmischen Lehrlinge und Handwerker auf das Wiener Gewerbe gelassen entgegensah: 1880 gab es unter den selbständigen Wiener Schneidern bereits 64 Prozent, bei den Schneidergehilfen 72 Prozent, die in Böhmen oder Mähren geboren waren; an der Fortbildungsschule für Kleidermacher befand sich bestenfalls ein Drittel Deutsche.[13] Als Reaktion hierauf kreierte der deutschliberale *Figaro* 1882 den „Schneidermeister Paplíček" mit seinen mehr oder weniger regelmäßigen „pulitischen" Kommentaren zu böhmischen Themen.[14]

Böhmische Schwalben.

Figaro, II (14. 4. 1858), Nr. 17

Als „böhmische Schwalben", weil nicht seßhaft, gelten vor allem die tschechischen und slowakischen Saisonarbeiter, die seit 1858 an den Wiener Großbaustellen mehr und mehr Arbeit fanden. Josef Jireček, der tschechische Literaturhistoriker und Reichsratsabgeordnete, schreibt 1854: „Die Handlanger und Maurer bei allen hiesigen Bauten sind Čechoslaven. Es giebt auch weibliche Handlanger [...]. Im Frühjahr um die Osterzeit kommen sie zu Fusse in kleinen Karavanen nach Wien gezogen. Vater und Mutter und eine Schaar erbärmlich gekleideter Kinder jeden Alters schreiten über die lange Brücke in die Stadt [...]. Als man von der am Wasserglacis eingestürzten Brücke die Steine an das Ufer beförderte und die Elisabethbrücke zur Vorstadt Wieden errichtete, zeichneten sich die schlanken, kräftigen Gestalten der mährischen Slovaken in ihrem weissen Leinwandhabit und mit ihren kleinen, runden und schwarzen Hüten vor allen andern Arbeitern aus."[15] Der runde schwarze Hut spielt später eine wesentliche Rolle bei den „Accessoirs".

Die bekanntesten „Schwalben" waren die „Ziegelböhm", die in den Wiener Ziegeleien während der Saison arbeiteten und den Winter meist in ihrer Heimat verbrachten. Die Wienerberger Ziegelwerke expandierten seit 1857 beachtlich und beschäftigten zur Jahrhundertwende etwa 6.000 bis 8.000 Arbeiter, vorrangig Tschechen und Slowaken.[16]

Eine Ausnahme von den niederen Sozialpositionen (60 Prozent Arbeiter, 17 Prozent Selbständige in Handel und Gewerbe) bildeten die tschechischen Beamten in den Ministerien. Deutschnationale Schutzorganisationen errechneten für 1900 etwa 20.000 „Amtstschechen", unter Einbeziehung der Familienmitglieder sogar 45.000, d.h. fast jeder zweite Wiener Tscheche hätte – unter Zugrundelegung der Volkszählungsergebnisse – dieser „Elite" angehört, die man – auch in den Karikaturen – lieber in die böhmische Heimat zurückexpediert hätte.[17]

Das Berufsbild der Frauen unterschied sich markant von jenem der Männer: 1880 waren von den in Böhmen/Mähren geborenen und in Wien berufstätigen Frauen 75 Prozent im Dientsleistungssektor und nur 21 Prozent in Industrie und Gewerbe beschäftigt. Der Beruf des Dienstmädchens wurde bevorzugt, da er – zumindest vorläufig – die Versorgung und das Wohnungsproblem löste.[18] Die Alternative als Fabrikarbeiterin war für Ledige wenig verlockend, weil Arbeiterinnen moralisch in schlechtem Ruf standen und oft gezwungen waren, mit Männern das Zimmer zu teilen. In reichen Haushalten war das Personal hierarchisch strukturiert: an unterster Stelle die jungen Kindermädchen, gefolgt von Stubenmädchen, Amme und Köchin. Das böhmische Kindermädchen fand weniger in Karikaturen als in Wiener Kinderbüchern Beachtung.[19] Auch die Ammen aus der Hanna, Mährens fruchtbarstem Landstrich, und aus dem Iglauer Bezirk sind in ihren auffälligen Trachten wohl oft gezeichnet, aber seltener in Karikaturen festgehalten worden.[20] Anders die Köchinnen, die – abgesehen von männlichen Küchenchefs oder Kammerdienern – in Haushalten mit größerem Dienstpersonal recht gut bezahlt wurden. Sie standen in der Nachfolge der allseits bekannten Magdalena Dobromila Rettigová, die zwischen 1838 und 1840 das erste umfassende Kochbuch verfaßt hatte, das jahrzehntelang immer wieder aufgelegt wurde und im Großstadtmilieu Wiens erst eigentlich zur Geltung kam. Ein aus Anlaß der Wiener Weltausstellung 1873 erschienener Stadtführer übersetzte für fremde Gäste die damals gebräuchlichsten Ausdrücke der Wiener Speisekarte, von denen sehr viele etymologisch aus dem Tschechischen stammen (Bramburi, Buchteln, Quargel, Powidl, Schkubanken etc.).[21] Als 1874 der jungtschechische Elan „überschwappte" und sich diese politische Gruppierung von der Partei der Alttschechen abspaltete, trat ihr Parteiführer Palacký, der Vater der böhmischen Geschichtsschreibung, als böhmische Köchin im *Figaro* auf.[22]

Am Beispiel der Karikaturen zeigt sich ganz deutlich die generell mangelnde Bereitschaft auf deutscher Seite, sich mit den Böhmen, Mähren und Slowaken (letztere kamen teils aus Mähren, teils aus den ungarischen Komitaten) *einzeln*, d.h. nicht als Prototyp des „Böhm", zu befassen. So werden vor allem die Slowaken irrtümlich und unabsichtlich mit „Krowoten" (Kroaten) gleichgesetzt oder verwechselt.[23] Bis zum Ende der Habsburgermonarchie zählten die „Schlawacken", die wandernden Glas-, Kochlöffel-, Holzwaren- und Zwiefl-Krowoten wegen ihrer unverwechselbaren Kaufrufe und ihrer Kleidung zu den auffälligsten, für Karikaturen bestens geeigneten Wiener Typen.[24] Zu ihnen gehört auch der Rastlbinder, der sich auf die Kunst verstand, löchriges Blechgeschirr zu flicken und zerbrochene Ton- und Porzellangefäße durch Drahtgeflecht wieder zusammenzubinden. In der kalten Jahreszeit trug er eng anliegende, mit roten

117

Schnüren verzierte Hosen, im Sommer weite, rohleinene, in Fransen auslaufende Beinkleider und meistens Schnürstiefel. Den Rücken beschwerte ihm ein mit Blechplatten, Draht und Mausefallen gefülltes Holzgestell. Einige Rastlbinder legten besonderen Wert auf ihre guten Mausefallen und kündigten sich deshalb mit dem Ruf „Gaafte Mausfalli, Gatzi, Ratzi!" (Kaufet Mausefallen, Katzen, Ratten!) an.[25]

Neben Drahtbindern und Mausefallenhändlern „aus der Trenčiner Gespannschaft" nennt Zeitgenosse Josef Jireček „die Slowaken aus andern Gegenden, welche hier einen ehrbaren Erwerb suchen. Zwiebeln, Spielsachen, Blumen, Grünzeug und Obst werden gemeiniglich von Slovakinnen, Kotzen aber und Leinwand von Slovaken zum Verkauf ausgetragen. Es giebt in Wien besondere Unternehmer, die ganze slovakische Familien miethen und von ihnen Hausirhandel treiben lassen."[26] Die Assoziation zum Böhmischen „Land"-tag – Kraut und Rüben durcheinander – wurde von den Karikaturisten prompt vollzogen, wenn auch wieder undifferenziert pauschal auf die „Böhm" übertragen.[27]

Als im letzten Viertel des 19. Jahrhunderts die tschechischen Zuwanderer bereits ein breitgefächertes infrastrukturelles Netz zur Erhaltung ihrer kulturellen Identität aufgebaut hatten, lenkte der „wienärrische" Schulverein „Komenský" die Aufmerksamkeit der humoristischen Blätter auf sich: Im tschechenreichsten X. Bezirk (Favoriten) sollte – in Opposition zum Bezirksschulrat – die erste Privatschule errichtet werden. Dies bewog den einsatzbereiten Schneidermeister Paplíček zu der aufmüpfigen Äußerung: „Da mechtme doch gleich brennheiße Biegeleisen nehmen und niedebegeln den ganze Schulratz!"[28]

Der Horrorvision des Öffentlichkeitsrechtes – mit der ans Kopfende des tschechischen Lotterbettes vertriebenen, wild protestierenden „Vindobona" und dem niedergedrückten deutschen Michel mit dem tschechischen Brotmesser im Hintern – folgte im *Figaro* die Vertreibung Wenzels und seiner Schule über den Zaun.[29] Demgegenüber gab es in Wien sogar für griechische und türkische Kinder Schulen, die anstandslos das Öffentlichkeitsrecht erhalten hatten.

Karikaturen vermitteln Standpunkte, nicht Informationen.[30] In unserem Fall entzaubern sie die Idylle von damals und suggerieren neben der nationalen Abgrenzung auch die soziale Distanz zu den Tschechen, von der schmunzelnden Pointierung angefangen bis hin zur graphischen Exekution. Schwieriger zu beantworten ist die Frage, ob die Bilder beim Betrachter aktive Aggressionen mobilisieren wollten bzw. konnten, oder ob sie eher „ableiteten" im Sinne des raunzenden Weanas, der in „Schneidermeister Paplíčeks pulitischer Resonnirung" seinen Ausdruck fand. Angesichts der Zuspitzung der sozialen Problematik und des europaweit immer bedrohlicher werdenden Nationalismus fiel der Karikatur zweifellos eine aufhetzende, anklägerische Rolle zu. Waren vor 1914 jedoch noch Leimpfanderln und Powidl, Löwenschürzerln und k.u.k. Hof-Ofenheizer namens Wenzel Wačlavíček Zielscheiben des Spottes,[31] so lassen die Karikaturen der zwanziger Jahre bereits genügend Spielraum offen für den Aufstieg der Diktaturen und die kommenden Katastrophen.[32] Mit der Ausrufung der Tschechoslowakischen Republik 1918 kehrten mehr „böhmische Schwalben" aus Wien in ihre Heimat zurück als je zuvor amtlich gezählt worden waren.

ANMERKUNGEN

1 Otto Friedländer: *Letzter Glanz der Märchenstadt. Das war Wien um 1900*. Wien, München 1969, S. 170 f. O. Friedländer (1889–1963), Dr. iur., Beamtenlaufbahn, Hofrat, schrieb Novellen, Essays, Feuilletons.

2 Hilde Spiel: *Wien. Spektrum einer Stadt*. München 1971, S. 36.

3 Monika Glettler: *Böhmisches Wien*. Wien, München 1985, S. 62, 106–109.

4 Fedor Soldan: *J. S. Machar*, Praha 1974, S. 52. Zit. nach Christa Rothmeier: Die entzauberte Idylle. Das Wien-Bild in der tschechischen Literatur seit Mitte des 19. Jahrhunderts bis zur Gegenwart. In: Gertraud Marinelli-König/Nina Pavlova (Hrsg.): *Wien als Magnet? Schriftsteller aus Ost-, Ostmittel- und Südosteuropa über die Stadt*, Wien 1996, S. 255–291, hier S. 258.

5 Monika Glettler: *Die Wiener Tschechen um 1900. Strukturanalyse einer nationalen Minderheit in der Großstadt*.

(=Veröffentlichungen des Collegium Carolinum, 28). München, Wien 1972, S. 25–60.

6 Die Bezeichnungen „Bem", „Bém" (Böhme), „Saubüttelböhm", „der böhmische Zirkel", „böhmisches Gesindel" wurden als Schimpfwörter für alle Fremden, die eine andere Sprache sprechen, abgetragene Kleidung tragen, verwendet und waren nicht nur auf Österreich und auf Wien beschränkt. Alois Beer: *Lituji, že nejsem básník* [Ich bedauere, kein Dichter zu sein], ausgew. und zusammengestellt von Karel Michl und Rudolf Skreček. Prag 1970, S. 158 ff. – *Figaro*, Jg. XLII, Nr. 44 (29. 10. 1898), S. 176.

7 Michael John/Albert Lichtblau: *Schmelztiegel Wien einst und jetzt. Zur Geschichte und Gegenwart von Zuwanderung und Minderheiten*, 2., verb. Aufl. Wien, Köln 1990, S. 18. – *WIR. Zur Geschichte und Gegenwart der Zuwanderung nach Wien*. 217. Sonderausstellung des Historischen Museums der Stadt Wien. 19. September bis 29. Dezember 1996. Wien 1996.

8 *Figaro* ab 1857 (Aufl. 1899: 12.500); *Kikeriki* ab 1861 (Aufl. 1899: 22.000); *Die Muskete* (ab 1905); *Wiener Luft* (Beiblatt zum *Figaro*).

9 *Figaro*, Jg. XLIV, (23. 6. 1900), S. 97; vgl. auch die Jahrgänge 1866, 1893, 1899, 1906, 1908, 1909. Wien hatte bei den tschechischen Musikern den Vorrang vor Prag. Die Polka wurde bald nach ihrer Erstaufführung um 1830 ein europäischer Gesellschaftstanz, der die Alleinherrschaft des Walzers brach. Die böhmischen Musikanten wurden schon seit Kaiserin Maria Theresias Zeiten gerühmt. Meist kamen sie zum neuen Jahr oder zum Fasching und verdienten sich in Gasthäusern ihren Lebensunterhalt. Glettler: *Böhmisches Wien*, S. 90 ff.

10 Der Berliner *Kladderadatsch* spricht vom „nichtswürdigen Drecklümmel", Jg. LXI, Nr. 50 (13. 12. 1908), S. 200. „Dem Slawentum fehlt gänzlich jede höhere, innere oder eigentliche Kulturkraft, mit der allein ein Volk oder Stamm auf die Dauer Großes vollbringt... Das Slawentum kann sich nie individualisieren, es braucht immer, um ein wenig zu wirken, den Autoritätsglauben und das herdenweise Zusammenleben." Arkolay (Pseud. für Sträubel, Waldemar): *Das Germanentum und Österreich*. Darmstadt 1870. Zit. nach Karl Bosl: Deutsche romantisch-liberale Geschichtsauffassung und „slawische Legende", in: *Bohemia Jahrbuch* 5 (1964), S. 12–52, hier S. 32.

11 *Figaro*, Jg. XLI, Nr. 5 (30. 1. 1897), S. 20; *Die Muskete*, 18. 2. 1909.

12 Glettler: *Die Wiener Tschechen*, S. 293–337.

13 Stephan Sedlaczek: *Die k.k. Reichshaupt- und Residenzstadt Wien. Ergebnisse der Volkszählung vom 31. December 1880.* Wien 1887, Bd. 3, S. 246f. Glettler: *Böhmisches Wien*, S. 60.

14 *Figaro*, Jg. XXVI, Nr. 32 (12. 8. 1882), S. 127.

15 Josef Jireček: Die čecho-slavische Bevölkerung in Wien. In: *Jahrbücher für slavische Literatur, Kunst und Wissenschaft*, N.F., Bd. 2 (Bautzen 1854), S. 582.

16 Erika Iglauer: *Ziegel – Baustoff unseres Lebens*. Horn/Wien 1974. (Umfassende Angaben zu Arbeitsbedingungen etc.)

17 Glettler: *Die Wiener Tschechen*, S. 70; *Figaro*, Jg. XXIII, Nr. 49 (6. 12. 1879), S. 196.

18 John/Lichtblau: *Schmelztiegel Wien*, S. 19, 25–28. Das typische Dienstmädchen war ledig, unter 30 Jahre alt und kam vom Land. Über Dienstvermittlungsvereine versuchten die Neuangekommenen eine „Stelle" zu finden. Glettler: *Die Wiener Tschechen*, S. 219–223. Glettler: *Böhmisches Wien*, S. 62.

19 Carl Schandl: *Wiener Kinder. Ein Bilderbuch für unsere Lieblinge aus der Kaiserstadt*. Wien [um 1890], S. 23. – Zum Dienstmädchen-Klischee: *Der Floh*, 29. 9. 1889, S. 3.

20 *Wienerstadt. Lebensbilder aus der Gegenwart*. Prag, Wien, Leipzig 1895, S. 164 ff. *Die Muskete*, Bd. VIII, Nr. 205 (2. 9. 1909), S. 177.

21 John/Lichtblau: *Schmelztiegel Wien*, S. 444 f.; Glettler: *Böhmisches Wien*, S. 120 ff.

22 *Figaro*, Jg. XVIII, Nr. 31 (4. 7. 1874), S. 124. – Köchinnen auch in: *Wiener Luft*, Nr. 52, 1891.

23 Dies geht zurück auf die ehemaligen Theresianischen und Josephinischen Slowaken- und Kroatensiedlungen in Niederösterreich. Glettler: *Die Wiener Tschechen*, S. 28.

24 John/Lichtblau: *Schmelztiegel Wien*, S. 20 ff. (mit Bildern und Literatur).

25 Mauriz Schuster: *Alt-Wienerisch*. Wien 1984, S. 127–130. *Wiener Luft*, Nr. 32, 1890.

26 Jireček: *Die čecho-slavische Bevölkerung*, S. 584.

27 *Wiener Luft*, Nr. 22, 1883.

28 *Figaro*, Jg. XXVI, Nr. 32 (12. 8. 1882), S. 127.

29 *Figaro*, Jg. XLIII, Nr. 16 (15. 4. 1899), S. 64. – In der Praxis bedeutete dies, daß die vierzehnjährigen Tschechen zu den Abschlußprüfungen in die nächste öffentliche Volksschule ins mährische Lundenburg (Břeclav) fahren mußten. Glettler: *Wiener Tschechen*, S. 108.

30 Rudolf Jaworski: Tschechen und Deutsche in der Karikatur (1891–1907). In: Hans Lemberg/Ferdinand Seibt (Hrsg.):

Deutsch-tschechische Beziehungen in der Schulliteratur und im populären Geschichtsbild (=Studien zur Internationalen Schulbuchforschung, 28). Braunschweig 1980, S. 68.

31 *Figaro*, Jg. XXXIV, Nr. (36, 6. 9. 1890), S. 144; Beiblatt der *Muskete*, 25. 4. 1907.

32 Vor allem im Berliner *Kladderadatsch* und im Reichenberger *Rübezahl*.

Der Böhm, wenn er den Wiener Boden betritt und wenn er Wurzel gefaßt hat. | Čech, jenž vstoupí na vídeňskou půdu a zapustí kořeny. – *Figaro*, XLIII (28 . 1. 1899), Nr. 5

Monika Glettler

„České vlaštovky": O kojných a cihlářích ve Vídni

„Když si Vídeňák dělá legraci z Čechů, nemyslí to vůbec zle – je to spíše dobromyslné vtipkování. Češi jsou totiž nedobrovolní komici. Komická je jednotvárná melodie jejich řeči, které se nezbaví, ani když mluví německy. [...] Komicky působí i obličeje Čechů s jejich bambulatými nosy, rozcuchanými, do čela padajícími vlasy a ježatými kníry [...]. Není obtížnější úlohy, nežli naučit českého sluhu elegantním mravům. Každá sebetěžší práce je mu milejší. Mnozí se jim nenaučí vůbec. I na vojně dá jejich adjustace velkou námahu a není jednoduché, odnaučit je dobromyslnému šklebení při salutování [...], jejich chůze je klátivá, šouravá, a občas proložená i jakýmisi poskokem. Čecha pozná každý ihned podle jeho směšné chůze. Úspěšně zavedl toto „bémáklování nohama" na divadelní scénu komik Eisenbach [...]. Ve Vídni žijí statisíce Čechů. Každý třetí Vídeňák má české předky – pilné, prosté lidi, kteří nejsou nikomu na obtíž. [...] Tak jako komické napodobování jiddiš (Jüdeln) při vyprávění židovských vtipů patří i „bémáklování" k výrazovým prostředkům parodie. Je nepostradatelnou součástí arsenálu hereckých prostředků každého Vídeňáka."[1]

Dokladem tohoto tvrzení je tzv. „Literatura viennesia"[2], inklinující často až do dnešních dnů k nostalgické glorifikaci, s čímž se setkáváme i v kupletech a průpovídkách „vídeňského humoru" („Weana Hamur"[3]). Byla Vídeň okolo roku 1900 opravdu takovým „pohádkovým městem", jak ji opěvují dobové písně?

Z české perspektivy – např. z pohledu Fedora Soldana, biografa Josefa Svatopluka Machara (1864–1942), který vykonával ve Vídni téměř 30 let nenáviděné povolání bankovního úředníka, je situace posuzována méně „dobromyslně": „Čech je ve Vídni na zlomu osmdesátých a devadesátých let jen druhořadým občanem, na jehož účet se baví spolupracovníci humoristických časopisů a komici předměstských divadel."[4]

Ze všech těchto svědectví doby je karikatura zastoupena v klasických kánonech historických pramenů dosud v nejmenší míře. Je však pravdou, že vědecký výzkum má k dispozici málo jiných pramenů s takovouto silou výpovědi a bezprostředností, nežli jsou tato kritická výtvarná díla. Odhalování skutečnosti formou kresby je spontánní a proto nefalšovaný výraz všedního života v habsburské mnohonárodnostní metropoli před 1. světovou válkou.

Historicky podmíněná úzká vazba Čechů k Vídni se zpevnila především v polovině 19. století, kdy z hospodářských důvodů došlo k masovému přílivu pracovních sil z českých zemí, a to zvláště z oblastí, kde komunikačním jazykem obyvatelstva byla z devadesáti procent čeština.[5] Jak odpovídalo tehdejším poměrům ve velkoměstě – očekávaly přistěhovalce, přicházející převážně z venkova, většinou velmi krušné životní a pracovní podmínky; opomenuta nesmí být v této souvislosti ani speciálně proti „Bémům"[6] namířená nenávist Vídeňáků a jejich administrativy. Magická přitažlivost Vídně tím však nebyla oslabena, takže se zde v šedesátých letech devatenáctého století zdržovalo téměř 100.000 Čechů a Moravanů a 20.000 Slováků. Okolo roku 1900 platila Vídeň (1.675.000 obyvatel) se svými 103.000 *úředně* registrovanými obyvateli „česko-moravsko-slovenského jazyka" za největší české město (přičemž odhadovaný počet 300.000 Čechů a Slováků jistě není nijak nadsazený).[7]

Tato silná prezence Čechů ve Vídni, ve které jako sídle Rakouské říšské rady, to znamená ústředního parlamentu pro Cislajtánii, byli i čeští poslanci a jejich kluby, vedla samozřejmě k tomu, že humoristické časopisy *Figaro, Kikeriki, Die Muskete* tuto skutečnost slovem i obrazem komentovaly.[8]

Český „Wenzel" (řidčeji „Powidl") symbolizuje většinou celý český národ. S vyjímkou Františka Palackého (zobrazeného jako česká kuchařka na následující karikatuře), nebyl žádný český politik dost prominentní, aby byl pro svou národnost „vyznamenán" nějakým zvláštním atributem. „Wenzel" vystupuje – ať sám či v množném čísle – jako přihlouplý drzoun, příležitostně hrubý venkovský neotesanec s typickou „českou tvrdou palicí", silně připomínající opici. Hudební nástroje (ponejvíce „plcchy"), kterými je vyzbrojen, jsou narážkou na příslovečnou muzikálnost „českých muzikantů" a často upomínají na hlasitou obstrukční politiku ve Vídeňské říšské radě.[9]

Česká selská halena symbolizuje diskriminujícím způsobem hrubost a špínu, a je protikladem „vrozené kulturní převahy" Němců[10], přičemž právě tato klasifikace zraňuje vysoké ocenění selského stavu v české národní ideologii. Podobně je tomu i se státoprávním programem (Staatsrechtsprogramm) a svatováclavskou korunou, která je občas pohrdavě zobrazována jako „pánvička na klih" („Leimpfanderl") na hlavě českého lva nebo jako rekvizita jiných „slovanských bájných bytostí"[11].

I dvojocasý český lev, metaforický symbol v erbu národa, je charakterizován s despektem: bez majestátních, respekt vzbuzujících charakteristických znaků, spíše jako žebronící, chvostem vrtící „hafánek".

Hrozivě, jako „zlé české plémě uvelebené v teploučkém hnízdečku Vídeň" vystupují Češi v karikatuře většinou pouze jako povykující dav. Tyto obrazy jsou odrazem německé národní a křestansko-sociální fobie před „ohrožením německého charakteru města Vídně", která se začala šířit teprve okolo roku 1900 za starosty Karla Luegera.[12]

Až do té doby demonstrují karikatury spíše známky paternalistického humoru vyšších vrstev, který reagoval na rostoucí příliv českých učedníků a řemeslníků do vídeňských živností spíše lhostejně: v roce 1880 bylo mezi vídeňskými krejčími provozujícími vlastní živnost již 64 procent, mezi pomocnými krejčími 72 procent řemeslníků, kteří se narodili v Čechách nebo na Moravě. Vyšší školu pro krejčovská řemesla navštěvovala tehdy v nejlepším případě sotva třetina Němců.[13] Jako reakci na tuto skutečnost vytvořil německo-liberální list *Figaro* roku 1882 postavu „Krejčovského mistra Paplička", s jeho víceméně pravidelnými „pulitickými" komentáři k českým tématům.[14]

Za „české vlaštovky", vracející se pravidelně do Vídně, byli označováni čeští a slovenští sezónní dělníci, kteří tam od roku 1858 nacházeli na velkých stavbách stále více a více práce. Josef Jireček, český literární historik a poslanec Říšské rady, píše v roce 1854: „Nádeníci a zedníci na všech zdejších stavbách jsou Čechoslované. Je však i ženských nádeníků [...]. Na jaře okolo svátků velikonočních přicházejí pěšky v malých karavanách do Vídně. Otec, matka a hejno bídně oblečených dětí každého věku pochodují přes dlouhý most do města [...]. Když se dopravovaly na břeh kameny zříceného mostu u vnějšího valu bastionových fortifikací „Wasserglacis" a byl zřízen Eliščin most (Elisabethbrücke) jako spoj k předměstí Wieden, vynikaly štíhlé, urostlé postavy moravských Slováků v jejich bílých plátěných hábitech a malých, černých, kulatých kloboucích nad všemi ostatními dělníky."[15] Tento malý černý klobouk sehraje později významnou roli v „Accessoirs".

Nejznámějšími českými vlaštovkami byli cihláři, takzvaní „Ziegelböhm", kteří během sezony pracovali ve vídeňských cihelnách a zimu trávili většinou doma, v Čechách. Cihelny „Wienerberger Ziegelwerke" od roku 1857 pozoruhodně expandovaly a zaměstnávaly na přelomu století asi 6.000 až 8.000 dělníků, především Čechů a Slováků.[16]

Vyjímku z těchto nízkých sociálních postavení (60 procent dělníků, 17 procent živnostníků) tvořili čeští úředníci na ministerstvech. Organizace na ochranu německého národního živlu vypočetly, že v roce 1900 bylo ve Vídni registrováno přibližně 20.000 českých úředníků, tzv. „Amtstschechen" a započtou-li se i jejich rodinní příslušníci, zvýší se tento počet téměř na 45.000, což znamená, že na základě výsledků sčítání lidu náležel každý druhý vídeňský Čech k této „elitě", kterou by – i v karikatuře – Vídeňáci nejraději vyexpedovali zpátky do jejich českého domova.[17]

Spektrum ženských povolání se markantně lišilo od povolání mužských: v roce 1880 pracovalo ve Vídni 75 procent žen narozených v Čechách a na Moravě v sektoru služeb a pouze 21 procent v průmyslu a živnostech. Přednost byla dávána povolání služebné, protože řešilo – alespoň předběžně – problém stravování a bydlení.[18] Alternativa tovární dělnice byla méně lákavá, protože dělnice měly z morálního hlediska špatnou pověst a byly často nuceny bydlet v jedné místnosti s muži. V bohatých domácnostech panovala mezi personálem přísná hierarchie: na nejnižším stupni byly mladé chůvy, po nich panské, kojné a kuchařky. Česká chůva byla méně předmětem zájmu karikatury, těšila se však oblibě vídeňské dětské literatury[19]. I kojné z Jihlavska a z Hané, nejúrodnější části Moravy, zde byly často zobrazovány ve svých nápadných krojích, karikatura jim však nevěnovala valnou pozornost.[20] Jinak tomu bylo s kuchařkami, které byly v domácnostech s početnějším služebnictvem – s vyjímkou šéfkuchařů a komorníků – velice dobře placeny. Byly následkyněmi všeobecně známé Magdaleny Dobromily Rettigové, která sepsala v letech 1838–1840 první obsáhlou kuchařskou knihu, která byla po desetiletí znovu a znovu vydávána a našla pravé uplatnění teprve vlastně ve velkoměstském prostředí Vídně. Průvodce městem vydaný u příležitosti Vídeňské světové výstavy v roce 1873 obsahoval pro návštěvníky z ciziny překlady tehdy nejčastěji používaných výrazů vídeňských jídelních lístků, z nichž velké množství je etymologicky odvozeno z češtiny (*Bramburi* = brambory, *Buchteln* = buchty, *Quargel* = tvarůžky, *Powidl* = povidla, *Schkubanken* = škubánky etc).[21] Když v roce 1874 pronikl elán mladočechů až do Vídně a tato politická skupina se odštěpila od strany staročechů, vystupoval její politický vůdce Palacký, otec české historiografie, jako česká kuchařka v časopise *Figaro*.[22]

Karikatura dokumentuje naprosto zřejmě zásadně nedostatečnou ochotu německé strany zabývat se Čechy, Moravany a Slováky (naposledy jmenovaní pocházeli částečně z Moravy, částečně z maďarských komitátů) jako jednotlivci, to znamená, ne jako prototypem „Béma" (Böhm). Tak jsou často především Slováci omylem a neúmyslně zaměňováni za „Krowoty" (Chorvaty).[23] Až do rozpadu habsburské monarchie patřili „Šlaváci" („Schlawaken"), podomní chorvatští obchodníci se sklem, cibulí, vařečkami a jinými výrobky ze dřeva pro své charakteristické kroje a vyvolávání, kterým nabízeli a vychvalovali své zboží, k nejnápadnějším, pro karikaturu optimálně vhodným typům Vídeňáka.[24] K nim patřili i dráteníci, kteří uměli spravit děravé plechové a drátovat hliněné, kamenné nebo porcelánové nádobí. V zimě nosili přiléhavé nohavice zdobené červeným šněrováním, v létě široké kalhoty z režného plátna zakončené třásněmi a většinou šněrovací boty. Na zádech měli těžké krosny s plechem, dráty a pastičkami na myši. Někteří dráteníci byli zvláště hrdí na své pastičky na myši a ohlašovali se již z dálky svérázným voláním: „Gaafte Mausfalli, Gatzi, Ratzi" (Kupujte pastičky na myši, kočky, krysy).[25]

Kromě dráteníků a handlířů s pastičkami na myši „z trenčínské župy" hovoří Josef Jireček jako svědek doby o „Slovácích z jiných oblastí, kteří zde hledají počestné zaměstnání. Hračky, cibuli, zeleninu a ovoce nabízely ke koupi zpravidla ženy, houně a plátno však muži. Ve Vídni existují dokonce živnostníci, kteří si najímají celé slovenské rodiny, aby pro ně provozovaly podomní obchod."[26] Asociace k Českému „zemskému" sněmu – plody země bez ladu a skladu – se zde přímo nabízela a karikaturisté po ní samozřejmě okamžitě sáhli, i když ji opět nediferencovaně a paušálně vztáhli na „Böhmy" (Čechy) [27].

Když si čeští přistěhovalci v poslední čtvrtině 19. století vybudovali rozsáhlou síť infrastruktury k udržení své kulturní identity, upoutal na sebe pozornost humoristických listů vídeňský školský spolek „Komenský": V X. vídeňském obvodu (Favoriten) měla být – v opozici k obvodnímu školnímu radovi – zřízena první česká soukromá škola. To přimělo vždy připraveného krejčího Paplička ke vzpurnému výroku: „Bylo by nejlepší vzít rozpálenou žehličku a přimáčknout s ní celého školního radu" (Pozn. překl. ve smyslu: „Bylo by nejlepší vzít veliké nůžky a přistřihnout školnímu radovi hřebínek")[28].

Této hororové vizi přiznání veřejného práva – s divoce protestující „Vindobonnou", zahnanou do nejzazšího koutka českého lotrovského lože a německým Michlem s českým křivákem v zadku – následovalo ve *Figarovi* vyhnání Wenzla s jeho školou za plot.[29] A přitom existovaly ve Vídni dokonce školy pro řecké a turecké děti, které bez problémů získaly status včřejnoprávních vzdělávacích ústavů.

Karikatury zprostředkovávají stanoviska a ne informace.[30] V našem případě zbavují domnělou idylu tehdejší doby veškerého kouzla a sugerují kromě národní izolace i sociální distanci k Čechům, a to od úsměvné pointy až po grafickou exekuci. Obtížnější je odpověď na otázku, zda bylo záměrem těchto karikatur mobilizovat aktivní agrese, respektive, zda to vůbec bylo v jejich moci nebo zda měly být spíše jakýmsi „hromosvodem" pro věčně nespokojeného Vídeňáka, který se artikuloval v kritických „pulitických" komentářích krejčovského mistra Paplička. Vzhledem k zostření sociální problematiky a stále hrozivějšímu nacionalismu v celé Evropě připadla karikatuře bezpochyby role štváče a žalobce, plného trpkých výčitek. Zatímco před rokem 1914 byly však terčem posměchu ještě pánvičky na klíh a Powidl, lví zástěrky a c.k. dvorní topic Wenzel Wačlaviček,[31] poskytují karikatury dvacátých let dosti prostoru pro vzestup diktatur a budoucích katastrof.[32] Po proklamaci Československé republiky v roce 1918 se vrátilo domů více „českých vlaštovek", než jich kdy bylo ve Vídni úředně registrováno.

POZNÁMKY

1 Otto Friedländer: *Letzter Glanz der Märchenstadt. Das war Wien um 1900*, Mnichov 1969, str. 170 a další. O. Friedländer (1889–1963), JUDr. úřednická kariéra, dvorní rada, psal novely, eseje a fejetony.

2 Hilde Spiel: *Wien. Spektrum einer Stadt*. Vídeň, Mnichov 1985, str. 62, 106–109.

3 Monika Glettler: *Böhmisches Wien*. Vídeň, Mnichov 1985, str. 62, 106–109.

4 Fedor Soldan: *J. S. Machar*, Praha 1974, str. 52. Citát podle Christy Rothmeier: Die entzauberte Idylle. Das Wien-Bild in der tschechischen Literatur seit der Mitte des 19. Jahrhunderts bis zur Gegenwart. V: Gertraud Marinelli-König/Nina Pavlova (vydavatelky): *Wien als Magnet? Schriftsteller aus Ost-, Ostmittel- und Südosteuropa über die Stadt,* Vídeň 1996, str. 255–291, zde str. 258.

5 Monika Glettler: *Die Wiener Tschechen um 1900. Strukturanalyse einer nationalen Minderheit in der Großstadt.* (=Publikace Collegia Carolina, 28). Mnichov, Vídeň 1972, str. 25–60.

6 Označení „Bem", „Bém" (Böhme), „Saubüttelböhm", „der böhmische Zirkel", „böhmisches Gesindel" („český ksindl") byla užívána jako nadávky pro všechny cizince mluvící jinou řečí a nosící obnošené šaty a nebyla omezena pouze na Rakousko a Vídeň. Alois Beer: *Lituji, že nejsem básník*, vybráno a sestaveno Karlem Michlem a Rudolfem Skrečkem. Praha 1970, str. 158 a další. – *Figaro*, ročník XLII, číslo 44 (29. 10. 1898), str. 176.

7 Michael John/Albert Lichtblau: *Schmelztiegel Wien einst und jetzt. Zur Geschichte und Gegenwart der Zuwanderung und Minderheiten*, 2. vydání. Vídeň, Kolín 1990, str. 18. – *WIR. Zur Geschichte und Gegenwart der Zuwanderung nach Wien*. 217. Zvláštní výstava historického muzea města Vídně. Od 19. září do 29. prosince 1996. Vídeň 1996.

8 *Figaro* od 1857 (vydání z r. 1899 v nákladu 12.500); *Kikeriki* od r. 1861 (vydání z r. 1899 v nákladu 22.000); *Die Muskete* (od r. 1905); *Wiener Luft* (příloha *Figara*).

9 *Figaro*, ročník XLIV, (23. 6. 1900), str. 97; srovnej také ročníky 1866, 1893, 1899, 1906, 1908, 1909. Čeští muzikanti dávali Vídni přednost před Prahou. Polka se stala krátce po svém uvedení okolo roku 1830 evropským společenským tancem, který sesadil s trůnu valčík. Čeští muzikanti byli ceněni již za Marie Terezie. Přicházeli většinou k Novému roku nebo na masopust a vydělávali s v hostincích na své živobytí. Glettler: *Böhmisches Wien*, str. 90 a další.

10 Berlínský *Kladderadatsch* mluví o „nichtswürdigen Drecklümmel" (bezcenném špindírovi), ročník LXI, číslo 50 (13. 12. 1908). Str. 200. „Slovenskému živlu naprosto schází vyšší, vnitřní nebo vlastní kulturní síla, pomocí které národ nebo kmen vytváří trvalé hodnoty... Slovanský živel se nikdy nemůže individualizovat – aby alespoň trochu působil, potřebuje neustále víru v autoritu a život ve stádě."

Arkolay (Pseudonym pro Sträubla, Waldemara): *Das Germanentum und Österreich,* Darmstadt 1870. Citát podle Karla Bosla: Deutsche romantisch-liberale Geschichtsauffassung und „slawische Legende", v: *Bohemia Jahrbuch* 5 (1964), str. 12–52, zde str. 32.

11 *Figaro,* ročník XLI, číslo 5 (30. 1. 1897), str. 20; *Die Muskete,* 18. 2. 1909.

12 Glettler: *Die Wiener Tschechen,* str. 293–337.

13 Stephan Sedlaczek: *Die k.k. Reichshaupt- und Residenzstadt Wien. Ergebnisse der Volkszählung vom 31. Dezember 1880.* Vídeň 1887, svazek 3, str. 246 a další. Glettler: *Böhmisches Wien,* str. 60.

14 *Figaro,* ročník XXVI, číslo 32 (12. 8. 1882), str. 127

15 Josef Jireček: Die čecho-slawische Bevölkerung in Wien. V: *Jahrbücher für slawische Literatur, Kunst und Wissenschaft,* N.F., svazek 2 (Budyšín 1854), str. 582.

16 Erika Iglauer: *Ziegel – Baustoff unseres Lebens.* Horn/Vídeň 1974. (Komplexní údaje k pracovním podmínkám atd.)

17 Glettler: *Die Wiener Tschechen,* str. 70; *Figaro,* ročník XXIII, číslo 49 (6. 12. 1879), str. 196.

18 John/Lichtblau: *Schmeztiegel Wien,* str. 19, 25–28. Typická služka byla svobodná, mladší třiceti let a pocházela z venkova. Lidé, kteří přicházeli do Vídně se snažili získat „místo" pomocí zprostředkovatelen pracovních příležitostí v oblasti služeb. Glettler: *Die Wiener Tschechen,* str. 219–233. Glettler: *Böhmisches Wien,* str. 62.

19 Carl Schandl: *Wiener Kinder. Ein Bilderbuch für unsere Lieblinge aus der Kaiserstadt.* Vídeň (okolo 1890), str. 23. – Ke klišé služky: *Der Floh,* 29. 9. 1889, str. 3.

20 *Wienerstadt. Lebensbilder aus der Gegenwart.* Praha, Vídeň, Lipsko 1895, str. 164 a další. *Die Muskete,* svazek VIII, číslo 205 (2. 9. 1909), str. 177.

21 John/Lichtblau: *Schmeltiegel Wien,* str. 444 a další; Glettler: *Böhmisches Wien,* str. 120 a další.

22 *Figaro,* ročník XVIII, číslo 31 (4. 7. 1874), str. 124. – Kuchařky také ve: *Wiener Luft,* číslo 52, 1891.

23 Toto se vztahuje na bývalá terezínská a josefinská sídliště Slováků a Chorvatů v Dolním Rakousku. Glettler: *Die Wiener Tschechen,* str. 28.

24 John/Lichtblau: *Schmelztiegel Wien,* str. 20 a další (s obrázky a literaturou).

25 Mauriz Schuster: *Alt-Wienerisch.* Vídeň 1984, str. 127–130. *Wiener Luft,* číslo 32, 1890.

26 Jireček: *Die čecho-slawische Bevölkerung,* str. 584.

27 *Wiener Luft,* číslo 22, 1883.

28 *Figaro,* ročník XXVI, číslo 32, (12. 8. 1882), str. 127.

29 *Figaro,* ročník XLIII, číslo 16, (15. 4. 1899), str. 64. – V praxi to znamená, že čtrnáctiletí Češi museli jezdit na závěrečné zkoušky do nejbližší veřejné školy do moravské Břeclavi. Glettler: *Wiener Tschechen,* str. 108.

30 Rudolf Jaworski: Tschechen und Deutsche in der Karikatur (1891–1907). V: Hans Lemberg/Ferdinand Seibt (vydavatel): *Deutsch-tschechische Beziehungen in der Schulliteratur und im populären Geschichtsbild* (=Studie k mezinárodnímu výzkumu školních učebnic, 28). Brunšvik 1980, str. 68.

31 *Figaro,* ročník XXXIV, číslo (36, 6. 9. 1890), str. 144; Příloha časopisu *Die Muskete,* 25.4.1907.

32 Především v berlínském časopise *Kladderadatsch* a libereckém *Rübezahl.*

(Překlad: *Alena Gomoll*)

Literatur zum Thema (Auswahl) / Literatura k tématu (výbor)

BAUMANN, WINFRIED:
Švejk. Vom Typ zum Imagotyp. In: Die böhmischen Länder zwischen Ost und West. Festschrift für Karl Bosl zum 75. Geburtstag, hrsg. von Ferdinand Seibt. (=Veröffentlichungen des Collegium Carolinum, 55.) München, Wien 1983, S. 250–250.

BIDLOVA ČÍTANKA. Uspořádal a obrazovou část scstavil Vladimír Thiele. Praha 1959.

BOSL, KARL
Deutsche romantisch-liberale Geschichtsauffassung und „Slawische Legende". Germanismus und Slawismus. Bemerkungen zur Geschichte zweier Ideologien. In: ders., Böhmen und seine Nachbarn. Gesellschaft, Politik und Kultur in Mitteleuropa. (=Veröffentlichungen des Collegium Carolinum, 32.) München, Wien 1976, S. 212–250.

BOSL, KARL
Das Geschichtsbild der Sudetendeutschen als Integrationsproblem. – *Bohemia* 21 (1980), S. 155–170.

BOSL, KARL
Wandel und Tradition im Geschichtsbild der Deutschen und Tschechen. – *Bohemia* 8 (1967), S. 9 22.

ČAPEK, VRATISLAV
Die Geschichte der tschechischen Länder und der Slowakei im Zeitalter von 1780 bis 1848 in den Geschichtslehrbüchern der BRD. In: Zur Geschichte der deutsch-tschechoslowakischen Beziehungen. Referate der deutsch-tschechoslowakischen Historikertagung. (=Schriftenreihe des Internationalen Schulbuchinstituts, 14.) Braunschweig 1968, S. 174–183.

DEUTSCHLAND IM BLICK seiner östlichen Nachbarn. Hrsg. von Josef Heinrich und Alfred Schickel. Beiträge zur Ostkunde. Bad Windsheim: Arbeitsgemeinschaft sudetendeutscher Erzieher 1977.

DEUTSCH-TSCHECHISCHE BEZIEHUNGEN in der Schulliteratur und im populären Geschichtsbild. Hrsg. von Hans Lemberg und Ferdinand Seibt. (=Studien zur Internationalen Schulbuchforschung, Bd. 28.) Braunschweig 1980.

DREWS, PETER
Das Bild der Deutschen in der tschechischen Literatur. – *Sudetenland* XXVII (1985) H. 4, S. 287–296.

GAMMA [= GUSTAV JAROŠ]
Česká karikatura. Několik slov k české karikatuře. – *Volné směry*, IV (1900), s. 267–270. – Deutsche Übersetzung: Die tschechische Karikatur. Einige Worte zur tschechischen Karikatur, in: Roman Prahl/Lenka Bydžovská, *Freie Richtungen. Die Zeitschrift der Prager Secession und Moderne*, Prag 1993, S. 126–127 (übers. von Michaela Marek).

GREBENIČKOVÁ, RŮŽENA
Das Bild des Deutschen in der slavischen – vornehmlich tschechischen – und das Bild des Tschechen in der deutschen Literatur des 19. Jahrhunderts. (=Fraternitas–Reihe zur Untersuchung der Stereotypen, 13.) Mettmann 1976.

HALL, MURRAY G.
Die Muskete: Kultur- und Sozialgeschichte im Spiegel einer satirisch-humoristischen Zeitschrift 1905–1941. Wien 1983.

DIE HÄSSLICHEN DEUTSCHEN? Deutschland im Spiegel der westlichen und östlichen Nachbarn. Hrsg. von Günter Trautmann. (=Ausblicke: Essays und Analysen zu Geschichte und Politik.) Darmstadt 1991.

HERGET, TONI
Die Deutschen im Blickfeld der Nachbarn von der Moldau. Meinuns- und Urteilswandel im tschechischen

Exil. – *Kulturpolitische Korrespondenz*, Bonn 1976, Nr. 281, S. 5–7.

HERGET, TONI
Vom Wandel in der Einstellung der Tschechen zu den Deutschen seit 1945. – *West und Ost*, München 1977, H. 1, S. 47–56.

HOFFMANN, JOHANNES
Stereotypen, Vorurteile, Völkerbilder in Ost und West – in Wissenschaft und Unterricht. Eine Bibliographie. (=Studien der Forschungsstelle Ostmitteleuropa an der Universität Dortmund, 1.) Wiesbaden 1986.

HOFFMEISTER, ADOLF
Sto let české karikatury. Praha 1955.

HOFMANN, ALOIS
Das österreichische Wesen im tschechischen Schrifttum bis 1918. – *Lenau-Forum*, VI (Wien 1974), Folge 1–4, S. 12–34.

HOLLWECK, LUDWIG
Karikaturen. Von den Fliegenden Blättern bis zum Simplicissimus 1844–1914. München, Herrsching [o. J.]

JAWORSKI, RUDOLF
Jungtschechische Karikaturen zum Nationalitätenstreit in Österreich-Ungarn. Die Prager „Šípy" (1887–1907). – *Bohemia*, XXII (1981), S. 300–341.

JAWORSKI, RUDOLF
Tschechen und Deutsche in der Karikatur (1891–1907). In: *Deutsch-tschechische Beziehungen in der Schulliteratur und im populären Geschichtsbild*, hrsg. Hans Lemberg und Ferdinand Seibt. (=Studien zur internationalen Schulbuchforschung, Bd. 28.), Braunschweig 1980, S. 58–68.

JIRÁNEK, MILOŠ
Kreslíři-karikaturiste. – *Volné směry*, IV (1900), S. 207–265.

KLADDERADATSCH. Die Geschichte eines Berliner Witzblattes von 1848 bis ins Dritte Reich. Hrsg. von Ingrid Heinrich-Jost. Köln 1982.

KLIVAR, MIROSLAV
Karikatura bojující. Antologie současné politické karikatury a kresby 1945–1962. Praha 1963.

KOŘALKA, JIŘÍ
Narodní stereotypy v české a německé politické karikatuře. – In: *Proudy české umělecké tvorby 19. století – smích v umění*. Praha 1991, str. 63–70.

KÜNZEL, FRANZ PETER
Wie sie uns sehen. Das Bild des Deutschen in der tschechischen Nachkriegsliteratur. – *Kulturpolitische Korrespondenz*, Bonn 1973, Nr. 164, S. 5–7.

LAMMICH, MARIA
Das deutsche Osteuropabild in der Zeit der Reichsgründung. (=Beiträge zur Konfliktforschung.) Boppard am Rhein 1978.

LAMMEL, GISOLD
Deutsche Karikaturen: vom Mittelalter bis heute. Stuttgart 1995.

LEMBERG, EUGEN
Das Bild des Deutschen im tschechischen Geschichtsbewußtsein. – *Ostdeutsche Wissenschaft* 8 (1961), S. 133–155.

LIESS, OTTO RUDOLF/MATAL, KARL VIKTOR
Umgang mit Tschechen und Slowaken. (=Umgang mit Völkern, Bd. 37.) Schwäbisch Hall 1970.

LUMAČ, MIROSLAV
Antonín Pelc. Praha 1963.

PETERSEIL, WALTER
Nationale Geschichtsbilder und Stereotypen in der Karikatur. Diss. Univ. Wien 1994.

[PELC, ANTONÍN]
Antonín Pelc. Karikatury 1919–1945. Praha 1948.

RAK, JIŘÍ
Bývali Čechové ... České historické mýty a stereotypy. Praha 1994.

RAK, JIŘÍ
Das Stereotyp des Deutschen im tschechischen historischen Bewußtsein. – *Österreichische Osthefte* 31 (1989) H. 1, S. 88–102.

ROUBÍK, FRANTIŠEK
Rok 1848 v obrázcích a karikaturách. Praha 1948.

SCHÄFER, BERND
Einstellung gegenüber West-Deutschen in der CSSR. – Die Beziehung zwischen ethnischer Einstellung und Persönlichkeit. Diss. Bonn 1971.

SCHROUBEK, GEORG R.
Prag und die Tschechen in der deutschböhmischen Literatur. Volkskundliche Überlegungen zum nationalen Stereotyp. – *Zeitschrift für Volkskunde* 75 (1979), H. 2, S. 201–215.

SKÁLA, EMIL
Die tschechischen und slowakischen Bezeichnungen für Deutschland und die Deutschen. – *Muttersprache. Zeitschrift zur Pflege und Erforschung der deutschen Sprache* 74 (1964), S. 289–295.

SUPPAN, ARNOLD
Heterostereotypes in the Dual Monarchy and the Successor States. In: Images of Central Europe in Travelogues and Fiction by North American Writers. Ed. by Waldemar Zacharsiewicz. Tübingen 1995, S. 373–384.

SUPPAN, ARNOLD
Der Nachbar als Freund und Feind. Wechselseitige Geschichtsbilder und nationale Stereotypen im südslawischen und österreichischen Bereich. – *Österreichische Osthefte* 29 (1987), S. 295–322.

SUPPAN, ARNOLD
Nationale Stereotypen in der Karikatur. Österreich und seine Nachbarn in Ostmitteleuropa. In: *Probleme der Geschichte Österreichs und ihrer Darstellung*, hrsg. von Herwig Wolfram und Walter Pohl. Wien 1991, S. 183–259.

ŠVEHLA, JAROSLAV
Česká karikatura v XIX. století. Praha 1941.

SZAROTA, TOMASZ
Niemiecki Michel. Dzieje narodowego symbolu i autostereotypu. Warszawa 1988.

TEICHOVÁ, ALICE
Die deutsche Gesellschaft in der Epoche von 1780 bis 1848 in den Geschichtslehrbüchern der ČSSR. In: Zur Geschichte der deutsch-tschechoslowakischen Beziehungen. Referate der deutsch-tschechoslowakischen Historikertagung. (=Schriftenreihe des Internationalen Schulbuchinstituts, 14.) Braunschweig 1968, S. 174–183.

TOMAN, OLDŘICH
Politická karikatura Mikoláše Alše v brněnské Rašpli roku 1890. Brno 1983.

VESELÝ, JIŘÍ
Boj satirou. K historii jednoho pražského emigrantského časopisu. – *Časopis pro moderní filologii*, 1967, č. 1, str. 11–18.

VESELÝ, JIŘÍ
Zur Geschichte einer Prager Emigrantenzeitschrift. (*Der Simplicus/Der Simpl*). In: Weltfreunde. Konferenz über die Prager deutsche Literatur. Prag 1967, S. 379–390.

VOCELKA, KARL
K.u.k. Karikaturen zum Zeitalter Kaiser Franz Josephs. München 1986.

Deutsche und österreichische Karikaturen
Německé a rakouské karikatury

Großes Oestreichisches Vogelschießen im Jahre 1848.

I.

Gar meisterlich geleimet
Zusammen und geflickt,
Hat Oestreich's Adler trutzig
Hinab in's Land geblickt.

Und als das Volk noch gläubig
Zur Kinderschule ging,
Da hielt es jenen Adler
Für gar ein schrecklich Ding.

Jetzt merkt es: nur die Höh', —
Die war des Adler's Stolz,
Die Kronen sind nur Flitter,
Die Fänge sind von Holz.

Der trotz'ge Adler wurde
Ein lustig Schützenspiel,
Es ist das Herz des Adlers
Der sichern Pfeile Ziel.

Seht! wie die Fetzen fliegen!
Da — Flügel, Kron' u. Rumpf,
Bald fällt von seiner Höhe
Noch ab der letzte Stumpf.

II.

Euch ist die alte Sage
Vom Phönix wohl bekannt,
Der nach 500 Jahren
Zurückfliegt in sein Land;

Der dort im eignen Neste
Sich weiht dem Flammentod,
Um neu verklärt zu schweben
Empor in's Morgenroth.

Der Freiheit Phönix kehrte
Zurück — schon blitzt es auf —
Bald steigt er aus den Flammen
Verklärt zum Licht hinauf.

Die Adler sind ihm Feinde
Seit alten Zeiten schon,
Die ein- und doppelköpf'gen
Mit Scepter, Klau' und Kron';

D'rum auf, ihr wackern Schützen!
Und scharf auf's Ziel geseh'n!
**Es muß der Adler fallen,
Wo Phönix soll erstehn!**

---

1. KLADDERADATSCH, I (15. 10. 1848), NR. 24, S. 96
Großes Oestreichisches Vogelschießen im Jahre 1848.
◻ Der österreichische Adler als Schießscheibe. Die Schützen sind die Revolutionäre des Jahres 1848. Beim „Federnlassen" kommen verschiedene Teile Österreichs zu Schaden: *Italien* (Vertreibung österreichischer Truppen aus Mailand und Venedig); *Ungarn* (Erzwingung eines eigenen Ministeriums; Revolutionsführer Kossuth verlangt liberale Reformen); *Kroatien* (Forderungen nach Gleichberechtigung); *Prag* (Slawenkongreß und Forderung nationaler und politischer Gleichberechtigung; Pfingstaufstand der tschechischen Radikalen); *Wien* (Märzrevolution und Sturz Metternichs; Maiaufstände).

Velké rakouské střílení na ptáky v roce 1848.
◻ Rakouský (erbovní) orel jako terč. Střelci jsou revolucionáři roku 1848. Při „ztrátách pera" utrpěly škodu různé části Rakouska: *Itálie* (vyhnání rakouských vojsk z Milána a Benátek); *Maďarsko* (vynutilo si vlastní ministerstvo; vůdce revoluce Kossuth požaduje liberální reformy); *Chorvatsko* (požadavky zrovnoprávnění); *Praha* (Slovanský sjezd a požadavek národní a politické rovnoprávnosti; svatodušní povstání českých radikálů); *Vídeň* (březnová revoluce a pád Metternichův; květnová povstání).

2. FIGARO, IV (1. 12. 1860), Nr. 49, S. 196
Lizitationsgegenstände. Drei Figuren aus chinesischem Porzellan, welche 10 Jahre hindurch immer nur mit dem Kopfe nickten, deren Maschinerie aber gegenwärtig etwas verdorben ist.
□ Die Karikaturen reduzieren ihre Aussagen auf ein Bild, ein Symbol oder einen Namen. So steht der Name Michel für Deutsche, Janos für Ungarn, Wenzel für Tschechen.

Předměty licitace. Tři figury z čínského porcelánu, které v období posledních deseti let vždy jen kývaly hlavami, jejichž mechanismus je však momentálně poněkud pochroumaný.
□ Karikatury redukují své výpovědi na obraz/představu, symbol či jméno. Tak symbolizuje jméno Michl Němce, Janos Maďary a Václav Čechy.

— Sie! Damit kommen Sie nicht zu Stande. Der Reifen hilft Ihnen auch nichts; der Fehler ist: die Dauben sind nicht von einem Holze.

3. KLADDERADATSCH, XIV (10. 3. 1861), NR. 11, S. 44 (W. S.)
Es ginge wohl, aber es geht nicht.
- Sie! Damit kommen Sie nicht zu Stande. Der Reifen hilft Ihnen auch nichts; der Fehler ist: die Dauben sind nicht von einem Holze.
☐ Am 21. Oktober 1860 wurde in Österreich das sog. *Oktoberdiplom* erlassen, eine Verfassung, die der Autonomie der Kronländer Rechnung getragen hat. Jedoch wurde diese bald durch eine neue zentralistisch-liberale Verfassung (das sog. *Februarpatent* vom 21. Februar 1861) ersetzt. Auf dem Bild links: Anton Ritter von Schmerling, österr. Ministerpräsident (1860–1865), rechts: Titelfigur der Berliner satirischen Zeitschrift *Kladderadatsch*. (Vgl. Nr. 88.)

Mělo by to jít, ale nejde to.
- Haló, vy tam! S tím nic nesvedete. Obruč vám také nepomůže; chyba je v tom, že boční latě nejsou ze dřeva.
☐ Dne 21. října byl v Rakousku vydán tzv. *říjnový diplom*, ústava přihlížející k autonomii korunních zemí. Byla však brzy nahrazena novou centralisticko-liberální ústavou (tzv. *únorovým patentem* z 21. ledna 1861). Na obrazu zleva: Anton Ritter von Schmerling, rakouský ministerský předseda (1860–1865), napravo: titulní postava berlínského satirického časopisu *Kladderadatsch* (srov. č. 88).

Da es sich herausstellt, daß in Böhmen viele Leute mit czechischen Namen nur deutsch sprechen, und ebenso umgekehrt, so werden, um die Gleichberechtigung streng durchführen zu können, zwei Linguisten bei der nächsten Volkszählung die Einwohner nach den slavischen und deutschen Zungen abtheilen.

4. FIGARO, V (20. 7. 1861), NR. 29, S. 116

Da es sich herausstellt, daß in Böhmen viele Leute mit czechischen Namen nur deutsch sprechen, und ebenso umgekehrt, so werden, um die Gleichberechtigung streng durchführen zu können, zwei Linguisten bei der nächsten Volkszählung die Einwohner nach den slavischen und deutschen Zungen abtheilen.

□ Das nationale Kräfteverhältnis sah Anfang der 1860er Jahre in Böhmen folgendermaßen aus: 2.952.000 Tschechen (62 %) und 1.832.000 Deutsche (38 %) (Angaben für das Jahr 1863.)

Jelikož se ukázalo, že v Čechách mluví mnoho lidí s českým jménem pouze německy a zrovna zak naopak, budou v rámci zavedení přísné rovnoprávnosti při příštím sčítání lidu dva lingvisté rozdělovat obyvatele podle slovanského a německého jazyka.

□ Poměr sil z hlediska národnostního byl počátkem 60. let 19. století následující: 2.952.000 Čechů (62 %) a 1.832.000 Němců (38 %). Údaje pocházejí z roku 1863.

5. FIGARO, V (19. 10. 1861), NR. 42
Bei der Eröffnung der bairisch-böhmischen Westbahn.
Der böhmische Löwe: *Sláva bratrstvi vsech národu!*
Der bairische Löwe: *Ja, wir wollen uns künftighin nur mehr auf geistigem Felde begegnen. Dein Bier, Bruder, ist ebenfalls gut.*
☐ Die Teilstrecke Pilsen – Furth der Böhmischen Westbahn wurde 1861 eröffnet; die Strecke von Pilsen nach Prag im Jahr darauf. Die Strecke hatte insgesamt eine Länge von 190 km.

Při zahájení provozu bavorsko-české západní dráhy.
Český lev: *Sláva bratrství všech národů!*
Bavorský lev: *Ano, v budoucnu se budeme více střetávat na duchovním poli. Tvoje pivo, bratře, je rovněž chutné.*
☐ V roce 1861 byl zahájen provoz na úseku české západní dráhy mezi Plzní a Furthem; provoz na úseku z Plzně do Prahy o rok později. Železniční dráha měla celkovou délku 190 km.

6. FIGARO, XI (29. 6. 1867), NR. 29/30
„Wann's jetzt werd' ich auch noch zur Hälfte Bär, weils lern' ich russisch, was werd' ich dann für reißendes Viech sein!"
☐ Der doppelschwänzige böhmische Löwe mit karikierter Wenzelskrone und Symbolen für seine Anhänglichkeit an Rußland: Knute und russische Grammatik. (Vgl. Nr. 7.)

„Od nynějška budu také napůl medvědem, protože se učím rusky – jaké drásající hovado ze mě bude!"
☐ Dvouocasý český lev s karikovanou svatováclavskou korunou a symboly příchylnosti k Rusku: knutou a ruskou gramatikou. (Srov. č. 7.)

7. FIGARO, XI (11. 5. 1867), NR. 21, S. 84
Die panslavistische Bärenmutter in Moskau.
Palacky: *Sein me auch da, woll'n me uns auch bissel stärken mit panslavistische Gesinnungsmilch!*
□ 1867 fand in Moskau der zweite Slawenkongreß statt, zu dem südslawische, tschechische u. a. Vertreter reisten. In der tschechischen Delegation befanden sich die Politiker F. Palacký und F. L. Rieger. Ihre Reise („Moskauwallfahrt") wurde als ein demonstrativer Akt gegen die dualistischen Tendenzen in Österreich verstanden.

Panslovanská medvědice v Moskvě.
Palacký: *Juž jsme tu také, zachotělo se nám též posílení slovanským mlékem pobratimství!*
□ V roce 1867 se konal v Moskvě druhý slovanský sjezd, na který přicestovali m. j. jihoslovanští a čeští zástupci. Členy české delegace byli politici F. Palacký a F. L. Rieger, jejichž cesta do Moskvy (na moskevská „poutní místa") byla chápána jako demonstrativní akt proti dualistickým tendencím v Rakousku.

8. KLADDERADATSCH, XXIII (15. 5. 1870), NR. 22/23, S. 89 (S.)

Auf der Herberge (Austria).
Tscheche (kann auch ein Ungar, Kroat, Dalmatier, Mähre, Pole oder sonstiger Gesammt-Oesterreicher sein) zum Deutschen: *Kamerad, lieber Deutscher meiniges, zahlst Zeche!*
□ „Zum ewigen Ausgleich". Der österreichisch-ungarische Ausgleich von 1867 rief bei den einzelnen Völkern der Monarchie (insbesondere bei Deutschen und Slawen, aber auch bei Ungarn), große Unzufriedenheit hervor.

V noclehárně (Austria).
Čech (může to být též Maďar, Chorvat, Dalmatinec, Moravan, Polák či jiný obyvatel Rakouska v jeho geografických hranicích) k Němci: *Kamaráde, Němče milý, platíš účet!*
□ „K trvalému vyrovnání". Rakousko-maďarské vyrovnání z roku 1867 vyvolalo u jednotlivých národů monarchie (zejména u Němců a Slovanů, avšak též u Maďarů), velkou nespokojenost.

Der Kaiser von Oesterreich ist entschlossen, sich nun auch als König von Böhmen krönen zu lassen.

9. Kladderadatsch, XXIII (9. 10. 1870), Nr. 23, S. 188 (W. S.)

Das Gesammtstaats-Equilibrium.
Der Kaiser von Oesterreich ist entschlossen, sich nun auch als *König von Böhmen* krönen zu lassen.
☐ 1861 trug eine böhmische Landesdeputation dem Kaiser Franz Joseph I. die Bitte vor, sich zum König von Böhmen krönen zu lassen. Ein erneuter Vorstoß in dieser Frage wurde 1865 unternommen. Zur Krönung kam es jedoch nicht. – Die Dame Austria auf dem Bild ist eben dabei, sich noch eine dritte Krone (Böhmens) aufzusetzen. Die tschechische Forderung wird mit dem Transparent karikiert, auf dem das tschechische Volk als „armes Mausfalli" (armer Mausfallenhersteller und -händler) bezeichnet wird.

Celostátní rovnováha.
Rakouský císař je rozhodnut nechat se nyní korunovat také *na českého krále*.
☐ V roce 1861 přednesla čeké zemská deputace císaři Františkovi Josefovi I. prosbu, aby se nechal korunovat na českého krále. Opětovný podnět v této otázce byl učiněn v roce 1865. Ke korunovaci však nedošlo. – Dáma Austria na obrázku si právě chystá nasadit třetí korunu (Čech). Český požadavek byl karikován transparentem, na němž byl český národ označen jako „chudý pastičkář" (chudý výrobce a obchodník s pastmi na myši).

10. FIGARO, XVIII (4. 7. 1874), NR. 31, S. 124
Die altczechische Köchin.
Ale potom! Hob' ich Freud' grußmächtige, weil ise endlich was „übeg'angen"!

☐ Als Köchin ist der tschechische Historiker und Politiker František Palacký (1798–1876) dargestellt. Ab 1861 war Palacký Führer der „Alttschechen", der konservativen Partei der tschechischen Nationalbewegung.

Staročeská kuchařka.
Ale potom! Mám převelikou radost, že konečně něco „přeteklo"!

☐ Jako kuchařka je znázorněn český historik a politik František Palacký (1798–1876). Od roku 1861 byl Palacký vůdcem „staročechů", konzervativní strany českého národního hnutí.

Michel: *Da schau hinüber und sei froh, daß Du herüben bist.*

11. FIGARO, XXVII (15. 9. 1883), NR. 37, S. 148

Michel: *Da schau hinüber und sei froh, daß Du herüben bist.*
□ Als „Cisleithanien" wurde die österreichische Reichshälfte (westlich der Leitha) und als „Transleithanien" die ungarische Reichshälfte (östlich der Leitha) Österreich-Ungarns bezeichnet. Die Bezeichnungen waren inoffiziell und wurden nach dem Ausgleich von 1867 gebräuchlich. Böhmen (Wenzel auf dem Rücken des Michel) gehörte zu Cisleithanien.

Michl: *Podívej se na druhou stranu a buď rád, že jsi tady.*
□ Rakouská polovina říše (západně od Litavy) byla označována jako „Předlitavsko" a maďarská říšská polovina (východně od Litavy) jako „Zalitavsko". Tato označení byla neoficiální a do užívání se dostala po vyrovnání v roce 1876. Čechy (Václav na Michlových zádech) patřily k Předlitavsku.

12. Kladderadatsch, XXXVIII (16. 8. 1885), Nr. 37, S. 148

Ausgleichs-Erweiterung.
Ungar. *Sie da hinten! Merken Sie denn nicht, daß es mich incommodirt, wenn Sie meiner Nachbarin unbequem werden?*
☐ Nach dem österreichisch-ungarischen Ausgleich von 1867 beanspruchten auch die Tschechen einen entsprechenden Ausgleich, jedoch ohne Erfolg.

Rozšířené vyrovnání.
Maďar: *Vy tam vzadu! Nevidíte, že mi nehoví, když se stáváte nepohodlným mé sousedce?*
☐ Po rakousko-uherském vyrovnání požadovali odpovídající vyrovnání také Češi, avšak bezvýsledně.

13. KLADDERADATSCH, XXXVIII (8. 11. 1885), NR. 51, S. 204
Aus Oesterreich.
Regierung. *Kinder, mit dem ewigen Unfrieden nimmt es kein gutes Ende. Ihr müßt euch aneinander gewöhnen.*
Czeche. *Das sage ich ihm auch immer, aber er will sich nun einmal partout nicht an mich gewöhnen.*

☐ Der bedrohte Knabe ist Deutsch-Österreich, womit bis 1918 die von Deutschen bewohnten Gebiete Österreichs in den Alpen- und Sudetenländern bezeichnet wurden. Im Kochtopf der Köchin „Österreich" wird Versöhnungspolitik gebraut, womit die Ausgleichspolitik gemeint ist.

Z Rakouska.
Vláda: *Děti, ten věčný nepokoj nemá konce. Musíte si na sebe zvyknout.*
Čech: *Také mu to pořád říkám, ale ausgerechnet na mě si nechce zvyknout.*

☐ Ohrožený chlapec je německé Rakousko, jak byly označovány až do roku 1918 Němci obývané oblasti Rakouska v alpských a sudetských zemích. V kuchyňském hrnci kuchařky „Austrie" je vařena usmiřovací politika, jíž je myšlena politika vyrovnání.

14. Kladderadatsch, XXXIX (25. 7. 1886), Nr. 34, S. 136
Zum ewigen Ausgleich.
In Oesterreich kommt man endlich zu der Einsicht, daß es so nicht weiter geht. Die Opfer der Versöhnungspolitik machen sich gegenwärtig klar, daß es anders werden muß!
☐ In den andauernden Auseinandersetzungen um den Ausgleich standen sich die Deutschen (links) und die Tschechen (rechts) unnachgiebig gegenüber.

K trvalému vyrovnání.
V Rakousku konečně dospěli k názoru, že to takto dál nejde. Oběti usmiřovací politiky si nyní ujasňují, že je nutná změna!
☐ V trvajících sporech o vyrovnání stáli Němci (vlevo) a Češi (vpravo) neústupně proti sobě.

Michel: *Du, Wenzel, beleidingt's Dich wirklich, daß Dich — wie der Fürscht Clary meint — d' Witzblatteln wie ein' Affen aufmal'n?*
Wenzel: *O Jekus! Dich stell'n s' ja a nit als Lineal vun Schönheit auf! Da schaute an Off ondern gleich!*

Steirer und Czech' streiten sich um den Vorrang als Dickschäd'l.

15. FIGARO, XXXIII (9. 2. 1889), NR. 6, S. 23
Michel: *Du, Wenzel, beleidingt's Dich wirklich, daß Dich – wie der Fürscht Clary meint – d' Witzblatteln wie ein' Affen aufmal'n?*
Wenzel: *O Jekus! Dich stell'n s' ja a nit als Lineal vun Schönheit auf! Da schaute an Off ondern gleich!*
◻ In den Karikaturen ein seltenes Beispiel von Ironie und Selbstironie.

Michl: *Ty, Vašku, naštve tě pořádně, když tě – jak míní kníže pán Clary – vtipálkovské listy líčí jako opici?*
Václav: *Ježíšku! Tebe taky právě nevykreslují jako výlupek krásy. Jeden vyvedený opičák jako druhý!*
◻ V karikaturách řídký případ ironie a sebeironie.

16. FIGARO, XXXIII (17. 8. 1889), NR. 33, S. 132
Anthropologisches.
Steirer und Czech' streiten sich um den Vorrang als Dickschäd'l.
◻ Die anthropologische Forschung des 19. Jahrhunderts versuchte durch Schädelmessungen auf das Fassungsvermögen des Gehirns zu schließen und daraus nationalspezifische Charakteristika herzuleiten. Die Tschechen als Dickschädel charakterisierte auch der deutsche Historiker Theodor Mommsen 1897 (vgl. Nr. 109).

Antropologická.
Štýřan a Čech, oba s tvrdou lebkou, se přou o to, kdo má přednost.
◻ Antropologický výzkum 19. století se pokoušel prostřednictvím měření lebky usuzovat na mozkovou kapacitu a odvodit z ní národně specifická charakteristika. Jako nositele tvrdých lebek charakterizoval Čechy v roce 1897 rovněž německý historik Theodor Mommsen. (Srov. č. 109.)

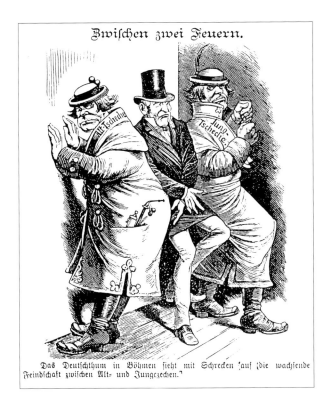

17. KLADDERADATSCH, XLII (15. 12. 1889), NR. 57/ BEIBLATT
Zwischen zwei Feuern.
Das Deutschtum in Böhmen sieht mit Schrecken auf die wachsende Feindschaft zwischen Alt- und Jungczechen.
□ Die „Jungtschechen" stellten die radikale, die „Alttschechen" die konservative Strömung innerhalb der tschechischen Nationalbewegung im 19. Jh. dar. 1890 scheiterten die deutsch-tschechischen Ausgleichsverhandlungen an der Haltung der Jungtschechen.

Mezi dvěma ohni.
Němci v Čechách hledí s úděsem na rostoucí nepřátelství mezi staro- a mladočechy.
□ Tzv. mladočeši tvoří radikální, staročeši konzervativní proud uvnitř českého národního hnutí v 19. století. V roce 1890 ztroskotala německo-česká jednání o vyrovnání na postoji mladočechů.

18. KLADDERADATSCH, XLIII (12. 1. 1890), NR. 2/ BEIBLATT
Ultimatum.
Eigentlich müßte man in Oesterreich den dickfelligen Jungczechen gegenüber ganz andere Ueberredungskünste anwenden, um sie endlich zur Nachgiebigkeit zu bewegen.
□ Die Darstellung der Tschechen als ungehorsame und eigenwillige Kinder (vgl. Nr. 13, 37) ist zu einem Topos in der deutschen/österreichischen Karikatur geworden. Hier versucht Mutter Austria, sich auf das Gesetz stützend, einen Jungtschechen durch Schläge zu zähmen.

Ultimátum.
V Rakousku by se vlastně muselo vůči tvrdošíjným mladočechům použít zcela jiných přemlouvacích metod, které by je přiměly k poddajnosti.
□ Líčení Čechů jako neposlušných a svévolných dětí (srov. č. 13 a 37) figurovalo jako topos německo-rakouské karikatury. Zde se pokouší matka Austria opírající se o zákon zkrotit mladočecha bitím.

Freudige Ueberraschung.

— Dobře tak! Biss'l was hate Wiene czechische Nazinalklub uns'rige also doch schon durchg'setzt: wenigstens halbete Straßentafel czechische.

19. Figaro, XXXVII (26. 8. 1893), Nr. 34, S. 136
Freudige Ueberraschung.
– Dobře tak! Biss'l was hate Wiene czechische Nazinalklub uns'rige also doch schon durchg'setzt: wenigstens halbete Straßentafel czechische.
☐ Die Wiener Tschechen waren in zahlreichen Bildungs- und Unterhaltungsvereinen organisiert. Die bekanntesten waren: *Slovanská Beseda, Slovanský zpěvácký spolek,* der Theaterverein *Pokrok,* der Gesangsverein *Lumír* und der *Akademický spolek.* Ende des 19. Jhs. wurden in Wien jährlich etwa zehn neue tschechische Vereine bewilligt.

Radostné překvapení.
– Dobře tak! Něco vídeňský český nacionální klub pro našince již přece jen prosadil: alespoň polovina pouliční tabule je česká.
☐ Vídeňští Češi byli organizováni v četných vzdělávacích a zábavných spolcích. Nejznámější z nich byly: *Slovanská Beseda, Slovanský zpěvácký spolek,* divadelní spolek *Pokrok,* pěvecky spolek *Lumír* a *Akademický spolek.* Koncem 19. století byla ve Vídni každoročně povolována činnost zhruba deseti nových českých spolků.

Delirium tschechicum.

Die Jungczechen möchten wohl am liebsten ihr „Lieblings-Viecherl" mit Geflügel füttern.

Delirium tschechicum.
Die Jungczechen möchten wohl am liebsten ihr „Lieblings-Viecherl" mit Geflügel füttern.
□ Die Jungtschechen, die radikale Partei innerhalb der tschechischen Nationalbewegung mit Karel Kramář an der Spitze, sahen in Rußland die Stütze für ihr politisches Programm. – Dem Bären (Rußland, mit Knute!) wird der Doppeladler (Österreich) zum Fraß geboten.

Delirium czechicum.
Mladočeši by chtěli nejraději krmit své „nejmilejší zvířátko" drůbeží.
□ Mladočeši, radikální strana uvnitř českého nacionálního hnutí s Karlem Kramářem v čele, viděli v Rusku oporu svého politického programu. – Medvědovi (Rusku s knutou!) je nabízen k žrádlu dvojhlavý orel (Rakousko).

Die Schauspielerin Pospischil und der böhmische Löwe

Ein Seitenstück zu dem Gemälde: „Die Löwenbraut" von Gabriel Max.

21. WIENER LUFT. BEIBLATT ZUM „FIGARO", XXXIX (1895), NR. 6 (F. KASKELINEC)

Die Schauspielerin Pospischil und der böhmische Löwe.
Ein Seitenstück zu dem Gemälde: „Die Löwenbraut" von Gabriel Max.
□ Die Rückkehr der Schauspielerin Marie Pospischil/Pospíšilová (Prag 1862 – Tegernsee 1943) im Jahr 1895 nach Prag erregte insbesondere in der tschechischen Presse großes Interesse. Ihre Auftritte auf deutschsprachigen Bühnen in Wien, Berlin und Hamburg wurden gegen sie ausgelegt. (Vgl. Nr. 90; 84.) – Gabriel Max (Prag 1840 – München 1915), Maler.

Herečka Pospíšilová a český lev.
Pendant k obrazu „Lví nevěsta" od Gabriela Maxe.
□ Návrat herečky Marie Marie Pospíšilové (Praha 1862 – Tegernsee 1943) v roce 1895 do Prahy vzbudil zejména v českém tisku velkou pozornost. Její vystoupení na německých divadelních jevištích ve Vídni, Berlíně a Hamburku byly vyloženy v její neprospěch (srov. č. 90; 84) – Gabriel Max (Praha 1840 – Mnichov 1915), malíř.

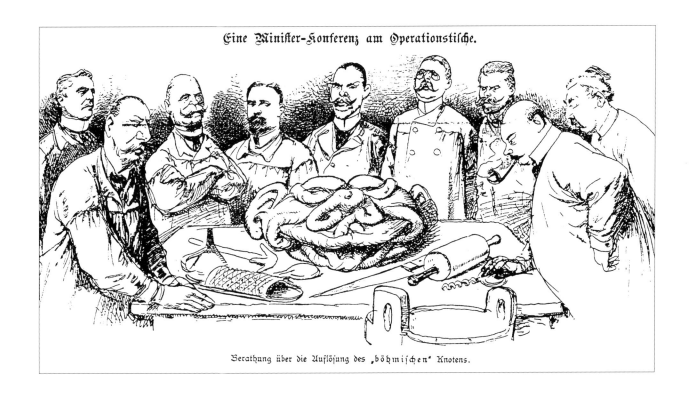

22. FIGARO, XLI (19. 6. 1897), NR. 25, S. 97
Eine Minister-Konferenz am Operationstische.
Berathung über die Auflösung des „böhmischen" Knotens.
□ Ein ständig wiederkehrendes Motiv in den Karikaturen: die böhmische Frage als unlösbarer Knoten, der nur Ratlosigkeit hervorruft.

Ministerská konference u operačního stolu.
Porada o rozvázání „českého" uzlu.
□ Motiv znovu a znovu se vracející v karikaturách: česká otázka jako nerozpletitelný uzel vyvolávající jen rozpaky.

23. KLADDERADATSCH, L (3. 10. 1897), NR. 40, S. 164
Der erste Tag nach den Ferien.
Guten Morgen, Herr Lehrer!
□ Die „Schulszene" ist die Anspielung an die Sitzungen im Abgeordnetenhaus des Reichsrates, bei denen sich die Obstruktion gegen die Badeni-Sprachverordnungen der Pultdeckel und der auf den Bänken liegenden Gegenstände als „handfester" Diskussionsbeiträge bediente.

První den po prázdninách.
Dobré ráno, pane učiteli!
□ „Školní scéna" je narážkou na zasedání poslanecké sněmovny říšské rady, během nichž si obstrukční politici v boji proti Badeniho jazykovým nařízením posloužili pultovými stolky a na lavici ležícími předměty jako „pádnými" příspěvky.

24. HINWEG MIT DER SPRACHEN-VERORDNUNG!
Postkarte, koloriert (um 1897).
Sammlung Alois Harasko, München
□ Die Obstruktion gegen die Sprachverordnungen führte besonders in Wien zu Straßendemonstrationen und schließlich zum Rücktritt Badenis am 27. November 1897. Hier ist die Obstruktion in Gestalt des Erzengels Michael dargestellt. Im Hintergrund das Wiener Parlamentsgebäude.

Pryč s jazykovým nařízením.
Kolorovaná poštovní pohlednice (kolem roku 1897)
Sbírka Aloise Haraska, Mnichov
□ Obstrukce proti jazykovým nařízením vedla obzvláště ve Vídni k pouličním demonstracím a konečně k abdikaci Badeniho 27. 11. 1897. Zde je obstrukce znázorněna v postavě archanděla Gabriela; v pozadí je budova vídeňského parlamentu.

Graf Badeni der „curiöse Herr", läßt die Erfindung des Katzenklaviers wieder aufleben und erzielt damit einen großen Erfolg.

25. KLADDERADATSCH, L (14. 11. 1897), NR. 46, S. 188 (GUSTAV BRANDT)

Aus dem österreichischen Abgeordnetenhause.

Graf Badeni der „curiöse Herr", läßt die Erfindung des Katzenklaviers wieder aufleben und erzielt damit einen großen Erfolg.

☐ Als der österreichische Ministerpräsident Graf Badeni am 5. April 1897 zur Lösung des Nationalitätenproblems in Böhmen für alle Beamten die Kenntnis und den Gebrauch beider Sprachen (Deutsch/Tschechisch) verordnete, rief dies nicht nur bei Tschechen und Deutschen, sondern auch bei anderen Nationalitäten in Österreich-Ungarn Reaktionen und Forderungen hervor. Der Karikaturist deutet diese Reaktionen als Katzenjammermusik.

Z rakouské poslanecké sněmovny.

Hrabě Badeni, „kuriosní člověk", nechává znovu oživnout vynález kočičího klavíru a dociluje tím velkého úspěchu.

☐ Když rakouský ministerský předseda hrabě Badeni k vyřešení národnostního problému v Čechách dne 5. dubna 1897 nařídil pro všechny úředníky povinnou znalost obou jazyků (němčiny a češtiny), vyvolal tím reakci a požadavky nejen Čechů a Němců, ale i ostatních národností v Rakousku-Uhersku. Karikaturista interpretuje tyto reakce jako kočičí muziku.

Am häuslichen Herde.

Stell' ich hier das Feuer ab,
Kocht's dort über.

Stell' ich dort das Feuer ab,
Kocht's hier über.

26. Ulk, XXVI (17. 12. 1897), Nr. 51
Am häuslichen Herde.
Stell' ich hier das Feuer ab, kocht's dort über. – Stell' ich dort das Feuer ab, kocht's hier über.
□ Kaiser Franz Joseph I. bemüht sich, als Koch zwischen Wien (Wiener Würste) und Prag (Prager Schinken) ausgleichend zu agieren.

U domácí plotny.
Zhasnu-li oheň zde, převaří se to na druhé straně. – Zhasnu-li oheň tam, převaří se to zde.
□ Císař František Josef I. se snaží jako kuchař působit uklidňujícím způsobem mezi Vídní (vídeňské párky) a Prahou (pražská šunka).

27. Figaro, XLIII (21. 1. 1899), Nr. 4, S. 16
Wie sich der Wenzel die Aussöhnung vorstellt.
□ Vgl. dazu die Karikatur „Wie sich der Tscheche die zum deutsch-tschechischen Ausgleich nötigen Schutzvorrichtungen denkt" in: *Kladderadatsch*, LXIV (15. 1. 1911), Nr. 3; vgl. auch die tschechische Karikatur „Wie sich die Deutschen den Ausgleich vorstellen" (Nr. 132).

Jak si Václav představuje smíření.
□ Srovnej v této souvislosti karikaturu „Jak si Čech představuje nezbytná ochranná opatření pro případ německo-českého vyrovnání", zveřejněno v: *Kladderadatsch,* LXIV (15.1. 1911). č. 3; srov. též českou karikaturu „Jak si Němci představují vyrovnání" (č. 132).

28. Figaro, XLIII (15. 4. 1899), Nr. 16, S. 64
Zu dem Verlangen nach Errichtung böhmischer Schulen in Wien.
Der Michel: *Nein, nein, lieber Wenzel, mir ist in Wien schon das ungeschulte Böhmackeln zuwider.*
□ 1872 wurde der „Komenský-Verein zur Errichtung und Erhaltung böhmischer Schulen in Wien" gegründet. Laut Satzung war der Zweck des Vereins: „Errichtung und Erhaltung von nationalen und gewerblichen Schulen, in denen die Wiener tschechischen Kinder, Lehrlinge und Arbeiter die gesetzlich vorgeschriebene fachliche Ausbildung, besonders aber die deutsche Sprache lernen sollen."

K požadavkům na zřízení českých škol ve Vídni.
Michl: *Ne, ne, milý Václave, mě jde ve Vídni dostatečně na nervy už ta neškolená česká hatmatilka.*
□ V roce 1872 byl založen „Komenského spolek ke zřizování a zachování českých škol ve Vídni". Podle stanov bylo účelem spolku: „Zřízení a zachování národních a živnostenských škol, ve kterých se má vídeňským českým dětem, učňům a dělníkům dostat předepsaného odborného vzdělání, zejména se však mají naučit německý jazyk."

29. Figaro, XLIV (21. 4. 1900), Nr. 16, S. 64
Einigung in Böhmen.
Michel: *Jetzt, Wenzel, reden wir Zwei einmal miteinander …*
Wenzel: *Ise schun recht, aber nur böhmisch!*
□ „Böhmisch" heißt hier: schlau, durchtrieben, listig, verschlagen. – Vgl. dazu die polnische Charakterisierung der Nationen: „Der Teufel hat Eva *welsch* [italienisch] verführt, die Eva den Adam *böhmisch* regiert, der Herrgott schalt sie *deutsch* [ohne Umschweife, klar und derb]; dann stieß der Engel sie *ungarisch* [grob, mit Gewalt] aus dem Paradies." (Zit. nach: *Deutsches Sprichwörter-Lexikon*, hrsg. von K. Fr. W. Wander, Bd. I, Leipzig 1867, Sp. 577.)

Dohoda v Čechách.
Michl: *Nyní, Václave, si my dva spolu zase jednou popovídáme…*
Václav: *Proč ne, ale jen česky!*
□ „Česky" alias „böhmisch" zde znamená: chytrácký, protřelý, lstivý, mazaný. – Srov. k tomu polskou charakteristiku národností: „Čert svedl Evu *vlašsky* [italsky]. Eva ovládala Adama *po česku*, Pán Bůh je vyplísnil *německy* [bez okolků, jasně a řízně]; potom je vyhnal anděl *po maďarsku* [hrubě, násilně] z ráje." (Cit. podle *Deutsches Sprichwörter-Lexikon*, vyd. K. Fr. W. Wander, sv. I, Lipsko 1967, sl. 577.)

30. FIGARO, XLIV (23. 6. 1900), NR. 25, S. 97
Böhmischer Zukunfts-Parlamentsmusiker.
⊓ Häufigste Erkennungsmerkmale des Tschechen in der deutschen/österreichischen Karikatur sind Musikinstrumente. Die Tschechen werden als musizierende Nation dargestellt, wobei die Musikfreudigkeit für unbekümmerte Lebensweise, Leichtlebigkeit und fehlenden Ernst steht. (Vgl. Nr. 41.)

Český parlamentní muzikant budoucnosti.
⊓ Nejrozšířenějším znamením k rozpoznání Čechů jsou na německo-rakouských karikaturách hudební nástroje. Češi jsou znázorňováni jako musicírující národ, přičemž hudební aktivita zde symbolicky zastupuje bezstarostný životní způsob, lehkovážnost a nedostatek serióznosti. (Srov. č. 41.)

31. JUGEND, V (13. 8. 1900), NR. 33, S. 566
„Wohin Wenzel?" – „Ale gehn' me nach China, mach me dort gemischtsprachigen Bezirk."
⊓ Die deutsch-tschechische Sprachenfrage in den böhmischen Ländern wurde immer von dem Problem der demographischen Verhältnisse begleitet. Die Angst vor der zahlenmäßigen Übermacht des jeweils anderen war groß. Dem Nachbarn wurde unterstellt, daß er mit einer hohen Geburtenrate gezielt (Sprach)politik betreibe.

„Kampak Václave?" - „Všickni jdeme do Číny, vytvoříme tam jazykově smíšený okrsek."
⊓ Německo-českou jazykovou otázku v českých zemích vždy doprovázel problém demografických poměrů. Strach před početní převahou druhé strany byl veliký. Soused byl podezříván, že prostřednictvím vysokých porodních přírůstků provádí cílenou (jazykovou) politiku.

Nachklang zum Sokolfest in Prag.

„Erst wenn ihr Rußland werdet erkannt haben", sagte General Rititsch zu den Tschechen, „werdet ihr auch wissen, wo die Quelle der slavischen Kraft liegt."

32. KLADDERADATSCH, LIV (14. 6. 1901), BEIBLATT, NR. 28
Nachklang zum Sokolfest in Prag.
„Erst wenn ihr Rußland werdet erkannt haben", sagte General Rititsch zu den Tschechen, *„werdet ihr auch wissen, wo die Quelle der slavischen Kraft liegt."*
□ Der tschechische Sokol entstand 1862 als Sportbewegung mit national-aufklärerischen Tendenzen. Die Organisation verbreitete sich in der ganzen slawischen Welt. Die politische Einflußnahme Rußlands zeigte sich bei den regelmäßig stattfindenden Sokolfesten (*sokolský slet*). 1902 gab es allein in Böhmen 453 Sokolvereine. – Vgl. im deutschen Bereich die ähnliche von „Turnvater Jahn" (1778–1852) propagierte Bewegung.

Doznívání sokolského sletu v Praze.
„Teprve až poznáte Rusko", řekl generál Ritič Čechům, *„dozvíte se, kde leží pramen slovanské síly."*
□ Český Sokol vznikl v roce 1862 jako sportovní hnutí národně-osvícenských tendencí. Organizace se rozšířila po celém slovanském světě. Během pravidelně pořádaných sokolských slavností (sletů) se ukazoval politický vliv Ruska. V roce 1902 existovalo v samotných Čechách 453 sokolských jednot. – Srov. v německé oblasti s podobným hnutím propagovaným tělocvičným náčelníkem Jahnem („Turnvater Jahn", 1778–1852).

33. KLADDERADATSCH, LV (17. 8. 1902), BEIBLATT, NR. 33
Aus den Hundstagen.
Als dringendes Bedürfniß hat sich für die Tschechen die Tschechisirung des Badeorts Karlsbad herausgestellt. Als Fanatiker, die gewöhnlich aus dem Häuschen sind, werden sie demnächst den Deutschen die Sache schon anstreichen.
☐ Als Hundstage werden die sehr heißen Wochen zwischen 24. Juli und 23. August bezeichnet. Hier ist die Etymologie des Begriffs politisch zu deuten: Die *heißen* deutsch-tschechischen Sprachkontroversen werden in *hunds*gemeiner Art gelöst.

Během psích dnů.
Češi objevili naléhavou potřebu počeštit lázně Karlovy Vary. Jako fanatici, kteří jsou obvykle zlostí bez sebe, to napříště Němcům natřou.
☐ Jako psí dny byly označovány velmi horké týdny mezi 24. červencem a 23. srpnem. Etymologii tohoto pojmu je zde třeba vyložit ve smyslu politickém: horké (*heiße*) německo-české jazykové kontroverze jsou řešeny hanebným způsobem (*hunds*gemein).

Die wilden Czechen

(Zeichnung von Th. Th. Heine)

Nach Niederwerfung des Hereroaufstandes steht unserer Kolonialpolitik eine ungleich schwerere Aufgabe bevor: die Zivilisierung Böhmens.

34. SIMPLICISSIMUS, IX (29. 3. 1904), BEIBLATT, NR. 1 (TH. TH. HEINE)

Die wilden Czechen.
Nach Niederwerfung des Hereroaufstandes steht unserer Kolonialpolitik eine ungleich schwerere Aufgabe bevor: die Zivilisierung Böhmens.
□ 1904 brach unter dem Hererostamm in Südwestafrika ein Aufstand gegen die deutschen Kolonisatoren aus. Der Aufstand wurde blutig niedergeschlagen; 75 – 80 % der Hereros kamen um.

Divocí Češi.
Po potlačení povstání Hererů stojí naše koloniální politika před vyřešením nesrovnatelně těžšího úkolu: před civilizací Čech.
□ V roce 1904 vypuklo u kmene Hererů v jihozápadní Africe povstání proti německým kolonizátorům. Povstání bylo krutě potlačeno a zahynulo během něj 75 – 80 % Hererů.

35. Simplicissimus, XII (20. 5. 1907), Nr. 8, S. 121 (J. B. Engl)

Aus Oesterreich.

„No, Wenzl, wie wird jetzt kommandiert bei euch, deutsch oder böhmisch?" – „Kommandiert wird deutsch, damit mir's lerna, aber g'schimpft wird böhmisch, damit wir's verstehn!"

□ Die Kommandosprache in der österreichischen Armee war deutsch. Die vielen in dieser Armee dienenden Nationalitäten brachten in die Kasernen die Eigentümlichkeiten ihrer Sprache und Mentalität mit. (Der Wenzel auf dem Bild ist wie ein wandernder Händler dargestellt.)

Z Rakouska.

„No, Václave, jak se u vás teď velí – německy nebo česky?" – „Velí se německy, abych se to naučil, ale nadává se česky, abysme tomu rozuměli!"

□ Velitelským jazykem v rakouské armádě byla němčina. Mnohé z národností v této armádě sloužící vnesly do kasáren svéráznosti svého jazyka i mentality. (Václav na obrázku je znázorněn jako kočovný obchodník).

Böhmen.

(Zeichnung von Karl Staudinger.)

„Michl, tritt noch bissl, daß kann ich fertig spielen ‚Hrom a peklo'!"

36. DIE MUSKETE, VI (30. 4. 1908), NR. 135, S. 254 (KARL STAUDINGER)

Böhmen.
„Michl, tritt noch bissl, daß kann ich fertig spielen ‚Hrom a peklo'!"
☐ Ein böhmisches Tandem – aus deutsch-österreichischer Perspektive. Ähnliche Motive, mit umgekehrter Hierarchie, brachten z. B.: *Šípy,* IX (26. 9. 1896), Nr. 41; *Humoristické Listy,* IXL (1906), Nr. 31.

Čechy.
„Michl, přišlápni ještě trochu, abych mohl dohrát ‚Hrom a peklo'!"
☐ Český tandem – z německo-rakouské perspektivy. Podobné motivy v obrácené hierarchii zveřejnily kupř.: *Šípy,* IX, (26. 9. 1896), č. 41; *Humoristické listy,* IXL (1906), č. 31.

Germania zu ihrer Nachbarin Austria: „Wenn Sie Ihren nichtswürdigen Drecklümmel nicht besser in Ordnung halten, so muß ich mich denn doch für Ihre Freundschaft bedanken!"

37. KLADDERADATSCH, LXI (13. 12. 1908), NR. 50, S. 200 (A. JOANSON)
Eine ernste Mahnung.
Germania zu ihrer Nachbarin Austria: *„Wenn Sie Ihren nichtswürdigen Drecklümmel nicht besser in Ordnung halten, so muß ich mich denn doch für Ihre Freundschaft bedanken!"*
☐ Der schreiende Drecklümmel ist Tscheche. Die Darstellung des Tschechen in Kindergestalt soll (politische) Unreife und Unzurechnungsfähigkeit suggerieren. (Vgl. Nr. 13, 18.)

Vážné varování.
Germania ke své sousedce Austrii: *„Nebudete-li držet svého nanicovatého špinavého klacka lépe na uzdě, budu se muset za vaše přátelství poděkovat!"*
☐ Křičící špinavý klacek je Čech. Zobrazení Čechů v dětské postavě má sugerovat (politickou) nezralost a nezpůsobilost (srov. č. 13, 18).

"Her'n S' auf mit blede pulitische Sachen! Silvester gibt e keine Deitsche nit und keine Behm — gibt e nur B'suffene."

38. Die Muskete, VII (31. 12. 1908), Nr. 170, S. 109 (Josef Danilowatz) Gottesfriede.
„*Her'n S' auf mit blede pulitische Sachen! Silvester gibt e keine Deitsche nit und keine Behm – gibt e nur B'suffene.*"
□ Der versöhnliche Beitrag der Wiener *Muskete* zum Jahresende 1908.

Boží mír.
„*Dejte pokoj s hloupou politikou! Na Silvestra neexistují žádní Němci a žádní Češi – pouze opilci.*"
□ Smířlivý přspěvek vídeňské *Muškety* ke konci roku 1908.

"Verzeih, Allmutter Germania, daß ich mir diesen Bauch mit tschechischem Bier angetrunken habe!"

39. SIMPLICISSIMUS, XIII (25. 1. 1909) (TH. TH. HEINE)
Zum Pilsner Bier-Boykott.
„Verzeih, Allmutter Germania, daß ich mir diesen Bauch mit tschechischem Bier angetrunken habe!"
☐ Um die gleiche Zeit brachte der Berliner *Kladderadatsch* (Jg. LXII/1909, Nr. 14) eine Karikatur mit der Unterschrift: „Ein Versuch, die Tschechen durch den Boykott ihres Bieres zu strafen, mißlingt, denn: Ein echter deutscher Mann mag keinen Tschechen leiden, doch ihre Biere trinkt er gern!"

K plzeňskému pivnímu bojkotu.
„Odpusť velká matko Germanie, že jsem si na toto břicho založil českým pivem!"
☐ Ve stejnou dobu zveřejnil berlínský *Kladderadatsch* (ročník LXII/1909, č. 14) karikaturu s textem: „Pokus potrestat Čechy bojkotem jejich piva se nezdaří neboť: pravý německý muž snad nemůže žádného Čecha ani cítit, jejich pivo však pije rád!"

Bild 1. Österreich als ein im Untergrunde deutsches Wesen mit slawischen und romanischen Beimischungen. Der Rosenkranz deutet die Staatsreligion an.

Bild 2 nimmt als Urwesen das Slawentum an und bringt das Deutschtum nur als Äußerlichkeit. Der Rosenkranz deutet die Staatsreligion an.

Wir bitten zu wählen!

40. Die Muskete, VII (18. 2. 1909), Nr. 177/Beiblatt (Wilke)

Bild 1. Österreich als ein im Untergrunde deutsches Wesen mit slawischen und romanischen Beimischungen. Der Rosenkranz deutet die Staatsreligion an.
Bild 2. nimmt als Urwesen das Slawentum an und bringt das Deutschtum nur als Äußerlichkeit. Der Rosenkranz deutet die Staatsreligion an. – Wir bitten zu wählen!
☐ Als Anlaß zu den Zeichnungen diente ein (fiktiver) Leserbrief: „Jeden guten Österreicher muß es befremden, die Monarchie [...] durch den deutschen Michel dargestellt zu sehen. Ja, müssen wir denn alles Berlin nachmachen?! Haben unsere Künstler nicht soviel Liebe zum Vaterland und soviel Phantasie, eine Allegorie zu schaffen, die der wunderbaren Vielsprachigkeit unseres Vaterlandes Ausdruck verleiht?!!"

Obraz 1. Rakousko jako v základě německá bytost se slovanskými a románskými příměsy. Růženec poukazuje na státní náboženství.
Obraz 2. přijímá prabytostné slovanství, němectví je jen vnějškové. Růženec poukazuje na státní náboženství. – Prosím, vyberte si!
☐ Podnětem k ilustracím byl (fiktivní) čtenářský dopis: „Každý dobrý Rakušan musí shledávat podivným, že je mu nabízen pohled na monarchii ztělesňovanou německým Michlem. Musíme snad kopírovat všechno po Berlínu?! Nemají snad naši umělci tolik lásky k vlasti a tolik fantazie, aby vytvořili alegorii odrážející nádhernou jazykovou rozmanitost naší vlasti?!!"

41. Leitmeritzer Knochenblatt, 23. 2. 1909, S. 6
Sonntagsplatzmusik.
□ Eine Satire auf tschechische Parlamentarier in Wien. Als Dirigent wirkt Václav Choc (1860–1942), Abgeordneter im österreichischen Reichsrat (1901–1018). „Choc dirigiert tschechisch!", bemerkt die Redaktion, womit Chaos, Disharmonie und Kakophonie gemeint sind. Dies wird auch durch die Wahl der Instrumente unterstrichen. (Vgl. Nr. 30.)

Nedělní hudba na náměstí.
□ Satira na české poslance ve Vídni. Jako dirigent působí Václav Choc (1860–1942), poslanec v rakouské říšské radě (1901–1918). „Choc diriguje česky" poznamenává redakce a míní tím chaos, disharmonii a kakofonii, což je zdůrazňováno též výběrem hudebních nástrojů (srov. č. 30).

Neueste Erwerbung des Raritätenkabinetts Austria.

42. DIE MUSKETE, X (29. 9. 1910), NR. 261/BEIBLATT; (24. 11. 1910), NR. 269/BEIBLATT

Die deutsch-tschechische Verständigung oder Das Glasgefäß.
Neueste Erwerbung des Raritätenkabinetts Austria.
☐ In den Jahren 1908–1914 wurden in Böhmen und im Wiener Reichsrat Sprachen- und Machtkämpfe zwischen Tschechen und Deutschen ausgetragen. Zahlreiche Verständigungsschritte endeten jedoch als Mißerfolg.

Německo-české porozumění čili skleněné nádoba.
Nejnovější přírůstek kabinetu rarit Austrie.
☐ V letech 1908–1914 probíhaly v Čechách a ve vídeňské říšské radě jazykové a mocenské boje mezi Čechy a Němci. Četné kroky směřující k porozumění však skončily neúspěšně.

43. SIMPLICISSIMUS; XIX (20. 7. 1914), NR. 16, S. 249 (TH. TH. HEINE)

Die slavische Gefahr.
▫ Der thronende Doppeladler (Österreich) wird von Ratten (Slawen) bedroht. Die Karikatur erschien nur wenige Tage vor der Kriegserklärung Österreich-Ungarns an Serbien.

Slovanské nebezpečí.
▫ Dvojhlavý orel sedící na trůnu (Rakousko) je ohrožován krysami (Slovany). Karikatura byla zveřejněna jen několik dní před vyhlášením války Rakouska-Uherska Srbsku.

44. SIMPLICISSIMUS, XXII (12. 3. 1918), NR. 50, S. 623 (O. GULBRANSSON)

Die tschechische Gefahr.

„Ich habe dich doch geschont, als dein Leben in meiner Hand war." – „Was kann ich dafür, daß du mir nicht rechtzeitig die Giftzähne herausgezogen hast!"

□ Die Karikatur zeigt den (österreichisch-ungarischen) Doppeladler als stolzen Herrscher. In Wirklichkeit ist seine Macht bereits so angeschlagen, daß ihm die (tschechische) Schlange selbstbewußt Widerstand zu leisten vermag.

České nebezpečí.

„Ušetřil jsem tě přece, když spočíval tvůj život v mých rukou." – „Nemohu přece za to, že jsi mi včas nevytrhal jedovaté zuby!"

□ Karikatura ukazuje (rakousko-uherského) dvojhlavého orla jako pyšného vládce. Ve skutečnosti je jeho moc již tak nalomena, že je mu (český) had s to sebevědomě klást odpor.

"Goddam, jetzt habe ich eine Dummheit gemacht: Ich habe den Michel vom Wenzel erschlagen lassen — und in den nächsten Akten soll doch der Wenzel die Rolle der unterdrückten Nation weiterspielen! Na, mein Publikum ist gottseidank zu dumm, um das zu bemerken!"

45. Die Muskete, XXVI (30. 5. 1918), Nr. 661, S. 68 (K. A. Wilke)
John Bulls Welt-Kasperltheater.
„Goddam, jetzt habe ich eine Dummheit gemacht: Ich habe den Michel vom Wenzel erschlagen lassen – und in den nächsten Akten soll doch der Wenzel die Rolle der unterdrückten Nation weiterspielen! Na, mein Publikum ist gottseidank zu dumm, um das zu bemerken!"
□ Bereits im September 1917 sagte der englische Premier Lloyd George: „Österreich hat in dieser Welt schon soviel Unheil angestiftet, daß es vernichtet werden muß." Die Karikatur stempelt die englische Politik (John Bull als satirische Metapher für Engländer) als deutschfeindlich und tschechenfreundlich ab.

Loutkové divadlo Johna Bulla na prknách světa.
„Proklatě, teď jsem udělal hloupost: dopustil jsem, aby byl Michl zabit Václavem – a v příštím aktu má přece Václav pokračovat v roli utlačovaného národa! Nu, zaplať Pán Bůh je moje publikum tak hloupé, že si toho nevšimne!"
□ Již v září roku 1917 řekl anglický premiér Lloyd George: „Rakousko napáchalo v tomto světě již tolik zla, že musí být zničeno." Karikatura označuje anglickou politiku (John Bull jako satirická metafora Angličanů!) za antiněmeckou a pročeskou.

46. Jugend, XXIII (1918), Nr. 23, S. 425 (Erich Wilke)
Der tschechische Köter.
„Treu bist Du nicht, aber stubenrein sollst Du wenigstens werden!"
□ Der Zerfall der österreichisch-ungarischen Monarchie wurde u. a. der „Untreue" der Tschechen angelastet.

Český hafan.
„Věrný nejsi, ale mohl by ses naučit být alespoň čistotným!"
□ Rozpad rakousko-uherské monarchie byl m. j. připisován „nevěře" Čechů.

47. Jugend, XXIII (1918), Nr. 44, S. 861 (Erich Wilke)
Der tschechische Baustein zum Neubau Oesterreichs.
☐ In der deutschsprachigen Publizistik wurde der Zerfall der österreichisch-ungarischen Monarchie auch der politischen Unzuverlässigkeit und dem zerstörerischen Eigensinn der Tschechen zugeschrieben.

Český stavební kámen k nové výstavbě Rakouska.
☐ V publicistice německé jazykové oblasti byl rozpad rakousko-uherské monarchie připisován též politické nespolehlivosti a ničivému sobectví Čechů.

„Sagen Sie mir, Herr Vaclaviček, wie stellen Sie sich denn die Grundlagen des tschechischen Nationalstaates vor?
»Grundlagen? Nu, ganz anfach. Genau su, wie tschechischnatiunale Repräsentationshaus von kenigliche Hauptstadt Praha hier: Hate kust vierzehn Millionen, und Hälfte davun ise deitsche Steiergeld.«

48. Die Muskete, XXVII (31. 10. 1918), S. 40 (Willy Stieborsky)

Circulus vitiosus Bohemicus.
„Sagen Sie mir, Her Vaclaviček, wie stellen Sie sich denn die Grundlagen des tschechischen Nationalstaates vor?"
„Grundlagen? Nu, ganz anfach. Genau su, wie tschechischnatiunale Repräsentationshaus von kenigliche Hauptstadt Praha hier: Hate kust vierzehn Millionen, und Hälfte davun ise deitsche Steiergeld."

☐ Nur wenige Tage vor dem Erscheinen dieser Karikatur wurde im Prager Repräsentationshaus die Tschechoslowakische Republik ausgerufen. Das Repräsentationshaus wurde zwischen 1903–12 nach Entwürfen von Antonín Balšánek und Osvald Polívka gebaut.

Circulus vitiosus Bohemicus.
„Řekněte mi, pane Václavíčku, jak si vlastně představujete základy českého národního státu?"
„Základy? No, docela jednoduše. Přesně tak, jako českonárodní Reprezentační dům královského hlavního města Prahy zde. Stál čtrnáct milionů a polovina z toho jsou peníze z německých daní."

☐ Pouhých několik dnů před zveřejněním této karikatury byla v pražském Reprezentačním domě vyhlášena Československá republika. Reprezentační dům (Obecní dům) byl postaven v letech 1903–12 podle návrhů Antonína Balšánka a Osvalda Polívky.

49. RÜBEZAHL I (1919), NR. 1, S. 8
Am Friedensjahrmarkt.
Onkel Wilson: *„So Kinder, jetzt liegt es an Euch, das Zeug recht fest zu halten!"*
☐ Das „14-Punkte-Programm" vom 8. Januar 1918 des amerikanischen Präsidenten Wilson enthielt auch einen Punkt (10) über die Freiheit zu autonomer Entwicklung der Völker Österreich-Ungarns. Darauf beriefen sich u. a. die Vertreter Deutsch-Böhmens (links). Das zu kurz gekommene Mädchen (rechts) ist Österreich.

Na trhu míru.
Strýc Wilson: *„Tak děti, teď je na vás, abyste držely všechno pevně v rukou!"*
☐ Tzv. „14-ti bodový program" amerického presidenta Wilsona z 8. ledna roku 1918 obsahoval rovněž bod (10) o svobodě k autonomnímu vývoji národů Rakouska-Uherska. Na něj se odvolávali m. j. zástupci německých Čech (vlevo). Napravo stojící děvče, které přišlo zkrátka, je Rakousko.

50. KLADDERADATSCH, LXXII (26. 1. 1919), NR. 4, S. 4 (JOHNSON)

Klassische Forderung.

Die Tschechen: *"Herr Präsident, Shakespeare spricht in seinem ‚Wintermärchen' (3. Akt, 3. Szene) von Böhmens Küsten. Diese Küsten Böhmens fordern wir!!!"*

□ Das „Wintermärchen", das hier die Delegierten Präsident Wilson vorlegen, bezieht sich auf sein 14-Punkte-Programm, in dem neben der Autonomie der Völker auch die Freiheit der Meere (Punkt 2) gefordert wurde.

Klasický požadavek.

Češi: *"Pane presidente, Shakespeare hovoří ve své ‚Zimní pohádce' o pobřeží Čech. (3. akt, 3. scéna). Toto pobřeží Čech nyní požadujeme!!!"*

□ „Zimní pohádka", kterou tu delegace presidentovi Wilsonovi předkládá, se vztahuje na jeho 14 bodů, program ve kterém byla vedle autonomie pro národy požadována rovněž svoboda moří (bod 2).

»Unser Militarismus unterscheidet sich vom ehemaligen österreichischen nur dadurch, daß dort Hochverrat für uns Ehrensache war.«

51. DIE MUSKETE, XXVIII (10. 7. 1919), NR. 719, S. 120 (REINHOLD PETER)

Česka Soldateska.

„*Unser Militarismus unterscheidet sich vom ehemaligen österreichischen nur dadurch, daß dort Hochverrat für uns Ehrensache war.*"

☐ Das alte Thema vom Untergang der österr.-ungarischen Monarchie und vom tschechischen „Verrat" (vgl. Nr. 46).

Česká soldateska.

„*Náš militarismus se odlišuje od bývalého rakouského jen tím, že velezrada byla pro nás věcí cti.*"

☐ Staré téma o zániku rakousko-uherské monarchie a české „zradě" (srov. č. 46).

52. Rübezahl, II (25. 2. 1920), Nr. 3
„Zum Schlusse werde auch ich noch umlernen müssen!"
□ Die Karikatur ist eine Anspielung auf die Sprachpolitik im neugegründeten tschechoslowakischen Staat.

„Nakonec se bude muset přeučovat i já!"
□ Karikatura je narážkou na jazykovou politku nově založeného československého státu.

53. RÜBEZAHL, II (1920), NR. 13 (O. BAUDISCH)
„Da die Tschechen die Kolonie Togo nicht bekommen haben, treiben sie innerstaatliche Kolonialpolitik."
☐ Am 20. September 1920 wurde das ehemalige deutsche Schutzgebiet Togo (Westafrika) zum Mandatsgebiet des Völkerbundes erklärt und zwischen Frankreich und Großbritannien aufgeteilt. Die Karikatur spielt auf dieses Ereignis an und deutet die tschechische Schulpolitik als nach innen gerichtete „Kolonialpolitik".

„Jelikož Češi nedostali kolonii Togo, provádějí koloniální politiku vnitrostátně."
☐ Dne 20. září 1920 byla bývalá německá ochranná oblast Togo (západní Afrika) prohlášena za mandátovou oblast Společnosti národů a rozdělena mezi Francii a Velkou Británii. Karikatura činí narážku na tuto událost a interpretuje českou školní politiku jako vnitřně založenou „politiku koloniální".

54. RÜBEZAHL, III (1921), NR. 4, S. 29 (LUDWIG KMOCH)
Das deutsche Elend.
„Sag', Mutter, ist der liebe Gott auch ein Tscheche, daß er mit uns kein Erbarmen hat?"
□ Die Wirtschaftskrise als unmittelbare Folge des Weltkrieges bekamen die Bewohner der sudetendeutschen Gebiete besonders hart zu spüren. Hier befanden sich bedeutende Industriezentren und Kurorte, die als erste von der Krise getroffen wurden.

Německé utrpení.
„Řekni mi, mámo, je dobrotivý Bůh také Čech, že s námi nemá žádné slitování?"
□ Hospodářskou krizi a bezprostřední následky světové války pocítili zvláště tvrdě obyvatelé sudetoněmeckých oblastí. Nalézala se zde významná průmyslová střediska a lázně, která byla první postižena krizí.

56. KLADDERADATSCH, LXXXVI (8. 10. 1933), NR. 41, S. 11

Reklame in der Tschechoslowakei. (Adolf Hitlers Buch „Mein Kampf" ist für die gesamte Tschechoslowakei verboten.)

„Haben Sie denn gar kein Exemplar von ‚Mein Kampf' mehr?"

„Leider nicht! Sie sind heute bereits der hundertste Kunde, der das Buch verlangt!"

☐ Der gleichgeschaltetete Berliner *Kladderadatsch* reagierte prompt auf das Anfang Oktober 1933 vom Innenministerium der Tschechoslowakei ausgesprochene Verbot von Hitlers Programmschrift *Mein Kampf*.

Reklama v Československu.

(Kniha Adolfa Hitlera „Mein Kampf" je v celém Československu zakázána.)

„To už nemáte žádný exemplář knihy ‚Mein Kampf'?"

„Bohužel ne. Jste dnes již v pořadí stý zákazník, který tu knihu požaduje!"

☐ Zglajchšaltovaný berlínský *Kladderadatsch* promptně reagoval na zákaz Hitlerova programového spisu *Mein Kampf*, který vyslovilo československé ministerstvo vnitra počátkem října 1933.

56. KLADDERADATSCH, LXXXVI (8. 10. 1933), NR. 41, S. 11

Reklame in der Tschechoslowakei. (Adolf Hitlers Buch „Mein Kampf" ist für die gesamte Tschechoslowakei verboten.)

„Haben Sie denn gar kein Exemplar von ‚Mein Kampf' mehr?"

„Leider nicht! Sie sind heute bereits der hundertste Kunde, der das Buch verlangt!"

□ Der gleichgeschaltetete Berliner *Kladderadatsch* reagierte prompt auf das Anfang Oktober 1933 vom Innenministerium der Tschechoslowakei ausgesprochene Verbot von Hitlers Programmschrift *Mein Kampf*.

Reklama v Československu.

(Kniha Adolfa Hitlera „Mein Kampf" je v celém Československu zakázána.)

„To už nemáte žádný exemplář knihy ‚Mein Kampf'?"

„Bohužel ne. Jste dnes již v pořadí stý zákazník, který knihu požaduje!"

□ Zglajchšaltovaný berlínský *Kladderadatsch* promptně reagoval na zákaz Hitlerova programového spisu *Mein Kampf*, který vyslovilo ministerstvo vnitra Československa počátkem října 1933.

Verbot
(Der „Kladderadatsch" ist in der Tschechoslowakei verboten bis zum 1. Oktober 1935.)

Kladderadatsch: „Schadet nichts! Ich kann dich von draußen her ebensogut schaukeln wie hier drinnen!"

57. KLADDERADATSCH, LXXXVII (28. 1. 1934), NR. 5, S. 11
Verbot. (Der „Kladderadatsch" ist in der Tschechoslowakei verboten bis zum 1. Oktober 1935.)
Kladderadatsch: *„Schadet nichts! Ich kann dich von draußen her ebensogut schaukeln wie hier drinnen!"*
□ Der *Kladderadatsch* war ein satirisch-politisches Witzblatt, das wöchentlich und reich illustriert in Berlin erschien. Er wurde 1848 von A. Hofmann und D. Kalisch gegründet. Er hatte Abonnenten und Leser in allen Weltteilen. Seit 1864 unterstützte er Bismarcks Politik. Die letzte Nummer erschien am 3. September 1944.

Zákaz. („Kladderadatsch" byl v Československu zakázán až do 1. října 1935.)
Kladderadatsch: *„Nevadí! Mohu si z tebe střílet z vnějšku stejně dobře jako tady uvnitř!"*
□ *Kladderadatsch* byl bohatě ilustrovaný, satiricko-politický týdeník vycházející v Berlíně. Byl založen v roce 1848 A. Hofmannem a D. Kalischem a měl abonenty a čtenáře v celém světě. Od roku 1864 podporoval Bismarckovu politiku. Jeho poslední číslo vyšlo 3. září 1944.

58. KLADDERADATSCH, LXXXVII (17. 6. 1934), NR. 25, S. 11.
Stinkende Ware in Prag. (Die Versteigerung der Hetzbilderausstellung der Emigranten in Prag mußte wegen Käufermangels geschlossen werden.)
„Hättste gehandelt mit Kunstmist, wärst ä reicher Mann; so handelste mit Mistkunst und bist pleite!"
☐ Im April/Mai 1934 fand in Prag die „Internationale Karikaturenausstellung" im Kunstverein Mánes statt. Die Protestnoten der deutschen, italienischen und österreichischen Gesandten bewirkten die Entfernung der politisch „anstößigen" Karikaturen aus der Ausstellung.

Páchnoucí zboží v Praze. (Dražba obrazů ze štvavé výstavy emigrantů v Praze musela být pro nedostatek kupujících zastavena.)
„Kdybys obchodoval s umělým hnojem, byl by z tebe boháč; takhle jsi obchodoval s uměleckým brakem a zbankrotoval jsi!"
☐ V dubnu a květnu 1934 se konala v uměleckém spolku Mánes v Praze „Mezinárodní výstava karikatury". Prostestní nóty německého, italského a rakouského vyslance vedly k odstranění politicky „závadných" karikatur z výstavy.

59. KLADDERADATSCH, LXXXVII (16. 12. 1934), NR. 50, S. 8

Prag.

„Hallo! Sie haben etwas vergessen mitzunehmen – – – die deutsche Wissenschaft!"

☐ Am 21. November 1934 ordnete der tschechoslowakische Bildungsminister dem Rektor der deutschen Prager Universität an, die Universitätsinsignien an die tschechische Prager Universität auszuliefern. (Die Teilung der Prager Universität in eine deutsche und eine tschechische erfolgte 1882.) Der „Insignienstreit" löste heftige Studentenunruhen aus.

Praha.

„Haló! Ještě něco jste zapomněl vzít s sebou... německou vědu!"

☐ Dne 21. listopadu 1934 nařídil československý ministr osvěty rektorovi německé pražské university, aby vydal universitní insignie české pražské universitě. (K rozdělení pražské university na německou a českou část došlo v roce 1882.) „Spor o insignie" vyvolal silné studentské nepokoje.

60. KLADDERADATSCH, LXXXVIII (9. 6. 1935), NR. 23, S. 4 (WERNER HAHMANN)

Selbstverständlich. (Die Sudetendeutsche Partei zieht unter Führung des ehemaligen Turnlehrerers Henlein als zweitstärkste Partei in das Prager Parlament.) Nur ein Turnlehrer kann solche Sprünge machen!
☐ Bei den Parlamentswahlen von 1935 in der ČSR erhielt die Sudetendeutsche Partei unter der Führung des ehemaligen Turnlehrers Konrad Henlein 68 Prozent aller deutschen Stimmen.

Pochopitelně. (Sudetoněmecká strana vtáhla pod vedením bývalého sudetoněmeckého učitele tělocviku Konráda Henleina do pražského parlamentu jako druhá nejsilnější strana.) Jen učitel tělocviku dokáže takové skoky!
☐ Při parlamentních volbách v roce 1935 v ČSR obdržela Sudetoněmecká strana pod vedením bávalého učitele tělocviku Konráda Henleina 68 procent všech německých hlasů.

61. KLADDERADATSCH, LXXXIX (15. 11. 1936), NR. 46, S. 4 (GARVENS)
Russisches Kabarett.
„*Seht den kleinen Hampelmann,
Wie er hampeln, strampeln kann!*"
□ Ein immer wiederkehrendes Motiv: Die Tschechoslowakei als politisches Spielzeug in den Händen Rußlands.

Ruský kabaret.
„*Vizte malého tajtrlíka,
jak si cupat, dupat zvyká!*"
□ Opětovně se navracející motiv: Československo jako politická hračka v rukou Ruska.

62. Kladderadatsch, XC (1. 8. 1937), Nr. 31, S. 5 (Garvens)
Das kranke Europa.
„Starke Blinddarmreizung! Man hätte den Wurmfortsatz schon 1918 entfernen sollen."
☐ Die Tschechoslowakei als Syndrom. Das Ende des Staates wurde gezielt vorbereitet, indem er auf der politischen Landkarte als „überflüssig" abqualifiziert wurde.

Nemocná Evropa.
„Silný zánět slepého střeva! Červovitý výběžek měl být odstraněn již v roce 1918."
☐ Československo jako syndrom. Konec státu byl cílevědomě připravován tím, že byl na politické zeměpisné mapě stát deklarován jako „přebytečný".

63. Kladderadatsch, XC (26. 9. 1937), Nr. 39, S. 12
Masaryk †.
„Präsident Masaryk, Politiker"
„Politiker? Hier ist nur ein Philosoph vorgemerkt!"
▫ Bevor Tomáš Garrigue Masaryk (geb. 1850) Politiker wurde, war er Professor für Philosophie an der tschechischen Universität in Prag. Er starb am 14. September 1937. Die Karikatur möchte im nachhinein das politische Werk Masaryks „totschweigen".

„President Masaryk, politik"
„Politik? Zde je zaznamenán pouze jako filosof!"
▫ Dříve než se stal Tomáš Garrigue Masaryk (nar. 1850) politikem, byl profesorem filosofie na české universitě v Praze. Zemřel 14. září 1937. Karikatura by chtěla dodatečně zpochybnit a zamlčet Masarykovo politické dílo.

64. Kladderadatsch, XC (31. 10. 1937), Nr. 44, S. 12
Henlein bei Benesch.
Benesch: „*Was wollen Sie eigentlich, Sie sehen doch, daß ich nach wie vor auf dem Boden meiner Erklärung von 1919 stehe!*"
☐ 1937 wurde der innenpolitische Kampf mit der Sudetendeutschen Partei verschärft. Konrad Henlein forderte volle Autonomie für die 3,5 Millionen Deutschen.

Henlein u Beneše.
Beneš: „*Co vlastně chcete, vidíte přece, že nyní jako předtím si stojím na mém prohlášení z roku 1919!*"
☐ V roce 1937 se zostřil vnitropolitický boj se Sudetoněmeckou stranou. Konrád Henlein požadoval plnou autonomii pro 3,5 milionu Němců.

65. KLADDERADATSCH, XC (7. 11. 1937), NR. 45, S. 3
Vater und Sohn. Einkreisungspolitik.
□ Die Sowjetunion als Lehrmeister und die Tschechoslowakei als unmündiges Kind. Der (böhmische) Zirkel weist auf das Feindbild der Tschechen als gefährliche Nachbarn hin. (Vgl. Kleines Glossar, *s. v.* „Böhmischer Zirkel", S. 42) Dieses Feindbild nützte Hitler für seine expansionistische Politik aus.

Otec a syn. Politika obličování.
□ Sovětský svaz jako učitel a Československo jako nezletilec. Kružidlo (české) zde zastupuje nepřátelský obraz Čechů jako nebezpečných sousedů.
(Srov. malý glosář, též „Böhmischer Zirkel", str. 57.)
Tohoto nepřátelského obrazu využil Hitler pro svou expanzionistickou politiku.

66. KLADDERADATSCH, XCI (17. 4. 1938), NR. 16, S. 3 (G.)
Geographie. Chamberlain behauptete im Unterhaus, daß von hundert Engländern vielleicht einer wüßte, wo die Tschechoslowakei liege.
„Was suchen Sie denn, Sir?"
„Die Tschechoslowakei!"
 □ Die Tschechoslowakei als „terra incognita". Dem Karikaturisten geht es freilich nicht um die geographische Unkenntnis der Engländer, sondern um die politische Herabsetzung des Staates, der bald geopfert werden sollte. (Vgl. Nr. 158.)

Geografie. Chamberlain v Dolní sněmovně tvrdil, že stěží jeden ze sta Angličanů ví, kde leží Československo.
„Co to hledáte, sire?"
„Československo!"
 □ Československo jako „terra incognita". Karikaturistovi ovšem nejde o zeměpisnou ignoranci Angličanů, nýbrž o politické snížení existence státu, který měl být vzápětí obětován.

67. KLADDERADATSCH, XCI (31. 7. 1938), NR. 31, S. 3 (G.)
In Prag.
„Wir sind auch 'ne Minderheit, aber mit der Regierung durchaus zufrieden..."
◻ Arthur Neville Chamberlain, englischer Premier-Minister, im Gespräch mit Prager Juden. Die Karikatur erschien zwei Monate vor dem Münchner Abkommen, an dessen Entstehung auch Chamberlain beteiligt war.

V Praze.
„My jsme také menšina, ale s touto vládou veskrze spokojená..."
◻ Arthur Neville Chamberlain v rozhovoru s pražskými Židy. Karikatura byla zveřejněna dva měsíce před uzavřením Mnichovské dohody, na jejímž vzniku se Chamberlain též podílel.

Die Lösung des Knotens

So gehts nicht —

so auch nicht,

aber vielleicht so —

na also!

68. KLADDERADATSCH, XCI (4. 9. 1938), NR. 36, S. 7 (G.)
Die Lösung des Knotens.
So gehts nicht – so auch nicht, aber vielleicht so – na also!
□ Die Karikatur suggeriert dem englischen Vermittler Lord Runciman die Lösung der sudetendeutschen Frage durch die im sog. Karlsbader Programm von 24. April 1938 von Konrad Henlein aufgestellten Forderungen nach Selbstbestimmung und Autonomie für die 3,5 Millionen Deutschen.

Rozvázání uzlu.
Takhle to nejde – tak také ne, ale snad tak – nu vida!
□ Karikatura sugeruje anglickému zprostředkovateli lordu Runcimanovi řešení sudetoněmecké otázky na základě požadavků vznesených Konrádem Henleinem 24. dubna 1938 v tzv. Karlovarském programu, požadavků na sebeurčení a autonomii pro 3,5 milionu sudetských Němců.

„Darf ich bitten?"

69. KLADDERADATSCH**, XCI (25. 9. 1938), N**R**. 39 (G**AR-VENS**)**
„Darf ich bitten?"
☐ Vom 3. August bis 11. September 1938 hielt sich der englische Politiker Lord Walter Runciman in der Tschechoslowakei auf, um zwischen der tschechoslowakischen Regierung und den Sudetendeutschen zu vermitteln.

„Smít prosit?"
☐ Od 3. srpna do 11. září 1938 se zdržoval v Československu anglický politik lord Walter Runciman v úloze zprostředkovatele mezi československou vládou a sudetskými Němci.

„Ich geb' Ihnen 'nen guten Rat, Mister Benesch! Lassen Sie Ihre Rückfahrkarte nach Prag verfallen!"

70. SIMPLICISSIMUS, XLIV (2. 4. 1939), NR. 13, S. 156 (E. THÖNY)

Benesch der Letzte.
„Ich geb' Ihnen 'nen guten Rat, Mister Benesch! Lassen Sie Ihre Rückfahrkarte nach Prag verfallen!"
□ Als im März 1939 die deutschen Truppen in Prag einmarschierten und das Reichsprotektorat Böhmen und Mähren gegründet wurde, befand sich der am 5. Oktober 1938 zurückgetretene tschechoslowakische Staatspräsident Edvard Beneš noch im amerikanischen Exil.

Beneš Poslední.
„Dám Vám dobrou radu, Mr. Beneš! Nechte svou zpáteční jízdenku do Prahy propadnout!"
□ Když v březnu 1939 vpochodovaly německé jednotky do Prahy a byl zřízen říšský Protektorát Čechy a Morava, prodléval Edvard Beneš, jenž 5. října 1938 odstoupil z funkce československého presidenta, ještě v americkém exilu.

Stalin, der Mäzen Eduards
„Selbstverständlich opfere ich meine Divisionen nur, damit er in Prag wieder nach der Londoner Pfeife tanzen kann! — —"

71. DER NEUE TAG, V (PRAG, 7. 3. 1943), S. 2 (ERIK)
Stalin, der Mäzen Eduards.
„Selbstverständlich opfere ich meine Divisionen nur, damit er in Prag wieder nach der Londoner Pfeife tanzen kann!"
☐ Als Präsident der tschechoslowakischen Exilregierung in London (ab 1940) schloß Beneš mehrere Abkommen mit der Sowjetunion. (Auf der Karikatur ist Beneš mit Davidstern dargestellt.) – Die Tageszeitung *Der Neue Tag* war „amtliches Veröffentlichungsorgan des Reichsprotektors in Böhmen und Mähren". – *Erik* (=Hanns Erich Köhler), politischer Karikaturist, Grafiker (1905 Tetschen / Nordböhmen – 1983 Herrsching/Ammersee).

Stalin, Edvardův mecenáš.
„*Samozřejmě, že obětuji mé divize jen proto, aby mohl v Praze opět tancovat podle londýnské píšťaly!*"
☐ Jako president československé exilové vlády v Londýně (od roku 1940) uzavřel Beneš vícero dohod se Sovětským svazem. (Na obrázku je Beneš vyobrazen s Davidovou hvězdou!) – *Der Neue Tag* byl „úředním publikačním orgánem říšského protektora v Čechách a na Moravě". – *Erik* (= Hans Erich Köhler), politický karikaturista, grafik (1905 Děčín/severní Čechy – 1983 Herrsching/Ammersee).

72. KLADDERADATSCH, XCVII (2. 1. 1944), NR. 1, S. 12 (W. HAHMANN)

Milde Gabe.

„Und was hat dir Onkel Stalin geschenkt?" – „Oh, diese Tüte, in die ich die Wurst gleich hineintuen dürfte, wenn ich sie hätte!"

☐ Im Namen der tschechoslowakischen Exilregierung betrieb Beneš eine enge Anlehnung an die UdSSR und schloß mit ihr in Moskau am 12. 12. 1943 einen Freundschafts- und Beistandspakt ab, der die Zusammenarbeit nach dem Krieg regelte.

Skromný milodar.

„A co ti strýček Stalin daroval?" – „Oh, tenhle kornout a smím do něho hned zabalit salám – kdybych ho měl!"

☐ Jménem československé exilové vlády prováděl Beneš politiku založenou na pevnějším vztahu k Sovětskému svazu a uzavřel s ním 12. prosince 1943 pakt o přátelství a spojenectví, který dal směr poválečné spolupráci.

Papst Pius: „Auch Du, mein Sohn!"
Benesch: „Ich bin selbst überrascht. Es ist wohl für die noble Behandlung der Sudetendeutschen."

73. Das Wespennest, II (Stuttgart, Okt. 1947), Nr. 28, S. 5 (Meinhard)

(Papst Pius und Präsident Eduard Benesch wurden für den Nobel-Friedenspreis 1947 vorgeschlagen.)
Papst Pius: „*Auch Du, mein Sohn!*"
Benesch: „*Ich bin selbst überrascht. Es ist wohl für die noble Behandlung der Sudetendeutschen.*"
☐ Den Friedensnobelpreis für 1947 bekam *The American Friends Service Committee* (Quäker).

(Papež Pius a president Beneš byli v roce 1947 navrženi na Nobelovu cenu míru.)
Papež Pius: „*Ty také, synu!*"
Beneš: „*Sám se divím. To bude za noblesní zacházení se sudetskými Němci.*"
☐ Nobelovu cenu míru za rok 1947 obdržel *The American Friends Service Committee* (kvakeři).

České karikatury
Tschechische Karikaturen

28. Pohřeb censury.

74. Pohřeb censury. (1848)
Praha, Strahovská knihovna.
Z: František Roubík: *Český rok 1848*, Praha 1931, str. 81.
□ Jedním z hlavních požadavků revoluce z roku 1848 bylo odstranění cenzury. Ve všech státech postižených cenzurou prudce stoupl počet publicistických orgánů. Byly založeny nové listy, mezi nimi i satirické, jako např. v Praze roku 1849 časopisy *Šotek* a *Brejle*. Zvláště rozšířené a u publika oblíbené byly letáky.

Die Beerdigung der Zensur. (1848)
Prag, Bibliothek von Strahov.
Aus: František Roubík, *Český rok 1848*, Prag 1931, S. 81.
□ Eine der Hauptforderungen der Revolution von 1848 war die Abschaffung der Zensur. In allen von der Revolution betroffenen Staaten stieg die Zahl der Presseorgane schlagartig an. Neue Blätter, darunter auch satirische, wurden ins Leben gerufen, so z. B. in Prag 1849 die Zeitschriften *Šotek* und *Brejle*. Besonders verbreitet und vom Publikum beliebt waren Flugblätter.

myslí, že by bylo po případě dobře, učit tomu kterému předmětu českou mládež po *německu*. *Češtině* mohl by učit českého kluka snad takhle!

Makavé vyobrazení, jak si představuje „tmel Rakouska" účinek zákona o povýšení němčiny na „Staatssprache."

75. Paleček, X (1882), sešit 3, str. 52
Pan profesor Randa myslí, že by bylo po případě dobře, učit tomu kterému předmětu českou mládež po *německu*. *Češtině* mohl by učit českého kluka snad takhle!
□ Antonín Randa (1834–1914), právník a profesor na univerzitě v Praze, od roku 1908 prezident České akademie věd a umění. Před rozdělením pražské univerzity v roce 1882 se Randa aktivně zasazoval o zrovnoprávnění českého a německého jazyka ve vyučování.

Herr Professor Randa denkt, daß es u.U. nicht schlecht wäre, die tschechische Jugend in manchen Fächern *auf deutsch* zu unterrichten. *Tschechisch* könnte er einem tschechischen Buben ungefähr auf diese Weise beibringen!
□ *Antonín Randa* (1834–1914), Jurist und Professor an der Universität Prag, ab 1908 Präsident der Tschechischen Akademie der Wissenschaften und Künste. Vor der Teilung der Prager Universität 1882 setzte sich Randa aktiv für Gleichberechtigung der tschechischen und der deutschen Sprache im Unterricht ein.

76. Šotek, XII (1884), č. 1, str. 3
Taky „uzamčený správhgebít".
Makavé vyobrazení, jak si představuje „tmel Rakouska" účinek zákona o povýšení němčiny na „Staatssprache".
□ 31. ledna 1884 byl v říšské radě zamítnut návrh zákona hraběte Wurmbranda, podle kterého měla být v Rakousku zavedena jako státní jazyk němčina. Tento návrh byl předložen již v roce 1880 a byl reakcí na jazykové nařízení Karla rytíře von Stremayra, podle kterého měly být němčina a čeština v úředním styku zrovnoprávněny.

Auch ein „geschlossenes Sprachgebiet".
Überzeugende Darstellung, wie sich „*der Kitt Österreichs*" die Wirkung des Gesetzes über die Erhebung des Deutschen zur „*Staatssprache*" vorstellt.
□ Am 31. Januar 1884 wurde im Reichsrat der Gesetzentwurf des Grafen Wurmbrand abgelehnt, nach dem die deutsche Sprache als Staatssprache in Österreich eingeführt werden sollte. Der Entwurf wurde schon 1880 vorgelegt und war eine Reaktion auf die Sprachverordnung Karl Ritter von Stremayrs, nach der Deutsch und Tschechisch im Amtsgebrauch gleichberechtigt sein sollten.

O sjezdu německého spisovatelstva v Praze.

Strýc z Prostějova přijel tyto dni do Prahy a vidí tu samé známé obličeje!!

77. ŠOTEK, XII (1884), č. 36, str. 143 (K. KREJČÍK)
O sjezdu německého spisovatelstva v Praze.
Strýc z Prostějova přijel tyto dni do Prahy a vidí tu samé známé obličeje!!
□ Německá literární elita v Praze resp. v českých zemích je dle názoru karikaturisty K. Krejčíka reprezentována hlavně Židy. Prostějov nedaleko Olomouce měl významnou židovskou obec. – *Karel Krejčík* (1857–1901), malíř, ilustrátor a karikaturista. Aktivní spolupracovník časopisů *Humoristické listy, Šípy, Šotek* aj. Od roku 1881–86 téměř exkluzivní ilustrátor *Palečka*. Spolupracoval i s německými a rakouskými časopisy, např. s časopisem *Wiener Caricaturen*.

Über den deutschen Schriftstellerkongreß in Prag.
Der Onkel aus Prossnitz fuhr heute nach Prag und sah dort die gleichen bekannten Gesichter!!
□ Die deutsche literarische Elite in Prag bzw. in den böhmischen Ländern wird nach Ansicht des Karikaturisten K. Krejčík hauptsächlich von Juden dargestellt. Prossnitz in der Nähe von Olmütz hatte eine bedeutende Judengemeinde. – *Karel Krejčík* (1857–1901), Maler, Illustrator und Karikaturist. Aktiver Mitarbeiter der Blätter *Humoristické Listy, Šípy, Šotek* u. a. Von 1881–86 fast alleiniger Illustrator des *Paleček*. Mitarbeiter auch deutscher und österreichischer Zeitschriften, z. B. der *Wiener Caricaturen*.

Aby mu je takhle těmi anglickými nůžkami ušmikla!

78. ŠÍPY, I (14. 4. 1888), Č. 16

Samson a Delila.
Aby mu je takhle těmi anglickými nůžkami ušmikla!
□ Biblické příběhy přenesené do evropské politiky. Samson = Otto von Bismarck, Delila = anglická královna Viktorie. – Samson prozradil Delile z lásky tajemství své síly (nestříhaný vlas), a ona ho prozradila svým krajanům. Bismarck a Victoria byli oblíbenými postavami evropské karikatury.

Samson und Delila.
Am Ende schneidet sie ihm mit der englischen Schere noch die Haare ab!
□ Biblische Geschichte übertragen auf die europäische Politik. Samson = Otto von Bismarck; Delila = Viktoria, Königin von Großbritannien. – Samson verriet Delila aus Liebe das Geheimnis seiner Kraft (ungeschorenes Haar), und sie wiederum verriet es an ihre Landsleute. Bismarck und Viktoria waren beliebte Gestalten der europäischen Karikatur.

79. ŠÍPY, IV (16. 5. 1891), č. 21

Česká sílo – slav své dílo!

Plener: *Teufelskerle, tihle Češi! Oni to dokázali bez nás!! Ani uhranout jim to nemůžeme!*

□ 15. května byla v Praze zahájena Zemská jubilejní výstava. Němci tuto výstavu bojkotovali. Pro národní sebevědomí českého měšťanstva sehrála tato výstava významnou roli. – *Ernst Plener* (1841–1923), v době zahájení výstavy poslanec vídeňské Říšské rady a českého Zemského sněmu.

Tschechische Kraft – baue dein Werk!

Plener: *Teufelskerle, diese Tschechen! Sie haben es ohne uns geschafft!! Und nicht einmal verhexen können wir es ihnen!*

□ Am 15. 5. 1891 wurde in Prag die Jubiläums-Landesausstellung eröffnet. Die Deutschen blieben dieser Ausstellung fern. Für das nationale Selbstbewußtsein des tschechischen Bürgertums spielte die Ausstellung eine große Rolle. – *Ernst Plener* (1841–1923), z.Z. der Ausstellungseröffnung Abgeordneter im Wiener Reichsrat und im böhmischen Landtag.

80. ŠÍPY, IV (17. 10. 1891), č. 43
Když Gullivier dřímá mají Liliputání pré.
Ale až procitne!
□ Český národ jako Gulliver. Liliputáni jsou Německý školský spolek, svoboda řeči a svoboda tisku, zákazy, oportunismus, centralizace... a hrstka (z hlediska karikaturisty) bezmocných politiků. (Srovnej dole č. 95.)

Wenn Gulliver schläft, tanzen ihm die Liliputaner auf der Nase.
Aber wehe, wenn er erwacht!
□ Das tschechische Volk als Gulliver. Die Liliputaner sind: Deutscher Schulverein, Rede- und Pressefreiheit, Verbote, Opportunismus, Zentralisation... und eine Schar von (aus der Sicht des Karikaturisten) letztendlich machtlosen Politikern. (Vgl. unten Nr. 95.)

81. ŠÍPY, V (2. 1. 1892), č. 2
Libereční policajti se učí česky.
Inšpektor: *Musíte se cuflaiz naučit trochu česky, abyste mohli na ty frmaledajt Čechy svědčit, jak Vám tejrají uši a jak Vás provokují tím svým impertinentním: „strč prst skrz krk!"*
□ *Strč prst skrz krk* jako burleskní paradigma pro neschopnost najít ve styku mezi Němci a Čechy společný jazyk.

Die Reichenberger Polizisten lernen Tschechisch.
Inspektor: *Ihr müßt „cufleiz" (zu Fleiß) ein bissl Tschechisch lernen, damit ihr den „vermaledajten" Tschechen zeigen könnt, wie sie eure Ohren martern und euch mit ihrem impertinenten: strč prst skrz krk! („Steck' den Finger durch den Hals") provozieren.*
□ *Strč prst skrz krk* als burleskes Paradigma für ein tief ernstes Unvermögen, im Umgang zwischen den Deutschen und den Tschechen eine gemeinsame Sprache zu finden.

Když jsme se s Němci o ty punktace tahali, měli zlost!

Pusťme se tedy,

ať mají radost!

82. ŠÍPY, V (9. 4. 1892), Č. 16
Když jsme se s Němci o ty punktace tahali, měli zlost!
Pusťme se tedy, ať mají radost!
□ V lednu 1890 vedená vyrovnávací jednání se týkala *punktací* (dohody ve smyslu předběžné a budoucí smlouvy): školy pro menšiny, ohled na jazykové hranice u krajských a okresních soudů, rozdělení do soudních okresů atd. Mladočeši nebyli k těmto jednáním přizváni; byli nakonec příčinou ztroskotání tohoto vyrovnání.

Beim Tauziehen um die Punktationen waren die Deutschen sauer!
Lassen wir also los, damit sie sich freuen!
□ Die im Januar 1890 geführten Ausgleichsverhandlungen betrafen die *Punktationen* (Absprache im Sinne eines vorläufigen und anstehenden Vertrags): Minderheitenschulen, Berücksichtigung der Sprachgrenzen bei Bezirks- und Kreisgerichten, Einteilung der Gerichtsbezirke usw. Die Jungtschechen wurden zu den Verhandlungen nicht hinzugezogen; an ihnen scheiterte letztlich der Ausgleich.

Vojna v míru v německém kasině pražském.

Omdlévající tetka: Um Gotteswillen. *Jste oba Němci!* Neperte se. Češi se Vám vysmějou!

83. ŠÍPY, V (29. 7. 1892), č. 23
Vojna v míru v německém kasině pražském.
Omdlévající tetka: *Um Gotteswillen. Jste oba Němci! Neperte se. Češi se Vám vysmějou!*
□ „Kasina" byly německé spolkové lokály, které odpovídaly české „Besedě". Zde spolu bojují Němec a Žid. Německoliberální pražské noviny *Bohemia* oslovují oba jako Němce – pojetí, které je v českých karikaturách běžně zastupováno. (Srovnej č. 77, 114.)

Krieg im Frieden im deutschen Kasino zu Prag.
Ein in Ohnmacht fallendes Weib: *Um Gotteswillen! Ihr seid doch beide Deutsche! Rauft nicht. Die Tschechen werden euch auslachen!*
□ „Kasinos" waren deutsche Vereinslokale, die der tschechischen „Beseda" entsprachen. Hier kämpfen ein Deutscher und ein Jude miteinander. Die deutsch-liberale Prager Zeitung *Bohemia* spricht beide als Deutsche an – eine Sichtweise, welche in tschechischen Karikaturen durchgehend vertreten wird. (Vgl. Nr. 77, 114.)

84. ŠÍPY, V (24. 9. 1892), č. 40
Není prý ještě na čase – stisknout!!
□ Krvelačný tygr zosobňuje „německou agresivitu", napadená žena je „česká menšina". Srovnej k tomu karikaturu herečky Pospíšilové (č. 21; podle obrazu Gabriela Maxe.)

Angeblich ist es noch nicht an der Zeit abzudrücken!!
□ Der blutrünstige Tiger verkörpert die „deutsche Aggressivität", die angegriffene Frau die „tschechische Minderheit". Vgl. dazu die Karikatur über die Schauspielerin Pospischil (Nr. 21; nach einem Gemälde von Gabriel Max).

Novodobé turnaje v naší staré Praze.

85. ŠÍPY, VII (12. 5. 1894), č. 21
Novodobé turnaje v naší staré Praze.
□ Německo-český jazykový spor se odehrával doslova na ulici. Tak např. rozhodla 11. listopadu 1891 Pražská obecní rada, že je nutno odstranit německé firemní štíty a označení ulic, aby byl zdůrazněn český charakter města. – Jako bojovníka za německé názvy ulic ukazuje karikatura Žida (vpravo) na koni Kasino. Dokonce i hlava koně je „židovská" a jeho čabraka je zdobená Davidovou hvězdou.

Neuzeitliche Turniere in unserem alten Prag.
□ Der deutsch-tschechische Sprachenstreit wurde buchstäblich auf der Straße ausgetragen. So beschloß z. B. am 11. November 1891 der Prager Gemeinderat, die deutschen Firmenschilder und Straßenbezeichnungen zu entfernen, um den tschechischen Charakter der Stadt zu unterstreichen. – Als Kämpfer für die deutschen Straßennamen zeigt die Karikatur einen Juden (rechts) auf dem Pferd Kasino. Sogar der Kopf des Pferdes ist „jüdisch"; die Schabracke trägt einen aufgedruckten Davidstern.

Německý Michl. Tak vida! Po tolik let si jí ani nevšíml a teď by ji najednou zas samou láskou snědl. Bohudík, naše švarná Smetanova česká muzika najde si ještě fešnějších milovníků, než je německý Hansjörgl.

Bohužel, žádná pohádka, nýbrž smutná pravda.

86. ŠÍPY, VII (3. 3. 1894), č. 11
Smetanova „Hubička" ve Vídni.
Německý Michl. *Tak vida! Po tolik let si jí ani nevšíml by ji najednou zas samou láskou snědl. Bohudík, naše švarná Smetanova česká muzika najde si ještě fešnějších milovníků, než je německý Hansjörgl.*
□ Bedřich Smetana (1824–1884), český skladatel a dirigent Národního divadla v Praze. Zakladatel českého národního hudebního stylu. *Hubička* byla složena v roce 1876. Libreto: Eliška Krásnohorská podle stejnojmenné povídky Karoliny Světlé.

Smetanas „Kuß" in Wien.
Der deutsche Michel. *Na also! So viele Jahre hat er sie keines Blickes gewürdigt und jetzt würde er sie vor lauter Liebe auffressen. Gott sei Dank wird unsere schöne tschechische Musik von Smetana noch viel feschere Liebhaber finden, als den deutschen Hansjörgl.*
□ Bedřich (Friedrich) Smetana (1824–1884), tschechischer Komponist und Dirigent am Prager Nationaltheater. Begründer des tschechischen nationalen Stils in der Musik. – *Hubička* (Der Kuß), komische Oper, komponiert 1876, Libretto: Eliška Krásnohorská nach der gleichnamigen Erzählung von Karolina Světlá.

87. ŠÍPY, VIII (12. 1. 1895), č. 4
Lidožrout v Čechách čili 21.000 českých dětí v německých školách. – Bohužel, žádná pohádka, nýbrž smutná pravda.
□ Jako lidožrout požírající děti je znázorňován „Německý školský spolek" založený r. 1880 a zastupující národně-kulturní zájmy Němců v českých zemích. Ve stejném roce (1880) založená „Matice školská" sledovala české zájmy.

Der Menschenfresser in Böhmen oder 21.000 tschechische Kinder in deutschen Schulen. – Leider kein Märchen, sondern traurige Wahrheit.
□ Als Kinderfresser ist der „Deutsche Schulverein" dargestellt, der 1880 gegründet wurde und die national-kulturellen Interessen der Deutschen in den böhmischen Ländern vertrat. Die ebenfalls 1880 gegründete „Matice školská" verfolgte die tschechischen Interessen.

Proč přijel Plener do Prahy?

Aby prý ten rozsypávající se sud v německém kasině, možno-li ještě jednou sbil dohromady. Ale na to aby byl ňáký bednář!

88. ŠÍPY, VIII (26. 1. 1895), č. 6

Proč přijel Plener do Prahy?
Aby prý ten rozsypávající se sud v německém kasině možno-li ještě jednou sbil dohromady. Ale na to aby byl ňáký bednář!
☐ *Ernst von Plener* (1841–1923) byl v letech 1873–95 poslancem vídeňské říšské rady a v letech 1878–95 poslancem českého Zemského sněmu; 1893–95 rakouským ministrem financí. Jako předseda Sjednocené německé levice se snažil o její sloučení. Po rezignaci své strany (liberální německá ústavní strana) odešel roku 1895 z politiky. (Srovnej podobný motiv nahoře č. 3.)

Warum kam Plener nach Prag?
Um das zerfallende Faß im deutschen Kasino, falls überhaupt möglich, noch einmal zusammenzuzimmern. Dafür muß er aber schon ein sehr guter Schäffler sein!
☐ *Ernst von Plener* (1841–1923) war von 1873–95 Abgeordneter im Wiener Reichsrat und von 1878–95 im böhmischen Landtag; 1893–95 österreichischer Finanzminister. Als Obmann der Vereinigten Deutschen Linken war er um ihren Zusammenschluß bemüht. Nach dem Ausscheiden seiner Partei (liberale deutsche Verfassungspartei) aus der Regierung zog er sich 1895 aus der Politik zurück. (Vgl. ähnliches Motiv oben Nr. 3.)

„který všecko zmůže", rád by se stal *zpěvným* ptákem, aby mohl opěvati ten krásný západ slunka německé — svobody.

89. ŠÍPY, VIII (26. 1. 1895), č. 6
Pruský orel.
„který všecko zmůže", rád by se stal *zpěvným* ptákem, aby mohl opěvati ten krásný západ slunka německé – svobody.
□ Černá orlice, erbovní zvíře Pruska, s obličejovými rysy císaře Viléma II. na skále militarismu a s řádem reakce. Oba atributy jsou konstantami v obraze nepřítele „Prusko", které je často jako *pars pro toto* symbolem celého Německa.

Der preußische Adler.
„Der alles schafft", würde gern ein *Singvogel* werden, um den wunderschönen Sonnenuntergang der deutschen – Freiheit besingen zu können.
□ Der schwarze Adler, das Wappentier Preußens, mit den Gesichtszügen Kaiser Wilhelms II. auf dem Fels des Militarismus und mit dem Orden der Reaktion. Beide Attribute sind Konstanten im Feindbild „Preußen", das häufig als *pars pro toto* für ganz Deutschland hergenommen wird.

Sotva od nás odtáhla cizopásná *sluka,* už si *pospíšila* – věrná vlaštovička, aby se k nám vrátila.

90. ŠÍPY, VIII (13. 4. 1895), č. 17

Tažné ptactvo.

Sotva od nás odtáhla cizopásná *sluka,* už si *pospíšila* – věrná vlaštovička, aby se k nám vrátila.

☐ Herečka *Marie Pospíšilová* (1862–1943) odešla po prvních úspěších v Praze do Berlína, Hamburku a Vídně (Burgtheater), kde dosáhla velké slávy. Po krátkém pobytu v Praze (na obrázku budova Národního divadla) se opět vrátila do Berlína a Drážďan. Tato vynikající umělkyně se stala objektem sváru německého a českého tisku. (Srovnej č. 21.)

Zugvögel.

Kaum ist die parasitäre *Schnepfe* von uns wegezogen, *beeilt sich* schon die getreue Schwalbe, zu uns zurückzukehren. [*Anm. d. Übers.*: sich beeilen = pospíšit]

☐ Die Schauspielerin *Marie Pospíšilová/Pospischil* (1862–1943) ging nach ersten Erfolgen in Prag nach Berlin, Hamburg und Wien (Burgtheater), wo sie großen Ruhm erlangte. Nach kurzem Aufenthalt in Prag (auf dem Bild das Gebäude des Nationaltheaters) ging sie wieder nach Berlin und Dresden. Die hervorragende Künstlerin wurde zu einem Streitobjekt der deutschen und der tschechischen Presse. (Vgl. Nr. 21.)

91. ŠÍPY, IX (15. 2. 1896), č. 9
Národopisné zvláštnosti.
Žádá-li od vlády něco *Čech*, nastaví vždy jen *jednu* ruku. Ale Němec hned po něm – *obě*.
□ Jinak nežli Čech, který ví, jak se má vůči vládě chovat, je zde znázorňován Němec jako bezohledně žádající. Srovnej v této souvislosti „český kroužek" v německých karikaturách (č. 65).

Ethnographische Besonderheiten.
Wenn der Tscheche etwas von der Regierung verlangt, hält er bloß *eine* Hand auf.
Der Deutsche aber, unmittelbar nach ihm – *alle beide*.
□ Anders als der Tscheche, der weiß, wie er sich der Regierung gegenüber zu verhalten hat, wird hier der Deutsche als rücksichtslos fordernd dargestellt. Vgl. im Gegensatz dazu den „böhmischen Zirkel" in deutschen Karikaturen (Nr. 65).

92. ŠÍPY, IX (11. 4. 1896), č. 17
Kdo s koho?
□ Německá agresivita a český stát – jedno z nejoblíbenějších témat české karikatury okolo přelomu století.

Wer gewinnt?
□ Die deutsche Aggressivität und der tschechische Staat – eines der beliebtesten Themen in der tschechischen Karikatur um die Jahrhundertwende.

Poslanec Hořica: Tu máš taky něco na památku od minderwerthig Čecha.

93. ŠÍPY, X (15. 5. 1897), č. 22

Skrocení německého vlka.

Poslanec Hořica: *„Tu máš taky něco na památku od minderwerthig Čecha."*

☐ Kontrahenty jsou zde radikální rakouský politik Hermann Wolf (1862–1931) a mladočeský poslanec říšského sněmu Ignát Hořica (1859–1902). Tato scéna se odehrála ve vídeňské poslanecké sněmovně 9. dubna 1897, když Wolf v parlamentární debatě vyslovil výrok o „Germania irredenta".

Die Zähmung des deutschen Wolfes.

Abgeordneter Hořica: *„Da hast du auch ein Andenken an den minderwärtigen Tschechen."*

☐ Die Kontrahenten sind der radikale österreichische Politiker Hermann Wolf (1862–1931) und der jungtschechische Reichstagsabgeordnete Ignát Hořica (1859–1902). Die Szene ereignete sich im Wiener Abgeordnetenhaus am 9. April 1897, als in der Debatte Wolf das Wort von der „Germania irredenta" aussprach.

Na tenhle Gordický uzel

so musí vzít, Excellenci, *zcela jiný* -- státoprávní *inštrument* a ne takovéhle Taffovské nůžtičky „patent punktace" -- z roku dacumal.

94. ŠÍPY, X (19. 6. 1897), č. 28

Na tenhle Gordický uzel so musí vzít, Excellenci, *zcela jiný* státoprávní *inštrument* a ne takovéhle Taffovské nůžtičky „patent punktace" -- z roku dacumal.
☐ Hraběti Kasimíru Badenimu, tvůrci jazykových nařízení pro království české, přiděluje karikaturista v německo-českém konfliktu roli Alexandra Velikého. V době *punktací* (viz nahoře č. 82) byl Eduard hrabě Taaffe rakouským ministerským předsedou a ministrem vnitra.

Für diesen Gordischen Knoten muß man, Exzellenz, ein *ganz anderes* staatsrechtliches *Instrument* nehmen und nicht solch eine kleine Taaffe-Schere „Marke Punktation" – von anno dazumal.
☐ Dem Grafen Kasimir Badeni, dem Schöpfer der Sprachverordnungen für das Königreich Böhmen, teilt der Karikaturist im deutsch-tschechischen Konflikt die Rolle Alexanders des Großen zu. Zur Zeit der *Punktationen* (s. oben Nr. 82) war Eduard Graf Taaffe österreichischer Ministerpräsident und Innenminister.

Český Honza a německý Furibundus.

Český Honza: „Povídám ti, dej pokoj!" (Dříme dál.) „Sakra, nedloubej!" (Dříme dál). — Chlape, *píchneš-li mne do oka*, pak se neptej, co jich dostaneš!"

95. ŠÍPY, X (17. 7. 1897), č. 32

Český Honza a německy Furibundus.
Český Honza: „*Povídám ti, dej pokoj!*" (Dříme dál.) „*Sakra, nedloubej!*" (Dříme dál). – „*Chlape, píchneš-li mne do oka, pak se neptej, co jich dostaneš!*"
□ Personifikovaný Furor teutonicus vyzývá český lid. (Srovnej podobný motiv nahoře č. 80.)

Der tschechische Honza und der deutsche Furibundus.
Der tschechische Honza: „*Gib' Ruh', sag' ich dir!*" (Er schläft weiter). „*Sapperlot, stich mich nicht!*" (Er schläft weiter). – „*Mann, wenn du mich ins Auge stichst, dann wirst sehen, wieviele du fängst!*"
□ Der personifizierte Furor teutonicus bei der Herausforderung des tschechischen Volkes. (Vgl. ähnl. Motiv Nr. 80.)

Kdo bude s koho?

Tolikrát už Germán síť po Čechu hodil,
ale Čech se vždy z ní statně vysvobodil.

96. ŠÍPY, X (14. 8. 1897), č. 36
Kdo bude s koho?
Tolikrát už Germán síť po Čechu hodil,
ale Čech se vždy z ní statně vysvobodil.
□ V politické aréně bojuje Čech (právo) s Němcem (násilí). Byrokracie tomuto boji netečně přihlíží.

Wer gewinnt?
So oft schon hat der Germane sein Netz nach dem Tschechen geworfen, aber der Tscheche hat sich immer tapfer daraus befreit.
□ In der politischen Arena kämpft der Tscheche (Recht) gegen den Deutschen (Gewalt). Die Bürokratie schaut dem Kampf unbeteiligt zu.

Pangermán Schönerer táhne do boje.

Vysýchá mu však roh a z Bismarkovy piklhaubny stará silice ňák vyčpěla!

97. ŠÍPY, X (18. 9. 1897), č. 41
Pangermán Schönerer táhne do boje.
Vysýchá mu však roh a z Bismarkovy piklhaubny stará silice ňák vyčpěla!
□ *Georg rytíř von Schönerer* (1842–1921) byl od roku 1879 vůdcem německého národního hnutí v Rakousku. Tento radikální antisemita se zasazoval o připojení Rakouska k Německé říši. Početné přívržence („Schöneriány") nalezl mezi příslušníky buršáckých spolků. I mladý Hitler jím byl silně ovlivněn.

Der Pangermane Schönerer zieht in den Kampf.
Sein Trinkhorn trocknet aber aus, und in Bismarcks Pickelhaube scheint die alte deutsche Kraft auch versiegt zu sein!
□ *Georg Ritter von Schönerer* (1842–1921) war seit 1879 Führer der deutschnationalen Bewegung (der Alldeutschen) in Österreich. Der radikale Antisemit befürwortete einen engen Anschluß Österreichs an das Deutsche Reich. Zahlreiche Anhänger („Schönerianer") fand er unter deutschen Burschenschaftern. Auch der junge Hitler wurde von ihm stark beeinflußt.

Bývávalo, bývávalo — není!

Němec: „Himlsakriš! Před padesáti lety jsme tu lípu ještě sevřeli spolu jako nic — a *dnes už na ni nikam* nestačíme! Fluchte Geschichte!"

98. ŠÍPY, X (9. 10. 1897), č. 44

Bývávalo, bývávalo – není!

Němec: „*Himlsakriš! Před padesáti lety jsme tu lípu ještě sevřeli spolu jako nic – a dnes už na ni nikam nestačíme! Fluchte Geschichte!*"

□ Lípa jako symbol českého národa, respektive slovanství, které se ve stále menší míře nechá utlačovat německým sevřením.

Es war einmal – es ist nicht mehr!

Ein Deutscher: „*Himmelsakrament! Vor fünfzig Jahren haben wir diese Linde gemeinsam noch ohne weiteres umfassen und einschnüren können – und heute reicht es hinten und vorne nicht! Verfluchte Geschichte!*"

□ Die Linde als Symbol des tschechischen Volkes bzw. des Slawentums, das sich von der deutschen Umklammerung immer weniger beherrschen läßt.

Furor teutonicus.

„Krucitürk, co je to? Já takové velké a hrozné zvíře, funím a dupu, až země duní, a přec se mne ta „minderwerthig" havěť pranic nebojí!" – Žabka satyra: „Jak se nesmát zuřivému nemehlu?"

99. ŠÍPY, X (27. 11. 1897), č. 51
Furor teutonicus.
„Krucitürk, co je to? Já takové velké a hrozné zvíře, funím a dupu, až země duní, a přec se mne ta „minderwerthig" havěť pranic nebojí!" – Žabka satyra: „Jak se nesmát zuřivému nemehlu?"
☐ Domýšlivost jako slabost velkého a smích jako síla malého.

Furor teutonicus.
„Kruzitürken, was ist das? Ich bin so ein riesiges und grausiges Vieh, ich schnaube und trample, daß der Boden zittert, und trotzdem fürchtet sich dieses ‚minderwärtige' Kroppzeug gar nicht vor mir!" – Der Frosch Satire: „Wie sollte man über dieses tobende Untier nicht lachen?"
☐ Die Einbildung als Schwäche des Großen und das Gelächter als Stärke des Kleinen.

24. listopadu ve vídeňském parlamentě.

Utíkejte, lidičky, Michl se pominul!

100. ŠÍPY, X (27. 11. 1897), č. 51
24. listopadu ve vídeňském parlamentě.
Utíkejte, lidičky, Michl se pominul!
□ Zasedání ve vídeňské Říšské radě, zabývající se jazykovými nařízeními (z 5. dubna 1897) ministerského předsedy hraběte Kasimira Badeniho, se zvrhávala stále více v bouřlivé nepokoje. Hádky a rvačky byly na denním pořádku. 26. listopadu byli obstruující poslanci nakonec z příkazu Badeniho odvedeni policií.

Der 24. November im Wiener Parlament.
Rettet euch, Leute, der Michel ist verrückt geworden!
□ Die Sitzungen im Wiener Reichsrat, welche sich mit den Sprachverordnungen (vom 5. April 1897) des Ministerpräsidenten Graf Kasimir Badeni befaßten, arteten immer mehr in Tumulten aus. Prügelszenen und Schlägereien waren an der Tagesordnung. Am 26. November wurden schließlich auf Befehl Badenis die obstruierenden Abgeordneten von der Polizei gewaltsam abgeführt.

Německá ‚kultura' v Cislajtanii stávkuje!

„Wird nix gelehrt und nix gelernt! Bummel hej!"

101. ŠÍPY, XI (5. 2. 1898), č. 8
Německá ‚kultura' v Cislajtanii stávkuje!
„Wird nix gelehrt und nix gelernt! Bummel hej!"
☐ Jako souhrn německé nekulturnosti stylizovali čeští karikaturisté chování a pijácké zvyky členů buršáckých spolků.

Die deutsche ‚Kultur' in Zisleithanien streikt!
„Wird nix gelehrt und nix gelernt! Bummel heil!"
☐ Als Inbegriff der deutschen Unkultur stilisierten tschechische Karikaturisten das Auftreten und die Trinkgewohnheiten der Burschenschafter.

"České děti patří do české školy",

ba skutečně už jen do ní *patří* — *vytřískanými okny*, jak je spustošena od germánských „pajdagoga" kteří je ted snadno zaženou do své přelejvárny.

102. ŠÍPY, XI (27. 8. 1898)

„České děti patří do české školy", ba skutečně už jen do ní *patří* – *vytřiskanými okny*, jak je spustošena od germánských „pajdagoga" kteři je ted snadno zaženou do své přelejvárny.
☐ Kyji v rukou německých (německo-židovských!) „pedagogů" jsou „násilí" a „zákon o zřizování škol".

„Tschechische Kinder gehören in tschechische Schulen", in der Tat *gehören* sie nur noch *theoretisch* dorthin – denn die Fenster sind eingeschlagen und die Schule von den germanischen „Pädagogen" verwüstet, die sie jetzt problemlos in ihre Umerziehungsanstalt jagen können.
☐ Die Keulen in den Händen der deutschen (deutsch-jüdischen!) „Pädagogen" sind „Gewalttätigkeit" und das „Gesetz über die Einrichtung von Schulen".

Oči by rády, huba by ráda,

ale což je to všechno platno, když je ten „český knedlík" tak tuhý a' tak těžký do žaludku! „Fluchte czechische Dickschaedl!"

103. ŠÍPY, XXV (3. 6. 1899), Č. 25

Oči by rády, huba by ráda, ale což je to všechno platno, když je ten „český knedlík" tak tuhý a tak těžký do žaludku! „Fluchte czechische Dickschaedl!"
□ Žádostivě hledící Michel symbolizuje tzv. „Svatodušní program", se kterým vystoupilo 20. května 1899 pět německých občanských stran proti radikálním požadavkům politiků Schönerera a Wolfa. Čechy byl však tento program odmítnut.

Die Augen wären zwar nicht größer als der Magen, aber was nutzt das alles, wenn der „tschechische Knödel" so zäh und so schwer verdaulich ist! „Fluchte czechische Dickschaedl!"
□ Der begierig schauende Michel steht für das sog. Pfingstprogramm, mit dem am 20. Mai 1899 fünf deutsche bürgerliche Parteien gegen die radikalen Forderungen der Politiker Schönerer und Wolf hervortraten. Bei den Tschechen jedoch stieß das Programm auf Ablehnung.

Povolaná káratelka čínského barbarství.

Čínští boxeři: „Co se na nás kasáš, hladová Germánko? Vždyť si bereme jen z Tebe příklad: Ty vyháníš zo svého Německa Slovany, my zas ze své Číny Evropany!"

104. ŠÍPY, XIII (23. 6. 1900), č. 28

Povolaná káratelka čínského barbarství.

Čínští boxeři: *„Co se na nás kasáš, hladová Germánko? Vždyť si bereme jen z Tebe příklad: Ty vyháníš ze svého Německa Slovany, my zas své Číny Evropany!"*

☐ Roku 1770 založený tajný čínský Svaz boxerů byl proslulý svým antikřesťanským a xenofobním postojem. Protest boxerů (povstání boxerů z roku 1900) byl namířen především proti čínským koncesím a odstoupení teritorií evropským mocnostem.

Berufene Tadlerin der chinesischen Barbarei.

Chinesische Boxer: *„Was spielst du dich so auf, du hungrige Germanin? Wir folgen doch nur deinem Beispiel: Du vertreibst aus Deinem Deutschland die Slawen und wir die Europäer aus unserem China!"*

☐ Der um 1770 entstandene chinesische Geheimbund der Boxer war durch seine christen- und fremdenfeindliche Haltung bekannt. Der Protest der Boxer (Boxeraufstand 1900) richtete sich vor allem gegen die chinesischen Konzessionen und Gebietsabtretungen an die europäischen Mächte.

Exellentní mistr Körber odhalil svůj obraz!

Čech: Ale to jste jen přelakoval tu starou *Plenerovu mazanici*, kterou jsem už před 10 lety vyhodil na půdu! A tu mi chcete zas hodit na krk?!

105. ŠÍPY, XIII (7. 12. 1900), Č. 15

Exellentní mistr Körber odhalil svůj obraz!

Čech: *Ale to jste jen přelakoval tu starou Plenerovu mazanici, kterou jsem už před 10 lety vyhodil na půdu! A tu mi chcete zas hodit na krk?!*

☐ Rakouský ministerský předseda Ernst von Koerber (1900–1904) navrhl zřízení národních a soudních okresů s možností jednojazyčnosti. Podobné požadavky vznesla již roku 1884 německá minorita zemského sněmu v čele s Ernstem von Plenerem.

Der *Exzellente Meister* Körber hat sein Bild enthüllt!

Der Tscheche: *Da haben Sie aber nur die alte Schmiererei von Plener übermalt, die ich schon vor 10 Jahren auf den Speicher verbannt habe! Und die wollen Sie mir wieder aufhalsen?!*

☐ Der österreichische Ministerpräsident Ernst von Koerber (1900–1904) schlug die Errichtung von nationalen Kreisen und Gerichtsbezirken mit möglicher Einsprachigkeit vor. Ähnliche Forderungen stellte schon 1884 die deutsche Landtagsminorität mit Ernst von Plener.

106. ŠÍPY, XV (21. 12. 1901), č. 2
Není nad dobrého souseda, jako když je zle!
Soused Michl: *„Svatý Floriáne, ochraň statek můj, ale – v sousedův hrom si uhoď!"* – Soused Čech: *„Jen že u nás máme proti hromům uděláno!"*
□ Hned na začátku své úřední činnosti uvedl ministerský předseda Ernst von Koerber (1900–1904) do pohybu jednání o národním vyrovnání mezi německými a českými stranami.

Ein guter Nachbar ist Gold wert, wenn es einem schlecht geht!
Nachbar Michel: *„Heiliger Sankt Florian, verschon' mein Haus, zünd' 's nächste an!"* – Nachbar Tscheche: *„Nur daß wir gegen Blitzschlag gut geschützt sind!"*
□ Gleich zu Beginn seiner Amtstätigkeit setzte Ministerpräsident Ernst von Koerber (1900–1904) nationale Ausgleichsverhandlungen zwischen den deutschen und tschechischen Parteien in Gang.

Pro germánské Museum v Norimberce.

Starý Slovanožrout.

Prášek na — všeněmecké „šváby"

ať hledí naši chemikové vynalézt. To by byla radost po světě!

107. ŠÍPY, XV (21. 6. 1902), č. 28
Pro germánske Museum v Norimberce.
Starý Slovanožrout.

□ Slovanožrout oblečený do pruske uniformy sedí na židli, jejíž nohy tvoří Württembersko, Sasko, Hannover a Bavorsko. Karikaturista šikovně využívá označení Germánské národní muzeum v Norimberce (založené 1852), aby zahnal německý antislavismus do muzea.

Für das Germanische Museum in Nürnberg.
Alter Slawenfresser.

□ Der in preußischer Uniform gekleidete Slawenfresser stützt sich auf Württemberg, Sachsen, Hannover und Bayern. Der Karikaturist nutzt geschickt die Bezeichnung Germanisches Nationalmuseum in Nürnberg (gegr. 1852), um den deutschen Antislawismus ins Museum zu verbannen.

108. ŠÍPY, XV (5. 7. 1902), č. 30
Prášek na – všeněmecké „šváby" ať hledí naši chemikové vynalézt. To by byla radost po světě!

□ Tato slovní hříčka spočívá na pojmech šváb (německy Schabe) jako označení obtížného hmyzu a Šváb (německy Schwabe) jako označení německého kmene (Šváb = Němec). S pejorativním označením „Švábové" se setkáme v mnoha evropských zemích. – Všeněmci (Alldeutsche) byli v Rakousku radikální frakcí německého národního hnutí.

Ein Pulver gegen – die alldeutschen „Schaben" sollten unsere Chemiker erfinden. Darüber würde sich die ganze Welt freuen!

□ Das Wortspiel baut auf den Begriffen „Schabe" und „Schwabe" (Deutscher) auf. Die pejorative Bezeichnung „Schwaben" trifft man in mehreren europäischen Ländern. – Die Alldeutschen waren in Österreich eine radikale Spielart der deutsch-nationalen Bewegung.

Komu čest, tomu čest, surovosti — Nobelovu cenu!

Zuřivému Slovanožroutu Th. Mommsenovi, který vyzýval Němce zdejší, aby nás přesvědčovali „ranami do českých lebek" — přiřkla „Neue Freie Presse" — 100.000 frankovou Nobelovu cenu za nejlepší dílo míru. Inu ano: jen nás pobít a měli by v Čechách svatý pokoj!

109. ŠÍPY, XV (6. 12. 1902), č. 52
Komu čest, tomu čest, surovosti – Nobelovu cenu!
Zuřivému Slovanožroutu Th. Mommsenovi, který vyzýval Němce zdejší, aby nás přesvědčovali „ranami do českých lebek" – přiřkla „Neue Freie Presse" – 100.000 frankovou *Nobelovu cenu* za nejlepší *dílo míru.* Inu ano: jen nás pobít a měli by v Čechách svatý pokoj!
☐ K historickému pozadí viz nahoře str. 53

Ehre wem Ehre gebührt, der Roheit – den Nobelpreis!
Dem fanatischen Slawenfresser Th. Mommsen, der die hiesigen Deutschen aufforderte, uns mit „*Schlägen auf die tschechischen Schädel*" zu überzeugen – sprach die „Neue Freie Presse" – den mit 100.000 Franken dotierten *Friedensnobelpreis* zu. In der Tat: Man muß uns nur erschlagen und dann hätten sie in Böhmen ihre heilige Ruh'!
☐ Zum historischen Hintergrund s. o. S. 38

110. Humoristické listy, XLV (20. 6. 1902); č. 25
Plemena jsou různá, ale vzorně svorná v hltavém žraní z téhož koryta.
☐ Neslované (Prusové, Maďaři, Všeněmci a Italové), zde charakterizováni pokrývkami hlavy, jsou z hlediska karikaturisty živeni a sjednocováni nenávistí vůči Slovanům.

Es gibt verschiedene Rassen, aber musterhaft einig fressen sie gierig aus demselben Trog.
☐ Die Nichtslawen (Preußen, Ungarn, Alldeutsche und Italiener), hier durch ihre Kopfbedeckungen charakterisiert, werden aus der Sicht des Karikaturisten durch den Slawenhaß genährt und geeinigt.

Dva germánští vědci, výtečníci: Woltmann a Chamberlain

přišli na to, že jediné vyvolené a nejušlechtilejší plémě lidstva jest *zlatovlasé plémě germánské*. Jemu jen náleží *panství* nad světem! A proto, aby se zatím nepokazila, -- *pryč se všemi černovlasými a snědými* plemeny negermánskými, musí býti důsledně a neúprosně vyhlazováni všemi dovolenými i nedovolenými prostředky!" Výš už ty uši pangermánské nejdou.

111. ŠÍPY, XVI (7. 11. 1903), č. 48
Dva germánští vědci, výtečníci: Woltmann a Chamberlain přišli na to, že jediné vyvolené a nejušlechtilejší plémě lidstva jest *zlatovlasé plémě germánské*. Jemu jen náleží *panství* nad světem! A proto, aby se zatím nepokazila, – *pryč se všemi černovlasými a snědými* plemeny negermánskými, musí býti důsledně a neúprosně vyhlazováni všemi dovolenými i nedovolenými prostředky!" Výš už ty uši pangermánské nejdou.
☐ *Ludwig Woltmann* (1871–1907), německý lékař a spisovatel, přívrženec sociálního darwinismu a rasové teorie J. A. Gobineaua. – *Houston Stewart Chamberlain* (1855–1927), anglický kulturní filozof, ctitel a zeť Richarda Wagnera. Glorifikoval „árijskou rasu" a ovlivňoval rasovou teorii národního socialismu.

Zwei germanische Wissenschaftler, die Koryphäen Woltmann und Chamberlain, kamen darauf, daß die einzige auserwählte und edelste menschliche Rasse die *goldblonde germanische Rasse* ist. Nur ihr gehöre die *Weltherrschaft*! Und deshalb, damit sie inzwischen nicht verdorben wird – *weg mit allen schwarzhaarigen und dunkelhäutigen, nichtgermanischen Rassen*. Diese müssen gründlich und unbarmherzig mit allen erlaubten und unerlaubten Mitteln ausgerottet werden! Höher können die pangermanischen Ohren nicht mehr reichen.
☐ *Ludwig Woltmann* (1871–1907), deutscher Arzt und Schriftsteller, Anhänger des Sozialdarwinismus und der Rassenlehre J. A. Gobineaus. - *Houston Stewart Chamberlain* (1855–1927), englischer Kulturphilosoph, Verehrer und Schwiegersohn Richard Wagners. Als Verherrlicher der „arischen" Rasse beeinflußte er die Rassenlehre des Nationalsozialismus.

Jen pro ně slunce vzdělanosti svítí!

Buršák čís. 1.: „Hleď, tamhle ti slovanští a italiánští barbaři chtějí taky university pro sebe; k smíchu!" — *Buršák čís. 2.:* „Drzá banda, — s námi kulturträgry se to chce měřit. Věda jen pro nás, germánské nadlidi!"

112. ŠÍPY, XVI (19. 12. 1903), č. 2

Jen pro ně slunce vzdělanosti svítí!
Buršák čís. 1.: „*Hleď, tamhle ti slovanští a italiánští barbaři chtěj´taky university pro sebe; k smíchu!*" – Buršák čís. 2.: „*Drzá banda, – s námi kulturträgry se to chce měřit. Věda jen pro nás, germánské nadlidi!*"
☐ Jako buršáci jsou znázorňováni: Arthur Lemisch, člen říšské rady a jeden z autorů německého národního „Lineckého programu" (1882) (s kyjem „německá kultura"); Karl Hermann Wolf, rakouský politik, který v Čechách zastupoval Schönererovu radikální linii (srovnej č. 97, 103).

Nur für sie scheint die Sonne der Bildung!
Burschenschafter Nr. 1: „*Schau mal, dort die slawischen und italienischen Barbaren wollen auch eine eigene Universität; lächerlich!*" – Burschenschafter Nr. 2: „*Freche Bande – mit uns Kulturträgern will sich so etwas messen. Die Wissenschaft ist nur für uns, die germanischen Übermenschen!*"
☐ Als Burschenschafter sind dargestellt: Arthur Lemisch, Mitglied des Reichsrates und einer der Verfasser des deutsch-nationalen „Linzer Programms" (1882) (mit der Keule „Deutsche Kultur"); Karl Hermann Wolf, österreichischer Politiker, der die radikale Linie Schönerers in Böhmen vertrat (vgl. Nr. 97, 103).

Návrh na českoněmecké vyrovnání.

Když si Němci pořád stěžují, jak jsou zde utiskováni, a co my proti nim požíváme svobod a práv, nuž — prohoďme si garderobu! Uvidíme, jak bude Němcům v našich právech volno a jak nám v jejich těsno!

113. ŠÍPY, XVII (9. 1. 1904), č. 5
Návrh na českoněmecké vyrovnání.
Když si Němci pořád stěžují, jak jsou zde utiskováni, a co my proti nim požíváme svobod a práv, nuž — prohoďme si gerderobu! Uvidíme, jak bude Němcům v našich právech volno a jak nám v jejich těsno!
□ V boji o česko-německé vyrovnání byl v karikatuře preferován vždy „ten druhý", vlastní strana však byla v nevýhodě.

Entwurf des deutsch-tschechischen Ausgleichs.
Wenn sich die Deutschen dauernd beschweren, wie sie hier unterdrückt werden und was wir im Vergleich mit ihnen für Rechte und Freiheiten genießen, nun ja – tauschen wir also unsere Kleider! Dann werden wir sehen, wie frei sich die Deutschen mit unseren Rechten fühlen und wie beengt wir in den ihrigen sein werden!
□ Im Kampf um einen tschechich-deutschen Ausgleich war immer der andere bevorzugt, selbst aber war man benachteiligt.

114. ŠÍPY, XVII (6. 2. 1904), č. 9
Uražení.
„Haste gelesen? *Mi Němcy*, že prý nejsme čistokrevná raca?! – Wer sagt das? Měl by nás dva poznat ten osel, aby věděl, jak vypadá *Kerndeutsch* raca!"
☐ Žid k Židovi. V českých karikaturách této doby se často nerozlišuje mezi židovstvím a němectvím. (Srovnej s č. 77, 83.)

Die Beleidigten.
„Haste gelesen? *Wir Deutsche* sollen keine reine Rasse sein?! Wer sagt das? Dieser Esel sollte uns zwei kennenlernen, dann würde er sehen, wie die *Kerndeutsch Raca* (reine deutsche Rasse) aussieht!"
☐ Jüdisch-jüdischer Dialog. In den tschechischen Karikaturen dieser Zeit wird das Judentum mit dem Deutschtum oft gleichgesetzt. (Vgl. dazu Nr. 77, 83.)

Nadkultura vyzářila!

Tak vítali českého „barbara" Jana Kubelíka němečtí vzdělanci v Linci L. P. 1904.

115. ŠÍPY, XVII (19. 3. 1904), č. 15
Nadkultura vyzářila!
Tak vítali českého „barbara" Jana Kubelika němečtí vzdělanci v Linci L. P. 1904.
□ *Jan Kubelík* (1880–1940), český houslista, otec Rafaela Kubelíka. Od roku 1900 úspěšná koncertní turné na celém světě, celkem absolvoval 6.000 koncertů.

Die Überkultur glänzte!
So begrüßten die Linzer Intellektuellen den tschechischen „Barbaren", Jan Kubelík, in Linz Anno Domini 1904.
□ *Jan Kubelík* (1880–1940), tschech. Violinist, Vater von Rafael Kubelík. Seit 1900 erfolgreiche Konzertauftritte auf der ganzen Welt, absolvierte insgesamt über 6.000 Konzerte.

„Kerberos" hlídá „německou državu"

a *český Herkules* se na něho flegmaticky chystá, nedbaje pitvorných vižlat, která naň vztekle od zadu doráží!

116. ŠÍPY, XVII (24. 9. 1904), č. 42

„Kerberos" hlídá „německou državu" a *český Herkules* se na něho flegmaticky chystá, nedbaje pitvorných vižlat, která naň vztekle od zadu doráží!
☐ Jako Cerberus (trojhlavý pes – strážce podsvětí z řecké mytologie) je znázorněn Ernst Koerber, rakouský ministerský předseda (1900–04) a ministr spravedlnosti (1902–04), jako Herkules čech s obstrukčním kyjem. Cerberova štěňata jsou časopisy *Právo Židů* (správně *Právo Lidu!*) a *Čas*.

„Zerberus" bewacht **„die deutsche Domäne"** und *der tschechische Herkules* bereitet sich seelenruhig auf den Kampf vor, ohne die mickrigen, fratzenhaften Kreaturen zu beachten, die von hinten nach ihm schnappen!
☐ Als Zerberus (dreiköpfiger Wachhund in der Unterwelt der griechischen Mythologie) ist Ernst Koerber, österreichischer Ministerpräsident (1900–04) und Justizminister (1902–04) dargestellt, als Herkules der Tscheche mit der Obstruktionskeule. Die Zerberuswelpen sind die Zeitschriften *Pravo Židů* (richtig: *Právo lidu!*) und *Čas*.

Nedotknutelná německá država v Cislajtanii —

hlídaná spolehlivým ponocným.

117. ŠÍPY, XVII (1. 10. 1904), č. 43
Nedotknutelná německá država v Cislajtanii – hlídaná spolehlivým ponocným.
  □ Tato kresba v sobě sjednocuje veškeré elementy „ošklivého Němce", jak byl stylizován v české karikatuře na přelomu století. Cislajtánie = rakouská polovina Rakousko-uherské monarchie.

Unantastbares deutsches Besitztum in Zisleithanien – bewacht von einem zuverlässigen Nachtwächter.
  □ Die Zeichnung enthält alle Elemente eines „häßlichen Deutschen" wie er in der tschechischen Karikatur um die Jahrhundertwende stilisiert wurde. Cisleithanien = österreichische Reichshälfte Österreich-Ungarns.

118. HUMORISTICKÉ LISTY, XLVIII (1905), č. 32
Rakousko-uherský pastorek ve lví jámě.
□ Čech sedí klidně jako Daniel před lvy reprezentující germanizaci, maďarizaci a centralizaci.

Österreichisch-ungarischer Stiefsohn in der Löwengrube.
□ Der Tscheche sitzt als Daniel gelassen vor den Löwen der Germanisierung, Madjarisierung und Zentralisation.

119. HUMORISTICKÉ LISTY, XLVIII (29. 9. 1905), č. 39
Boj zlého ducha s dobrým. Kdo s koho?
☐ Zlý duch je „furor teutonicus", dobrý oproti tomu „genius (českého) národa". Bojuje se o „českou menšinu".

Der Kampf des bösen Geistes mit dem guten. Wer wird gewinnen?
☐ Der böse Geist ist der „furor teutonicus", der gute dagegen Genius des (tschechischen) Volkes. Gekämpft wird um die tschechische Minderheit.

Jak dlouho se bude ještě nafukovat?

Buď praskne nebo splaskne ten komický, dutý „Uibermensch", čili nafoukanec, jen z dopuštění *Neprozřetelnosti vídeňské* tak nadutý!

120. ŠÍPY, XVIII (21. 10. 1905), č. 46
Jak dlouho se bude ještě nafukovat?
Buď praskne nebo splaskne ten komický, dutý „Uibermensch", čili natoukanec, jen z dopuštění *Neprozřetelnosti vídeňské* tak nadutý!

▫ Zobrazený balon představuje německou državu, kterou „rozšiřují" rakouský ministerský předseda Paul Gautsch a „německá žurnalistika" (v postavě židovské matrony).

Wie lange wird er sich noch so aufblasen?
Entweder platzt er, oder es geht ihm die Luft aus, dem komischen hohlen „Übermenschen", dem aufgeblasenen Protz, der nur deswegen so aufgegangen ist, weil Wien so *unvorsichtig* war!

▫ Der Ballon ist der deutsche Besitzstand, seine „Vermehrer" sind der österreichische Ministerpräsident Paul Gautsch und die „deutsche Journalistik" (in der Gestalt einer jüdischen Matrone).

Oč, že by se mlsná matrona Germanie nehněvala —

kdyby tak její *berlínský kuchař* dovedl *napíchnout celý svět na svůj rožeň a upek' jí ho k večeři!*

121. ŠÍPY, XIX (6. 1. 1906), č. 5
Oč, že by se mlsná matrona Germanie nehněvala – kdyby tak její *berlínský kuchař* dovedl *napíchnout celý svět na svůj rožeň a upek' jí ho k večeři!*
□ Vysoké náklady na zbrojení a usilování o získání kolonií jsou pranýřovány jako charakteristické znaky doby za vlády císaře Viléma II. (1890–1914). (V předvečer První světové války patřily k německým koloniím mimo jiné Togo, Kamerun, Německá jihozápadní Afrika, Německá východní Afrika, Marshallovy ostrovy, Samoa, Bismarkův archipel, Německá Nová Guinea, Kiaučou.)

Wetten, daß die naschsüchtige Matrone Germania nicht böse wäre – wenn ihr *Berliner Koch* es fertigbrächte, *die ganze Welt aufzuspießen und sie ihr zum Abendessen gebraten zu servieren!*
□ Hohe Rüstungsausgaben und koloniales Machtstreben werden als Merkmale der Regierungszeit Kaiser Wilhelms II. (1890–1914) angeprangert. (Am Vorabend des Ersten Weltkrieges zählten u. a. Togo, Kamerun, Deutsch-Südwestafrika, Deutsch-Ostafrika, die Marshallinseln, Samoa, der Bismarckarchipel, Deutsch-Neuguinea und Kiautschou zu den deutschen Kolonien.)

Nepředvídavost matky přírody.

»Ale Michlíčku, proč tak úpěnlivě a srdcelomně naříkáš?« »Když mám na každé ruce jenom pět prstů, tak že víc už nemohu brát!«

122. HUMORISTICKÉ LISTY, XLIX (3. 8. 1906), č. 31
Nepředvídavost matky přírody.
„Ale Michlíčku, proč tak úpěnlivě a srdcelomně naříkáš?"
„Když mám na každé ruce jenom pět prstů, tak že víc už nemohu brát!"
□ Jako protějšek k „českému kroužku" (srovnej 65) je zde zobrazován německý Michl jako chamtivý a nenasytný tlusťoch.

Mangelnde Voraussicht von Mutter Natur.
„Aber Michele, warum jammerst du so unaufhörlich und herzzerreißend?"
„Wenn ich doch an jeder Hand nur fünf Finger habe und nicht noch mehr nehmen kann!"
□ Als Pendant zum „böhmischen Zirkel" (vgl. Nr. 65) wird hier der deutsche Michel als raffgieriger und unersättlicher Dickwanst dargestellt.

Zatančí si spolu čardaš?

Němka k Maďarce: „Nevěř mu!" — Slovenka k Čechovi: „Nevěř ji!"

123. ŠÍPY, XIX (8. 9. 1906), č. 40
Zatančí si spolu čardaš?
Němka k Maďarce: *„Nevěř mu!"* – Slovenka k Čechovi: *„Nevěř ji!"*
□ Folkloristické postavy Maďarky a Slovenky jsou anonymní, zatímco Němka (cikánka!) je zobrazena jako pražské noviny *Bohemia* a Čech jako Václav Klofáč (1868–1942), „lidový tribun" a poslanec Říšského sněmu (1901–1918).

Werden sie miteinander Csárdás tanzen?
Deutsche zur Ungarin: *„Glaub' ihm nicht!"* – Slowakin zum Tschechen: *„Glaub' ihr nicht!"*
□ Die folkloristischen Figuren der Ungarin und der Slowakin sind anonym, während die Deutsche (Zigeunerin!) als die Prager Zeitung *Bohemia* und der Tscheche als Václav Klofáč (1868–1942), „Volkstribun" und Reichstagsabgeordneter (1901–1918), dargestellt sind.

Necháme si ten náš drahý starý gobelín

naposled tím buldoggem *rozsápat?*

124. ŠÍPY, XIX (6. 10. 1906), č. 44
Necháme si ten náš drahý starý gobelín naposled tím buldoggem *rozsápat?*
□ 1898 požadovali němečtí akademici v Čechách přeložení pražských německých vysokých škol do německé sídelní oblasti, do Liberce. – V politických šarvátkách o zřízení okresních úřadů se zasazovali Němci okolo roku 1900 o decentralizaci zemské správy (podle toho se měl stát Liberec ryze německým okresem); české politické strany to však odmítly.

Lassen wir uns unseren schönen alten Gobelin am Ende noch von dieser Bulldogge *zerfetzen?*
□ 1898 verlangten die deutsch-böhmischen Akademiker die Verlegung der Prager deutschen Hochschulen ins deutsche Siedlungsgebiet, nach Reichenberg. – In den politischen Auseinandersetzungen über die Einrichtung von Kreisbehörden um 1900 traten die Deutschen für eine Dezentralisation der Landesverwaltung ein (danach sollte Reichenberg ein rein deutscher Kreis werden); die tschechischen Parteien lehnten dies ab.

„Víte, že jste na hranicích? Máte povolení k chytání pruských ryb?"
„Já chytám jen ty rakouské. Chytím-li pruskou, pustím ji opět do vody."
„Jak ji poznáte?"
„Dobře; každá pruská má velkou hubu!"

125. HUMORISTICKÉ LISTY, LI (1908), Č. 35, S. 410 (J. KOČÍ)

„Víte, že jste na hranicích? Máte povolení k chytání pruských ryb?"
„Já chytám jen ty rakouské. Chytím-li pruskou, pustím ji opět do vody."
„Jak ji poznáte?"
„Dobře; každá pruská má velkou hubu!"
□ Velká huba patří k (dalším) stereotypům Prusa. – Srovnej k tomu německé lidové syntagma „Berliner Schnauze" („Berlínská huba").

„Wissen Sie, daß Sie an der Grenze sind? Haben Sie eine Genehmigung zum Angeln preußischer Fische?"
„Ich fange nur die österreichischen. Wenn ich einen preußischen erwische, so werfe ich ihn ins Wasser zurück."
„Und wie erkennen Sie den?"
„Sehr gut; jeder preußische Fisch hat ein großes Maul!"
□ Großmäuligkeit als ein (weiteres) Stereotyp des Preußen. – Vgl. dazu das deutsche volkstümliche Syntagma „Berliner Schnauze".

126. Mikoláš Aleš: České menšiny v pohraničí. (1908)
Z: A. Hoffmeister: *Sto let české karikatury*, Praha 1955, str. 296.
□ *Mikoláš Aleš* (1852–1913), jeden z nejvýznamnějších zástupců českého umění 19. století. Později pracoval převážně jako kreslíř a ilustrátor.

Mikoláš Aleš: Tschechische Minderheiten im Grenzgebiet. (1908)
Aus: A. Hoffmeister: *Sto let české karikatury*, Prag 1955, S. 296.
□ *Mikoláš Aleš* (1852–1913), einer der bedeutendsten Vertreter der tschechischen Kunst des 19. Jahrhunderts. In späteren Jahren hauptsächlich als Zeichner und Illustrator tätig.

„Co? Já, Čech tělem i duší, mám dát svého hocha do německé školy? Vždyť by z něj byl renegát —"
„Ný, a co na tom? Tím spíš udělá karieru a může to dotáhnout třebas až na německého ministra krajana…"

127. HUMORISTICKÉ LISTY, LIII (1910), Č. 37, STR. 435 (K. STROFF)

„Co? Já, Čech, tělem i duší, mám dát svého hocha do německé školy? Vždyť by z něj byl renegát –"
„Ný, a co na tom? Tím spíš udělá karieru a může to dotáhnout třebas až na německého ministra krajana…"
□ Karikatura se nespokojí s tím, že potvrdí Židovi jeho němectví, nýbrž mu navíc přidělí roli vlasteneckého horlivce.

„Was? Ich, mit Leib und Seele Tscheche, soll meinen Buben in die deutsche Schule schicken? Dann würde er doch zum Renegaten -"
„Na wenn schon! So macht er eher Karriere und kann es vielleicht als Landsmann bis zum deutschen Minister bringen…"
□ Die Karikatur begnügt sich nicht damit, dem Juden sein „Deutschtum" zu bescheinigen, sondern erteilt ihm überdies die Rolle eines nationalen Eiferers.

U KRUPPA.

Ředitel továrny: „A tady je nejnovější strojní puška, která může za půl hodiny pobít až pět tisíc lidí — Všecko závisí na jistém peru —"

Němec z Čech: „A k tomu je potřeba taková složitá mašina? To my obyčejným perem odpravili Čechů za tu dobu při sčítání jednou tolik…"

128. HUMORISTICKÉ LISTY, LIV (1911), č. 7, str. 77 (K. STROFF)

U Kruppa.

Ředitel továrny: *„A tady je nejnovější strojní puška, která může za půl hodiny pobít až pět tisíc lidí – Všecko závisí na jistém peru –"*

Němec z Čech: *„A k tomu je potřeba taková složitá mašina? To my obyčejným perem odpravili Čechů za tu dobu při sčítání jednou tolik…"*

□ Jak tato karikatura dokládá, používaly se při německo-českých sporech v českých zemích i „ostřejší zbraně".

Bei Krupp.

Der Fabrikdirektor: *„Und hier ist das neueste Maschinengewehr, das in einer halben Stunde bis zu Fünftausend Menschen umbringen kann – alles hängt nur von einer bestimmten Feder ab –"*

Ein Deutscher aus Böhmen: *„Und dazu braucht man solch eine komplizierte Maschine? Da haben wir in dieser Zeit bei der Volkszählung mit einer ganz gewöhnlichen Feder doppelt so viele Tschechen erledigt…"*

□ Bei den deutsch-tschechischen Auseinandersetzungen in den böhmischen Ländern wurde, wie es diese Karikatur belegt, auch „schweres Geschütz aufgefahren".

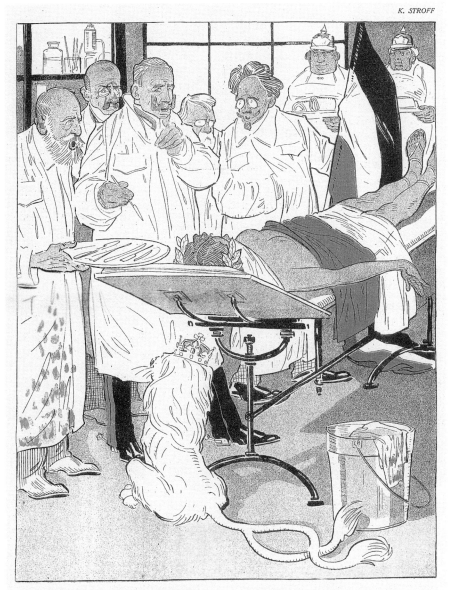

V NOVÉHO DOKTORA LÉKAŘSTVÍ

pražské německé university skládají Němci veliké naděje. Doufají pevně, že tento obratný chirurg splní jejich sen a rozřízne pannu Čechii vejpůli ...

129. Humoristické Listy, LIV (1911), č. 9, str. 101 (K. Stroff)

V nového doktora lékařství pražské německé university skládají Němci veliké naděje. Doufají pevně, že tento obratný chirurg splní jejich sen a rozřízne pannu Čechii vejpůli ...

☐ Lékařská fakulta pražské německé univerzity udělila v roce 1910 německému císaři Vilému II. titul čestného doktora.

In diesen Doktor med. der deutschen Universität zu Prag legen die Deutschen sehr große Hoffnungen. Sie hoffen ganz fest, daß dieser geschickte Chirurg ihren Traum erfüllt und die „Jungfrau Tschechia" in zwei Hälften schneidet ...

☐ Die medizinische Fakultät der Deutschen Universität in Prag verlieh 1910 dem Kaiser Wilhelm II. die Ehrendoktorwürde.

Políř Thun: "Tak se mi zdá, že taky tuhle babylonskou věž nedostavíme. Jedni by stavěli, až by se prohýbali, ale ti druzí jsou jako vztekli na bourání. A jazyky mají už taky pořádně popletené."

130. HUMORISTICKÉ LISTY, LV (1912), Č. 5, STR. 49 (K. STROFF)

Políř Thun: *"Tak se mi zdá, že taky tuhle babylonskou věž nedostavíme. Jedni by stavěli, až by se prohýbali, ale ti druzí jsou jako vztekli na bourání. A jazyky mají už taky pořádně popletené."*

☐ Stavitelem je zde Franz Anton kníže z Thun-Hohensteinu (1847–1916), rakouský státník, ministerský předseda (1898/99) a místodržitel v Čechách (od ledna 1911).

Polier Thun: *"Es scheint mir, daß wir diesen Turm von Babel nicht fertigbringen. Die einen sind ganz wild drauf zu bauen, die anderen wiederum ganz verrückt auf das Abreißen. Und eine ordentliche Sprachverwirrung gibt es auch schon."*

☐ Der Baumeister ist Franz Anton Fürst von Thun-Hohenstein (1847–1916), österreichischer Staatsmann, Ministerpräsident (1898/99) und Statthalter in Böhmen (seit Januar 1911).

Zoufalý projektant smiřovacího mostu: „Bože, bože, lidičky, takhle se nesejdete do smrti!"

131. HUMORISTICKÉ LISTY, LVI (1913), č. 22. STR. 302 (J. KOČÍ)

Zoufalý projektant smiřovacího mostu: *„Bože, bože, lidičky, takhle se nesejdete do smrti!"*

☐ Pro srovnání: téměř identický motiv k tématice německo-českého porozumění zachytil ve své kresbě roku 1997 německý karikaturista Horst Haitzinger: „Otevření německo-českého mostu" (publikováno mezi jiným v novinách *Prager Zeitung* z 5. března 1997).

Verzweifelter Projektant einer Brücke, deren Teile sich in der Mitte treffen sollen: *„O Gott, o Gott, Menschenskinder, so kommt ihr nie im Leben zusammen!"*

☐ Geschichte zum Vergleich: Ein fast identisches Motiv zur deutsch-tschechischen Verständigung zeichnete 1997 der deutsche Karikaturist Horst Haitzinger: „Eröffnung der deutsch-tschechischen Brükke" (abgebildet u. a. in der *Prager Zeitung* vom 5. 3. 1997).

1. Oba rozpřáhnou náruč a poletí si do objetí –

2. Němec odskočí a Čech si rozbije nos…

132. HUMORISTICKÉ LISTY, LVII (1914), č. 27, STR. 385 (K. STROFF)

Jak si Němci představují vyrování.
Oba rozpřáhnou náruč a poletí si do objetí – Němec odskočí a Čech si rozbije nos …
□ Srovnej k tomu karikaturu z *Figara* „Jak si Václav představuje smíření" (číslo 27).

Wie sich die Deutschen den Ausgleich vorstellen.
Beide breiten die Arme aus und laufen aufeinander zu, um sich zu umarmen – der Deutsche springt zur Seite und der Tscheche fällt auf die Nase.
□ Vgl. dazu die *Figaro*-Karikatur „Wie sich der Wenzel die Aussöhnung vorstellt" (Nr. 27).

"Dóbže's to žikala, holčička! A jak se ménuješ?"
"Taky Procházková!"

1914: „... válka nám vnucená ..."
1919: „... mír nám vnucený ..."

134. NEBOJSA, II (3. 7. 1919), Č. 27, STR. 212
Němec.
1914: „... válka nám vnucená ..."
1919: „... mír nám vnucený ..."
□ Němcům vloženo do úst: odpovědnost za válku a nepříznivé výsledky mírových jednání nesou vždy „ti druzí".

Der Deutsche.
1914: „... der uns aufgezwungene Krieg..."
1919: „... der uns aufgezwungene Frieden ..."
□ Den Deutschen in den Mund geschoben: Die Verantwortung für den Krieg und für die ungünstigen Resultate der Friedensverhandlungen tragen immer die anderen.

133. NEBOJSA, II (26. 6. 1919), Č. 26, STR. 209 (J. RABAS)
Ze zašlých dob.
„Dobže s to žikala, holčička! A jak se ménuješ?"
„Taky Procházková!"
□ Císař František Josef chodil velice rád na procházku a dostal proto od obyvatel Vídně a Prahy přezdívku „starý Procházka" (procházka = Spaziergang). Titulní strana jednoho z pražských zábavných časopisů ukazuje císaře při otevření mostu přes Vltavu, s podtitulkem „Procházka na mostě" (Spaziergang auf der Brücke).

Aus längst vergangenen Zeiten.
[In schlechtem Tschechisch:]
„Gut hat sie das aufgesagt, Kleine! Und wie heißt sie?"
„Auch Prochazka!"
□ Kaiser Franz Joseph, der gerne spazierenging, wurde von den Wienern und Pragern mit dem Spitznamen „der alte Prochazka" (procházka = Spaziergang) bezeichnet. Das Titelbild einer Prager Illustrierten hatte den Kaiser bei der Eröffnung einer Moldau-Brücke gezeigt, mit dem Untertitel „Procházka na mostě" (Spaziergang auf der Brücke).

Po stopách Němců

„Přátelé, rozhodně protestuji proti názoru, jakoby lidé byli našimi potomky!"

135. ŠIBENIČKY, I (1919), Č. 21, STR. 167 (JOS. LADA)
Po stopách Němců.
„Přátelé, rozhodně protestuji proti názoru, jakoby lidé byli našimi potomky!"
☐ „Furor teutonicus" a „německá kultura" – pojmové páry, které jsou v české karikatuře opakovaně konfrontovány s protikladnými českými pojmy.

Auf den Spuren der Deutschen.
„Freunde, ich protestiere ganz entschieden gegen die Meinung, daß die Menschen unsere Nachkommen sind!"
☐ „Furor teutonicus" und „deutsche Kultur" – Begriffspaare, welche in tschechischen Karikaturen wiederholt gegenübergestellt werden.

136. Josef Čapek: DEUTSCHLAND ERWACHE! A světlo věčné ať jim svítí. (15. II. 1933)
Z: Josef Čapek: *Dějiny zblízka. Soubor satirických kreseb.* Praha 1949.
□ *Josef Čapek* (1887–1945), český malíř a spisovatel, knižní ilustrátor, bratr spisovatele Karla Čapka. Jako grafik a anifašistický bojovník vytvořil cykly *Diktátorské boty* (1937) a *Modern times* (1938). Roku 1939 byl zatčen a deportován do koncentračního tábora. Po Dachau, Buchenwaldu a Sachsenhausenu se dostal do Bergen-Belsenu, kde v dubnu 1945 zemřel.

Josef Čapek: DEUTSCHLAND ERWACHE! Und das ewige Licht leuchte ihnen. (15. II. 1933)
Aus: Josef Čapek: *Dějiny zblízka. Soubor satirických kresb,* Prag 1949.
□ *Josef Čapek* (1887–1945), tschechischer Maler und Schriftsteller, Buchillustrator. Bruder des Schriftstellers Karel Čapek. Als Grafiker und antifaschistischer Kämpfer schuf er die Zyklen *Diktátorské boty* (1937) und *Modern times* (1938). 1939 wurde er verhaftet und ins KZ deportiert. Nach Dachau, Buchenwald und Sachsenhausen kam er nach Bergen-Belsen, wo er im April 1945 starb.

137. Der Simplicus, I (1. 2. 1934), č. 2, str. 8 (František Bidlo)

Deutschland, das sauberste Land der Welt. (Hitlerovo Německo – nejčistší země světa.)
□ *František Bidlo* (1895–1945), český kreslíř a karikaturista. Inhaftován v Terezíně pro antifašistické aktivity. Bidlo začal jako autodidakt, vypracoval se však k jednomu z nejprofilovanějších českých grafiků a ilustrátorů.

Deutschland, das sauberste Land der Welt.
□ *František Bidlo* (1895–1945), tschechischer Zeichner und Karikaturist. Wegen antifaschistischer Aktivitäten in Theresienstadt inhaftiert. Bidlo fing als Autodidakt an, entwickelte sich aber zu einem der profiliertesten tschechischen Zeichner und Illustratoren.

138. DER SIMPLICUS, I (12. 7. 1934), č. 25, str. 1 (FRANTIŠEK BIDLO)

Führerrat. (Vůdcovo heslo. Být připraven, toť vše!)
□ Bidlova karikatura demonstruje tragiku Hitlerovy postavy. Za jeho odhodlaností necítíme nic jiného, nežli strach. – časopis *Čechoslovák*, vydávaný v londýnské emigraci československým ministerstvem zahraničních věcí, uveřejnil tuto karikaturu v čísle VI (1.9.1944) pod názvem „Klaustrofobie".

Führerrat: *Bereit sein ist alles!*
□ Bidlos Karikatur zeigt die Tragik der Figur Hitlers. Hinter seiner Entschlossenheit spürt man nichts als Angst. – Die vom tschechoslowakischen Außenministerium in der Londoner Emigration herausgegebene Zeitung *Čechoslovák*, VI (1. 9. 1944), Nr. 34 brachte diese Karikatur unter dem Titel „Klaustrofobie".

139. Der Simplicus, II (16. 1. 1935), Nr. 3, str. 29 (Antonín Pelc)

Henleinův zpěv.

☐ Autorem karikatury je český ilustrátor a karikaturista *Antonín Pelc* (1895–1967), člen uměleckého sdružení „Mánes". – Satirický časopis *Simplicus* (nazývaný od 25. září 1934 *Simpel*) vycházel od 25. ledna 1934 v Praze jako reakce na stejnojmenný mnichovský *Simplicissimus*. *Simplicus* byl publikován nejprve v německém a českém vydání, později však již jen v německém. K jeho spolupracovníkům patří celá řada německých i českých autorů a karikaturistů.

Henleins Gesang.

☐ Der Autor der Karikatur ist der tschechische Illustrator und Karikaturist *Antonín Pelc* (1895–1967), Mitglied der Künstlervereinigung „Mánes". – Die satirische Zeitschrift *Der Simplicus* (ab 25. September 1934 *Der Simpl* genannt) erschien ab 25. Januar 1934 in Prag als Reaktion auf den gleichgeschalteten Münchner *Simplicissimus*. *Der Simplicus* wurde zunächst in einer deutschen und einer tschechischen Ausgabe, später nur noch auf deutsch publiziert. Zu seinen Mitarbeitern zählten deutsche wie tschechische Autoren und Karikaturisten.

140. ČESKO-SLOVENSKÝ BOJ, I (3. 6. 1939), Č. 6, STR. 1
Byli jsme země bohatá!
Hitler prý dostal ultimatum, aby do 24 hodin vyklidil Československo. Odpověděl „Už je vyklizuji měsíc a ještě nejsem hotov".
□ Plátek *Česko-slovenský Boj* vycházel v Paříži jako „ústřední list zahraničních Čechů a Slováků".

Wir waren ein reiches Land!
Hitler soll ein Ultimatum bekommen haben, wonach er binnen 24 Stunden die Tschechoslowakei zu räumen habe. Er antwortete: „Ich räume hier bereits seit einem Monat aus und bin immer noch nicht fertig".
□ Das Blatt *Česko-slovenský Boj* (Tschecho-slowakischer Kampf) erschien in Paris als „Zentralblatt der Tschechen und Slowaken im Ausland".

141. ČESKO-SLOVENSKÝ BOJ, I (10. 6. 1939), Č. 7, STR. 3
Historie se opakuje – ale obráceně. 929 – zásilka z Čech, 1939 – zásilka z Němec.
□ Vpád Němců (s rohy na helmách) do Čech v roce 1939 je zde srovnáván v sarkastické narážce s volským tributem vévody sv. Václava králi Jindřichovi I. v roce 929. (Srovnej č. 145.)

Die Geschichte wiederholt sich – diesmal aber umgekehrt. 929 – eine Sendung aus Böhmen, 1939 – eine Sendung aus Deutschland.
□ Der Einmarsch der (gehörnten) Deutschen 1939 in Böhmen wird hier in sarkastischer Anspielung mit dem Ochsentribut des Herzogs Wenzel des Hl. an den König Heinrich I. im Jahr 929 verglichen. (Vgl. Nr. 145.)

142. Fritta (Bedřich Taussig): [Goebbels].
Z: Adolf Hoffmeister: *Sto let české karikatury*, Praha 1955, str. 526.
□ *Joseph Goebbels* (1897–1945), německý říšský ministr propagandy, od roku 1944 „generální zmocněnec pro totální válku".

Fritta (Bedřich Taussig): [Goebbels].
Aus: Adolf Hoffmeister: *Sto let české karikatury,* Prag 1955, S. 526.
□ *Joseph Goebbels* (1897–1945), deutscher Reichsminister für Volksaufklärung und Propaganda, ab 1944 „Generalbevollmächtigter für den totalen Kriegseinsatz".

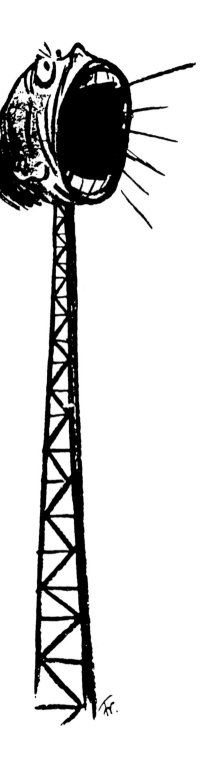

143. ANTONÍN PELC: Kulturträger.
Z: Adolf Hoffmeister: *Sto let české karikatury*, Praha 1955, str. 546.
☐ Karikaturista Antonín Pelc (viz nahoře č. 139) emigroval v roce 1939 do USA, kde se angažoval jako kritický kreslíř proti národnímu socialismu. Tato karikatura vznikla roku 1945 v New Yorku.

Antonín Pelc: Kulturträger
Aus: Adolf Hoffmeister: *Sto let české karikatury,* Prag 1955, S. 546.
☐ Der Karikaturist Antonín Pelc (s. oben Nr. 139) emigrierte 1939 in die USA und engagierte sich dort als kritischer Zeichner gegen den Nationalsozialismus. Diese Karikatur entstand 1945 in New York.

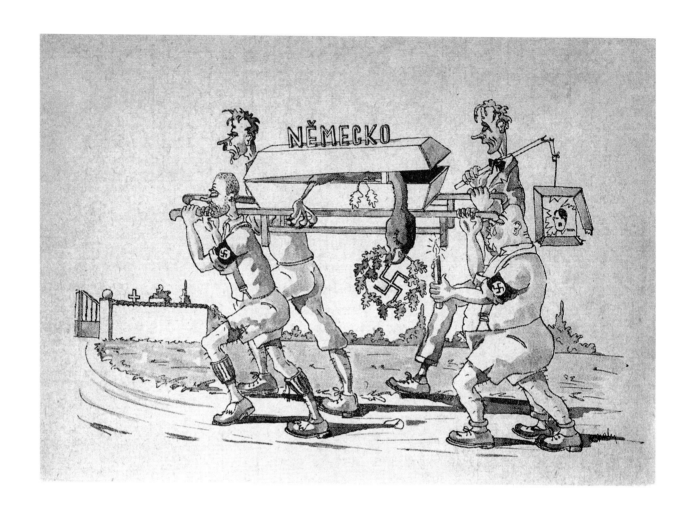

144. Mil. Dupal: Pohřeb Německa.
Pohlednice, po r. 1945. Tisk A. Pokorný, Č. Budějovice.
Sbírka Aloise Haraska, Mnichov.
□ Satira a karikatura proti systému byly za protektorátu prakticky nemožné. Takovouto kritiku si mohla dovolit pouze emigrace. Bezprostředně po válce byla národně socialistická nadvláda i v československu satiristicky zpracovávána.

Mil. Dupal: Die Beerdigung Deutschlands.
Postkarte, nach 1945. Druck A. Pokorný, Č. Budějovice.
Sammlung Alois Harasko, München.
□ Satire und Karikatur gegen das System waren im Protektorat Böhmen und Mähren so gut wie unmöglich. Eine solche Kritik blieb der Emigration vorbehalten. Unmittelbar nach dem Krieg wurde dann auch in der Tschechoslowakei die nationalsozialistische Herrschaft satirisch verarbeitet.

Kresba V. Rada

No, Svatý Václav jich slíbil odvádět jenom 350 do roka, ale my bychom to chtěli odvést už jednou pro vždy.

145. DIKOBRAZ, I (1945), č. 9, STR. 4 (V. RADA)
No, Svatý Václav jich slíbil odvádět jenom 350 do roka, ale my bychom to chtěli odvést už jednou pro vždy.
□ V době vlády Karla Velikého musely Čechy odvádět tribut Francké říši. Tento tribut se sestával ze 120 volů a 500 hřiven čistého stříbra. – Krátce před svým zavražděním (929) se zavázal sv. Václav vůči králi Jindřichovi I. k odvádění podobného tributu. Odsunutí Němci jsou zde srovnáváni s tributními voly sv. Václava. (Srovnej č. 141; srovnej i karikaturu „Zadostiučinění sv. Václava" v: *Šibeničky*, I/1918.) – Časopis *Dikobraz*, humoristicko-satirický list, vznikl bezprostředně po válce. Vychází do současné doby a je důkazem tradice velkých českých satirických časopisů 19. a 20. století.

Nun, der heilige Wenzel versprach zwar nur 350 Stück pro Jahr, wir möchten es aber ein für allemal erledigt haben.
□ Zur Zeit Karls des Großen war Böhmen dem fränkischen Reich tributpflichtig. Der Tribut bestand aus 120 Ochsen und 500 Mark reinen Silbers. – Kurz vor seiner Ermordung (929) verpflichtete sich Fürst Wenzel der Heilige, an König Heinrich I. einen ähnlichen Tribut zu entrichten. Die vertriebenen Deutschen werden hier mit den Tributochsen des hl. Wenzel verglichen. (Vgl. Nr. 141; vgl. auch die Karikatur „Zadostučinění sv. Václava" (Genügeleistung des hl. Wenzel) in: *Šibeničky*, I/1918.) – Die Zeitschrift *Dikobraz* (Stachelschwein), ein humoristisch-satirisches Blatt, wurde unmittelbar nach dem Krieg ins Leben gerufen. Es erscheint noch heute und steht in der Tradition der großen tschechischen satirischen Zeitschriften des 19. und 20. Jahrhunderts.

146. DIKOBRAZ, I (1945), č. 10, str. 3
- *Dědo, co se jim stalo, že mají zavázanou ruku?*
„*To mají z toho, že ji měli šest let zdviženou.*"

☐ Pásky, které československé úřady nařídily nosit (sudetským) Němcům jako stigma, byly replikou vítěze na národně socialistickou praxi cejchování „podlidí". Zdvižená ruka = hajlování,

- *Opa, was ist ihnen passiert, daß sie einen verbundenen Arm haben?*
„*Das kommt davon, weil sie ihn sechs Jahre lang in die Höhe gereckt haben.*"

☐ Die Armbinden, welche die tschechoslowakischen Behörden den (Sudeten)deutschen als Stigma anordneten, waren eine Replik des Siegers auf die nationalsozialistische Praxis der Brandmarkung von „Untermenschen". Die gehobene Hand = Hitlergruß.

Kresba Jos. B

— Dědo, co se jim stalo, že mají zavázanou ruku?
„To mají z toho, že ji měli šest let zdviženou."

147. RUDÉ PRAVO (23. 2. 1946)
Mnichov: Nejnovější vydání čisté rasy.

☐ Karikatura ironizuje rasovou teorii zaniklé Třetí říše a pozoruje její „pokračování" ve smíšených manželstvích mezi (černými) americkými okupačními vojáky a německými ženami. Ne náhodně situoval autor tuto scénu do Mnichova, který byl podřízen americkému okupačnímu sektoru. Tato skutečnost je vědomou narážkou na „hlavní město hnutí" a místo podepsání dohody z roku 1938.

München: Die neueste Ausgabe der reinen Rasse.

☐ Die Karikatur ironisiert die Rassenlehre des untergegangenen Dritten Reiches und sieht ihr „Fortbestehen" in der Praxis der Mischehen zwischen den (schwarzen) amerikanischen Besatzungssoldaten und deutschen Frauen. Die zeichnerische Verlegung der Szene nach München, das dem amerikanischen Besatzungssektor unterstand, ist eine bewußte Anspielung auf die „Hauptstadt der Bewegung" und den Ort des Abkommens von 1938.

— Jsou to ale sprosťáci, ti Češi, místo smutku musíme nosit bílou pásku.

148. Dikobraz, II (1946), č. 19, str. 8
- *Jsou to ale sprosťáci, ti Češi, místo smutku musíme nosit bílou pásku.*
□ Sarkasmus karikaturisty odpovídal vesměs pocitům mnoha lidí, kteří vyhnání (sudetských) Němců přivítali. (Srov. 145, 146.)

- Das sind aber gemeine Kerle, die Tschechen, statt der schwarzen Trauerarmbinde müssen wir eine weiße tragen.
□ Der Sarkasmus des Karikaturisten entsprach durchaus den Gefühlen vieler Menschen, die die Vertreibung der (Sudeten)deutschen begrüßten. (Vgl. Nr. 145, 146.)

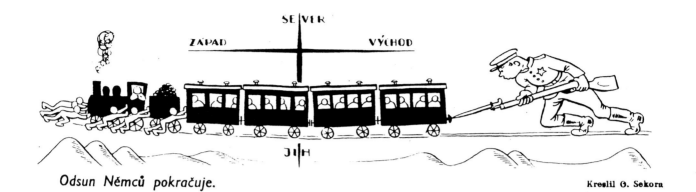

Odsun Němců pokračuje.

149. Dikobraz, II (1946), č. 19, str. 7 (O. Sekora)
Odsun Němců pokračuje.
□ Vyhnání (sudetských) Němců z Československa bylo, po prvním shodném rozhodnutí, posuzováno vítěznými mocnostmi rozdílně. Oproti pochybnostem Američanů (západ) zaujali Rusové (východ) ofenzivní postoj.

Die Vertreibung der Deutschen wird fortgesetzt.
□ Die Vertreibung der (Sudeten)deutschen aus der Tschechoslowakei wurde, nach ursprünglichem Einvernehmen, von den Siegermächten unterschiedlich bewertet. Dem Bedenken der Amerikaner (West) setzten die Russen (Ost) eine offensive Haltung entgegen.

150. Dikobraz, IV (18. 5. 1948), č. 20 (E. Seyček)
„Naši" v Německu.
„Kamaráde, nemáš pro mně cigaretu?"
- Verfluchtes Volk! A co ty mně za to dáš?
„Dovol, vždyť jsem ti slíbil – až přijde náš den – celej Sudetenland!"
□ Po státním převratu a vytvoření vlády „obnovené Národní fronty" v čele s Klementem Gottwaldem v únoru 1948, přešla veškerá státní moc v ČSR do rukou komunistů. Stalinistické metody čistek vypudily mnoho Čechů a Slováků do emigrace. – Pod pojmem „naši" v Německu chápe tato nyní komunistická karikatura emigranty, kteří se bratříčkují s bývalými esesáky. V pozadí americký voják s německou „slečnou".

„Die unseren" in Deutschland.
„He, Freund, hast du nicht eine Zigarette für mich?"
- Verfluchtes Volk! Und was gibst du mir dafür?
„Na erlaube mal, ich habe dir doch, wenn unser Tag kommt, das ganze Sudetenland versprochen!"
□ Nach dem Staatsstreich und der Bildung der Regierung der „erneuerten Nationalen Front" unter Klement Gottwald im Februar 1948 errangen die Kommunisten die Staatsmacht in der ČSR. Die stalinistischen Methoden der Säuberung trieben viele Tschechen und Slowaken in die Emigration. – Unter „Unsrigen" in Deutschland meint die nunmehr kommunistische Karikatur diese Emigranten, die sich ehemaligen SS-Soldaten anbiedern. Im Hintergrund ein amerikanischer Soldat mit einem deutschen „Fräulein".

151. Die Muskete, I (26. 10. 1905), Nr. 4, S. 29 (A. Wilke)
Zur Sprachenfrage.
„*Wißt's was, damit ma uns alle verstehn, red'n ma überhaupt nur mehr böhmisch.*"
☐ „Böhmisch reden" meint nicht nur Tschechisch, sondern auch – aus der Sicht des Karikaturisten – schlau, raffiniert und durchtrieben. (Vgl. oben Nr. 29.)

K jazykové otázce.
„*Víte co, abychom si všichni rozuměli, mluvme už jenom česky.*"
☐ „Mluvit česky" (böhmisch) znamenalo – z karikaturistova pohledu – mluvit též v odvozeném smyslu chytrácky, rafinovaně a mazaně. (Srov. nahoře č. 29.)

Fachunterricht.

(Zeichnung von Fritz Schönpflug.)

„Übersetzen Sie mir: Sieben und acht ist sechzehn."
„Herr Hauptmann, ich bitte gehorsamst, aber sieben und acht ist fünfzehn."
„Wir sind hier, um tschechisch zu lernen, nicht aber, um Haare zu spalten!"

152. DIE MUSKETE, III (22. 11. 1906), NR. 60, S. 63 (FRITZ SCHÖNPFLUG)
Fachunterricht.
„Übersetzen Sie mir: Sieben und acht ist sechzehn."
„Herr Hauptmann, ich bitte gehorsamst, aber sieben und acht ist fünfzehn."
„Wir sind hier, um tschechisch zu lernen, nicht aber, um Haare zu spalten!"
☐ Die Armeesprache in der k.u.k. Monarchie war Deutsch. Die Sprachen der Nationalitäten wurden jedoch in den Armeepublikationen (z.B. Jahresschematismen) zum Teil berücksichtigt. (Vgl. oben Nr. 35.)

Odborné vyučování.
„Přeložte: Sedm a osm je šestnáct."
„Ale pane kapitáne, poslušně hlásím, že sedm a osm je patnáct."
„Nejsme puntičkáři, ale jsme tu proto, abychom se učili česky".
☐ Armádním jazykem v c.k. monarchii byla němčina. Na jazyky jiných národností byl však brán zčásti ohled v armádních publikacích (kupř. ve výročních výkazech).

153. SIMPLICISSIMUS, XIII (15. 6. 1908), NR. 11, S. 200 (E. THÖNY)

Der Wiener Festzug.
Nach den Deutschen kamen die farbenfrohen Gruppen der wilden Völker Oesterreichs. Da kamen die Kroaten und Rastelbinder, die Schlawiner und Mausfallenhändler, die Hanaken, Scherenschleifer, die Betyaren, Huzulen und die Magyaren. Sie führten Tänze auf, musizierten, fraßen Feuer und Schlangen und zeigten Sr. K. K. Apostolischen Majestät ihre bekannte Anhänglichkeit.
☐ Anläßlich des 60. Thronjubiläums Kaiser Franz Josephs I. 1908 sollte in Wien ein farbenprächtiger Festzug als Demonstration der k.u.k. Völkerharmonie veranstaltet werden. Dies zeigte sich aber als Illusion; der Festzug wurde u. a. von den Tschechen und Italienern boykottiert.

Vídeňský slavnostní průvod.
Po Němcích se objevily pestrobarevné skupiny divokých národů Rakouska. Byli tu Chorvati a drátenící, Slovinci a obchodníci s pastmi na myši, Hanáci, brusiči nůžek, Beťárové, Huculové a Maďaři. Tancovali, muzicírovali, polykali oheň a hady a projevovali Jeho císařsko-královskému apoštolskému Veličenstvu svou proslulou příchylnost.
☐ U příležitosti 60. výročí nastoupení císaře Františka Josefa I. na trůn v roce 1908 měl být ve Vídni uspořádán skvostný pestrobarevný průvod jako demonstrace c.k. národnostní harmonie. To se však projevilo jako iluze; slavnostní průvod byl m.j. bojkotován Čechy a Italy.

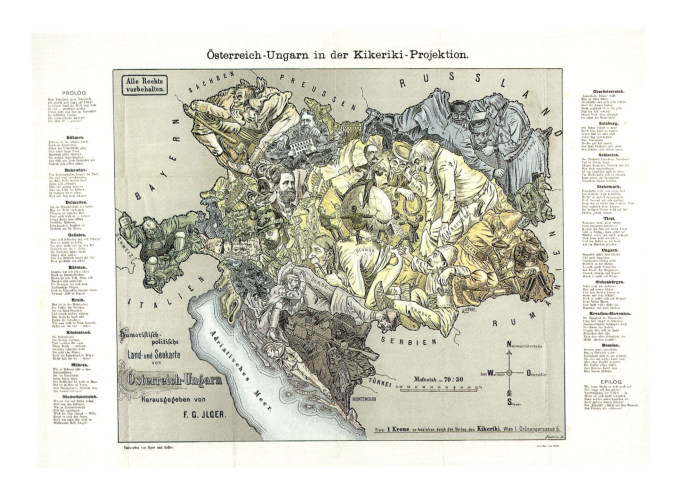

154. Österreich-Ungarn in der Kikeriki-Projektion.
Humoristisch-politische Land- und Seekarte. Herausgegeben von F. G. Ilger. Entworfen von Ilger und Zothe. Gezeichnet von Zothe. Wien: Kikeriki-Verlag, nach 1908. 48 x 63 cm.
Zagreb, Antikvarijat „Bono" (Anto Križan)
◻ Die einzelnen Länder der Monarchie sind durch „charakteristische" Gestalten, Symbole oder Metaphern dargestellt. Die Erläuterungen dazu werden an den Rändern der Karte in Gedichtform geliefert.

Rakousko-Uhersko jako Kikeriki-projekce.
Humoristicko-politická mapa pevniny a moří. Vydáno F. G. Ilgerem. Navrhli Ilger a Zothe. Ilustroval Zothe. Vídeň, nakladatelství Kikeriki, po roce 1908, 48 x 63 cm.
Záhřeb, Antikvarijat „Bono" (Anto Križan)
◻ Jednotlivé země monarchie jsou znázorněny „charakteristickými" postavami, symboly a metaforami. Vysvětlivky k nim jsou připojeny v básnické formě na okraji mapy.

155. Böhmen und Mähren. Ausschnitt (aus Nr. 154.)

☐ Die Karte bietet u. a. folgende Beschreibungen:

Böhmen.

*Böhmen ist ein schönes Land,
Reich an Klarinetten,
Selbst der Völkerfriede ging
Hier schon lange flöten.
Bramburi gibt's überviel,
Die werden abgeschmalzen,
Salz fehlt nur, doch Deutscher und
Tschech sich selber salzen.*

Mähren.

Wie in Böhmen gibt es hier
Nationalitäten,
Die 'ne Universität
Gerne haben täten.
Der Erzbischof ist nicht zu Haus,
Der ist in Rom in Nöten,
Sein Stammgenosse Stransky mag
Ihn derweil vertreten!

Čechy a Morava. Výřez (z č. 154.)

☐ Mapa nabízí m. j. následující popisy:

Čechy.

*A to je ta krásná země,
bohatá na klarinety,
zato její národnosti
nechodí si v ústrety.
Brambory maštěný,
baští jako praštění.
S omastkem a bez soli –
však si zato Čehún s Němcem – polívčičku přisolí.*

Morava.

*Stejně jako v Čechách
jsou zde nacionality,
které s gustem požadují
vlastní university.
Arcibiskup není doma,
ten je v nouzi v Římě,
soukmenovec Stránský
bere na se' jeho břímě.*

156. S‍IMPLICISSIMUS, XXIII (7. 5. 1918), N‍R. 6, S. 65 (K‍ARL A‍RNOLD)
Der Tschech und der Oesterreicher.
„Du hast zu kämpfen – ich fresse!"
☐ Während die Österreicher kämpften, delektierten sich die Tschechen am (Reichs)apfel. So ein Topos in der deutschen Publizistik und öffentliche Meinung um 1918.

Čech a Rakušan.
„Ty musíš bojovat – já budu žrát!"
☐ Zatímco Rakušané bojovali, libovali si Češi nad (říšským) jablkem. Takový je topos německé publicistiky a veřejného mínění kolem roku 1918.

157. Kladderadatsch, LXXI (3. 11. 1918), Nr. 44, Titelseite (A. Johnson)
Frechdachs unter dem Schutze des Sternenbanners.
Der kleine Wenzeslaus: „*So, nun werde ich mir überlegen, ob ich Mutter Austria zum Küssen meines Hemdzipfels zulasse.*"
☐ Die 1918 gegründete Tschechoslowakei wurde von den Siegermächten anerkannt. Der Zeichner karikiert den Tschechen als frechen Gewinner, der sich sein Auftreten und seinen Staat nur im Schutze Amerikas leisten kann.

Drzoun pod ochranou hvězdné vlajky.
Malý Václav: „*Tak a nyní si rozmyslím, zda nechám matku Austrii políbit cíp mé košile!*"
☐ Československo založené v roce 1918 bylo uznáno vítěznými mocnostmi. Kreslíř karikuje Čecha jako drzého vítěze, který si své vystupování a svůj stát může dovolit pouze pod ochranou Ameriky.

158. SIMPLICISSIMUS, XLIII (16. 10. 1938), NR. 41, S. 488 (OLAF GULBRANSSON) Die Entdeckung der Tschecho-Slowakei.
„*Aha, das war also der Staat, bei dessen Schöpfung ich seinerzeit nicht zugelassen wurde!*"
□ Im Oktober 1938 marschierten die deutschen Truppen in die Sudetengebiete ein; der *winzige* Rest Tschechoslowakei ist für den Karikaturisten auf der Erdkugel kaum noch zu entdecken. (Vgl. oben Nr. 66.)

Objevení Česko-Slovenska.
„*Aha, to byl tedy stát, k jehož stvoření jsem svého času nebyl připuštěn!*"
□ V říjnu 1938 vpochodovaly německé jednotky do sudetoněmecké oblasti; *nepatrný* zbytek Československa je pro karikaturistu na zeměkouli již jen stěží patrný. (Srov. č. 66.)

Němec k Maďaru: Zlořečená slovanská lípa! Už i ten kořenáč trhá a brzy by nám přes hlavu přerostla, kdyby ji na štěstí tahle havěť vnitřních svárů nehubila.

159. HUMORISTICKÉ LISTY, L (1907) č. 30 (V. OLIVA)

Němec k Maďaru: *Zlořečená slovanská lípa! Už i ten kořenáč trhá a brzy by nám přes hlavu přerostla, kdyby ji na štěstí tahle havěť vnitřních svárů nehubila.*

□ V národní symbolice byla lípa často apostrofována jako strom Slovanů und stavěna do protikladu s dubem, stromem Germánů.

Deutscher zum Ungarn: *Die verfluchte slawische Linde! Jetzt sprengt sie schon den Blumentopf, und bald würde sie uns über den Kopf wachsen, wenn sie nicht zum Glück von der Plage der inneren Zwistigkeiten kleingehalten würde.*

□ In der nationalen Symbolik wurde vielfach die Linde als der Baum der Slawen apostrophiert und der Eiche, dem Baum der Germanen, gegenübergestellt.

160. Humoristické Listy, LII (1909), č. 47, str. 559 (K. Stroff)
V evropském parku.
Německý policajt: „*Dejte si s tim zatraceným milováním pokoj! Kazíte tady malé děti –*"
„*I jen ať se to naučejí …!*"
☐ Císař Vilém II poučuje ruského cara Mikuláše II, kterého objímají Francouzka Marianne a dáma Italia. – V roce 1909 uvedly Itálie a Rusko dohodou z Racconigi v soulad své zájmy na Balkáně a v oblasti Středomoří. Rusko-francouzská vojenská konvence byla uzavřena již v roce 1892.

Im europäischen Park.
Deutscher Polizist: „*Hört endlich mit der verdammten Schmuserei auf! Ihr verderbt hier die kleinen Kinder -*"
„*Die sollen es doch auch lernen … !*"
☐ Kaiser Wilhelm II. belehrt den russischen Zaren Nikolaus II., der von der Französin Marianne und der Dame Italia umarmt wird. – 1909 stimmten im Abkommen von Racconigi Italien und Rußland ihre Balkan- und Mittelmeerinteressen ab. Eine russisch-französische Militärkonvention wurde schon 1892 geschlossen.

BLUDNÁ PLAVBA.
Dostane se konečně loď z nebezpečí zrádných německých ledovců, nebo se o ně rozbije jako Titanic?

161. HUMORISTICKÉ LISTY, LV (1912), Č. 22. STR. 264 (K. VAVŘINA)

Bludná plavba.
Dostane se konečně loď z nebezpečí zrádných německých ledovců, nebo se o ně rozbije jako Titanic?

☐ Michl, to znamená nebezpečí, na obzoru. Německo-českému vyrovnání hrozí katastrofa.

Die Irrfahrt.
Entkommt das Schiff endlich der Gefahr der heimtückischen deutschen Eisberge oder zerschellt es an ihnen wie die Titanic?

☐ Michel, das heißt Gefahr, in Sicht. Für den deutsch-tschechischen Ausgleich bahnt sich eine Katastrophe an.

JAKO KDYSI SVATÝ AUGUSTIN.

Thun na břehu mořském: „Co pak tu děláš, chlapečku?"
„Přelejvám moře sem do toho důlku."
„Bláhový hochu! To bude dlouho trvat, než to přeleješ —"
„Ale přece dřív, než vy docílíte ten česko-německý smír..."

162. HUMORISTICKÉ LISTY, LV (21. 6. 1912), č. 27, STR. 313 (J. LADA)
Jako kdysi svatý Augustin.
Thun na břehu mořském: „Co pak tu děláš, chlapečku?"
„Přelejvám moře sem do toho důlku."
„Bláhový hochu! To bude dlouho trvat, než to přeleješ –"
„Ale přece dřív, než vy docílíte ten česko-německý smír..."

□ Narážejíc na známý motiv svatého Augustina, líčí karikaturista česko-německé vyrovnání jako něco naprosto nemožného.

Wie einst der heilige Augustin.
Thun am Meeresufer: „Was machst du hier, Junge?"
„Ich gieße das Meer hier in dieses Loch."
„Du törichter Knabe! Das wird aber lange dauern, bis du es geschafft hast –"
„Es wird aber schneller gelingen als eure tschechisch-deutsche Aussöhnung..."

□ Auf das bekannte Motiv des hl. Augustinus anspielend, schildert der Karikaturist den tschechisch-deutschen Ausgleich als ein Ding der Unmöglichkeit.

Aby vláda utišila hladovost Němců z Čech přikročeno k výseku českého lva.

163. ŠIBENIČKY, I (1918), Č. 2 (JAROSLAV STUDNIČKA) Nové rekvisice.
Aby vláda utišila hladovost Němců z Čech, přikročeno k výseku českého lva.
☐ Československý stát, proklamovaný 28. října 1918, převzal do svého erbu dvojocasého českého lva. Karikaturisté mohli tedy i v nových politických podmínkách operovat známým symbolem.

Neue Requisition.
Damit die Regierung den Hunger der Deutschen aus Böhmen stillen kann, wird mit dem Ausschlachten des böhmischen Löwen begonnen.
☐ Der am 28. Oktober 1918 ausgerufene tschechoslowakische Staat hat in sein Wappen den doppelschwänzigen böhmischen Löwen aufgenommen. Die Karikaturisten konnten auch in neuen politischen Umständen mit einem vertrauten Symbol operieren.

164. ŠIBENIČKY, II (1919), č. 11 (Jos. Lada)
Německo a mír.
Kdybych měl ještě jen trochu síly, já bych tě s tou palmou prohnal!
☐ Vypelichaná orlice (Německo) není ani v tomto stavu schopen skrýt svůj militarismus. – Malíř *Josef Lada* (1887–1957) vytvořil tuto karikaturu v době, kdy pracoval na ilustraci románu „Dobrý voják Švejk".

Deutschland und der Frieden.
Wenn ich nur noch ein bißchen Kraft hätte, würde ich dir mit deinem Palmenwedel auf die Sprünge helfen!
☐ Der gerupfte Adler (Deutschland) kann selbst in diesem Zustand seinen Militarismus nicht verbergen. – Der Maler *Josef Lada* (1887–1957) zeichnete diese Karikatur in der Zeit, als er an den Illustrationen für den Roman „Die Abenteuer des braven Soldaten Schwejk" arbeitete.

165. ŠIBENIČKY, II (1919), č. 26 (ZD. KRATOCHVÍL)
Goethovu potomku.
Ač dělí vás již chladné vlny Lethe,
jsi podobou i činy celý Goethe!
Ten obraz tady vezmi na památku,
ty, velkých předků, statný zadku!

☐ Goethe jako symbolická postava německé kultury nevidí hrůzné činy svých potomků. Útočníci mají naopak jeho charakteristické rysy obličeje, čímž se celé německé kultuře potvrzuje její agresivní charakter. Pravý útočník má šerpu s nápisem „Svaz Němců v Čechách".

An die Nachkommen Goethes.
☐ Goethe als Symbolgestalt der deutschen Kultur ist für die Greueltaten seiner Nachkommen blind. Vielmehr tragen die Angreifer seine Gesichtszüge, womit der ganzen deutschen Kultur ein aggressiver Charakter bescheinigt wird. Der rechte Angreifer trägt eine Schärpe mit der Aufschrift „Bund der Deutschen in Böhmen".

166. ŠIBENIČKY, II (1920), č. 38 (J. Lada)
Vídeň prosí o uhlí.
Praha: *Já bych Ti trochu uhlí dala, ačkoli ho mám sama málo, ale Ty budeš topit jen v německých školách a české děti ve školách českých necháš mrznout!*
Vídeň: *Neboj se! Zařídíme to tak: Převedem české děti do vytopených škol německých.*
□ Rozhovor mezi městy. – V roce 1872 byl ve Vídni založen český školský spolek „Komenský", roku 1883 byla otevřena první česká národní škola s přidruženou mateřskou školkou. Otázka českých škol ve Vídni zůstala aktuální i po roce 1918.

Wien bittet um Kohle.
Prag: *Ich würde dir schon etwas Kohle geben, obwohl ich selbst wenig habe, aber du wirst dann nur in den deutschen Schulen heizen und läßt die tschechischen Kinder in den tschechischen Schulen erfrieren!*
Wien: *Keine Angst! Ich werde es schon regeln. Wir werden die tschechischen Kinder in die gut geheizten deutschen Schulen bringen.*
□ Städte-Gespräch. – 1872 wurde in Wien der tschechische Schulverein „Komenský", 1883 die erste tschechische Volksschule mit einem Kindergarten eröffnet. Die Frage der tschechischen Schulen in Wien blieb auch nach 1918 aktuell.